改訂 ウメの作業便利帳

谷口 充＝著

農文協

はじめに

ウメは寒いさなかに花を咲かせ、早春を告げる花として昔から親しまれるとともに、梅干しは三毒を絶つとして、日本人の食生活には欠かせない保存食品であった。家庭果樹として植えられていることも多く、近年は健康食品ブームに支えられ、需要は年々伸びてきている。こうした需要の拡大は加工業者の努力に負うところが大きく、若者にも好まれる多様なウメ製品の開発が行なわれ、比較的収益率の高い果樹に育ってきている。

ウメは早く結果樹齢にはいる果樹でありながら、また地方ごとに優秀な品種群があるにもかかわらず、単位面積当たりの収量は低く、農林水産統計では一〇アール当たり七〇〇キロ程度にとどまっている。しかし、和歌山県の主産地である南部地方では平均二五〇〇キロ程度の生産量を上げている。品種のちがいもあるが、他の果樹にくらべ収量格差の大きい果樹でもある。今後、結実さえ安定すれば収量はまだ伸びるし、有利性を引き出すことができる果樹といえよう。

私とウメの出合いは、ウメの主産地にある和歌山県立南部高校への転任を機に始まる。当時、品質・収量とも優秀な「南高」に、樹齢がすすんでも結実が不安定な樹が混在しウメ農家を悩ませていた。優秀な受粉樹を高接ぎしてもいっこうに改善しなかった。試行錯誤のなかで、実生台木には完全交配種子を使うことの大切さに気づき、学校農場で台木を吟味して苗づくりを行ない農家に提供してきた。この苗が好評で、一度のクレームも聞いたことがなかった。このことから、台木に完全交配種子を使う苗づくりが大切であることに確信を深めたのである。

本書の初版は、こうした結実のよい実生台木苗や、品種の特性をそのまま受け継ぐ自根苗づくり、結実を安定させる整枝・せん定や栽培管理について、家庭果樹の方も含めて役立てていただこうとまとめた。せっかく結実しているのに、ウメの生理を生かせずに生理落果を助長させたり、作業のポイントがつかめず収量が低下している例も多いが、その原因や対策がよくわかると多くの方に活用していただいてきた。

しかし、ここにきて農薬取締法が改正されたこと、栽培技術面での改善の進展、近年目立っているウイルスの感染などが問題になっており、これらを盛り込んだ改訂版を発行することにした。平成十五年三月に改正農薬取締法が施行されたのに続いて、平成一八年五月末からポジティブリスト制（農薬残留農産物の流通禁止と作物別基準値設定）が実施される。一層、残留基準値がきびしくなり、付近園地への農薬飛散（ドリフト）にも細心の注意が必要になる。食品衛生法による基準値をクリアできる防除体系の確立が義務付けられるだけでなく、果実を丸ごと利用するだけに農薬残留のないウメづくりが求められる。安全性の面から登録農薬が大幅に変わっており、本書では最新の登録情報をもとに、私の栽培・防除経験を加味しながら防除暦を全面的に組みなおした。

作業では、樹勢の衰弱対策、ナギナタガヤ利用の樹勢・開花調節や微量要素の補給、施肥量の見直しと肥効調節型肥料の利用、温暖化による生長と生理の乱れへの対応、ウイルス対策などを中心に改訂した。不十分な点も多いが、ウメの生産技術向上の参考にしていただければ幸いである。

改訂版の出版に当たり、農文協の皆様のご協力に対して厚くお礼を申し上げる。

平成十八年三月吉日

谷口　充

目次

第2章　収穫後から自発休眠期（十月）までの作業

第5章　開花期から結実期の作業

第6章　幼果期から新梢伸長期の作業

第7章　収穫期の作業

第1章　低収量園はなくせる

1　低収量の原因は技術以前に

低温期に開花・結実するウメの特殊性

結実性を安定させるためには、整枝・せん定や肥培管理など栽培管理を徹底することはもちろんだが、ちょっとひと筋縄にいかない事情がウメの場合複雑にからんでいる。

それは、寒いさなかに開花期を迎えるため、その年の気象条件によって開花時期が大きく左右されることである。

また、ウメの栽培品種のほとんどが、自分の品種の花粉では結実できない性質（自家不和合性）を持っているために、受粉樹として他の品種の混植が必要なことである。その場合、組み合わせる品種の選択も大切になる。さらにウメの花粉は不稔率が高く、しかも粘性で風媒力も弱いことから、虫媒すなわちミツバチの活動が頼りとなる。

こうして開花・受粉し、さらにその後の晩霜や低温による気象災害をのり越えた果実だけが収穫に結びつく。

しかも、低温期でも充実した花を咲かせるには、他の樹種にもまして、樹液流動がスムーズに行なわれるような樹づくり、貯蔵養分を生かす根の活動力が要求される。

そのため、四月以降に気温の上昇を待って開花するほかの果樹に比較して、ウメはかなり過酷な生理展開を強いられている。

ウメが他の果樹にくらべて低収量である原因は、このように結実を左右する諸条件が複雑に関与しているところにあると考えられる。

問題は低収量樹の克服

しかし、同じウメでも、また同一品種であっても、毎年高収量を上げている樹も、なかなか収量の上がらない樹があることもまた事実である。当然、園主の技術力の差が収量や品質の差と

第1表　高収量樹と低収量樹のちがい

相違ポイント 項　目	開　花　期	第一生理落果	新梢発芽伸長	第二生理落果	果　実　肥　大
高収量樹	早　い	少ない 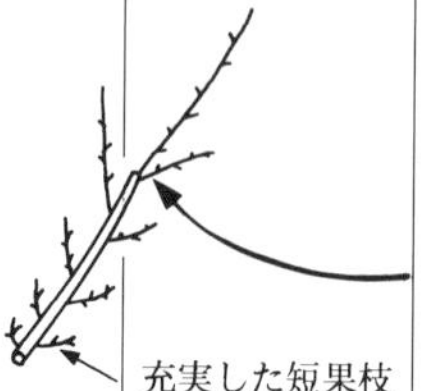 充実した短果枝	・生理落果と同時に発芽 ・伸長速度速い ・節ごとにすべての芽が発芽 ・新梢は短，中，長果枝平均して形成 ・発芽初期の芽は黄緑色	少ない	・結実が多いので小玉傾向 ・果形の乱れがない  豊円果 ・成熟がおそい
低収量樹	おそい	多　い 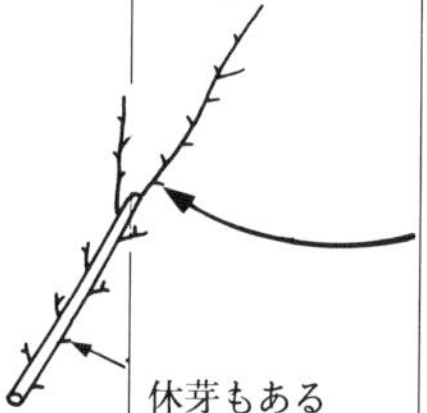 休芽もある	・生理落果後2～3日後遅れて発芽 ・休芽が多い ・新梢は極端な短果枝と長梢枝を形成 ・発芽初期の芽は灰紫色	多　い ・結実量が少ないにもかかわらず，落果が多い	・結実が少ないので肥大がよい（大玉に） ・果形の乱れ，変形果が多い  変形果 ・成熟が早い

相違ポイント 項　目	徒長枝の発生	8月ごろの葉色	落葉の早晩	収　穫　期　と　収　量
高収量樹	・発生頻度少ない ・結果枝の充実がよい ・花芽分化・発達は生理的，形態的とも良好	・葉の緑が濃い ・特に小梅で差が大きい	・おそい ・降霜2～3回受けて落葉	1985年6月（11年生） （南高）　6/11　6/18　6/21　合計 No.3号樹　19.5　37.5　15.0　71.5kg No.5号樹　7.5　44.5　35.0　87.0kg ※台木…完全交配種子（ヘテロ） （雑種強勢）
低収量樹	・不定芽多い ・長大な徒長枝の発生 ・短，中果枝の充実わるい ・花芽分化の遅れ目立つ	・緑が淡くこの時期から落葉始める ・特に小梅で葉色が淡い	・早　い ・降霜前に大半落葉 ・徒長枝先端だけおそくまで着葉	1985年6月（11年生） （南高）　6/11　6/18　6/21　合計 No.6号樹　31.0　8.0　0　39.0kg No.7号樹　12.0　0　0　12.0kg No.9号樹　25.0　8.0　0　33.0kg ※台木…自家結実種子（ホモ） （劣性遺伝）

第1図　高収量樹と低収量樹の枝のちがい

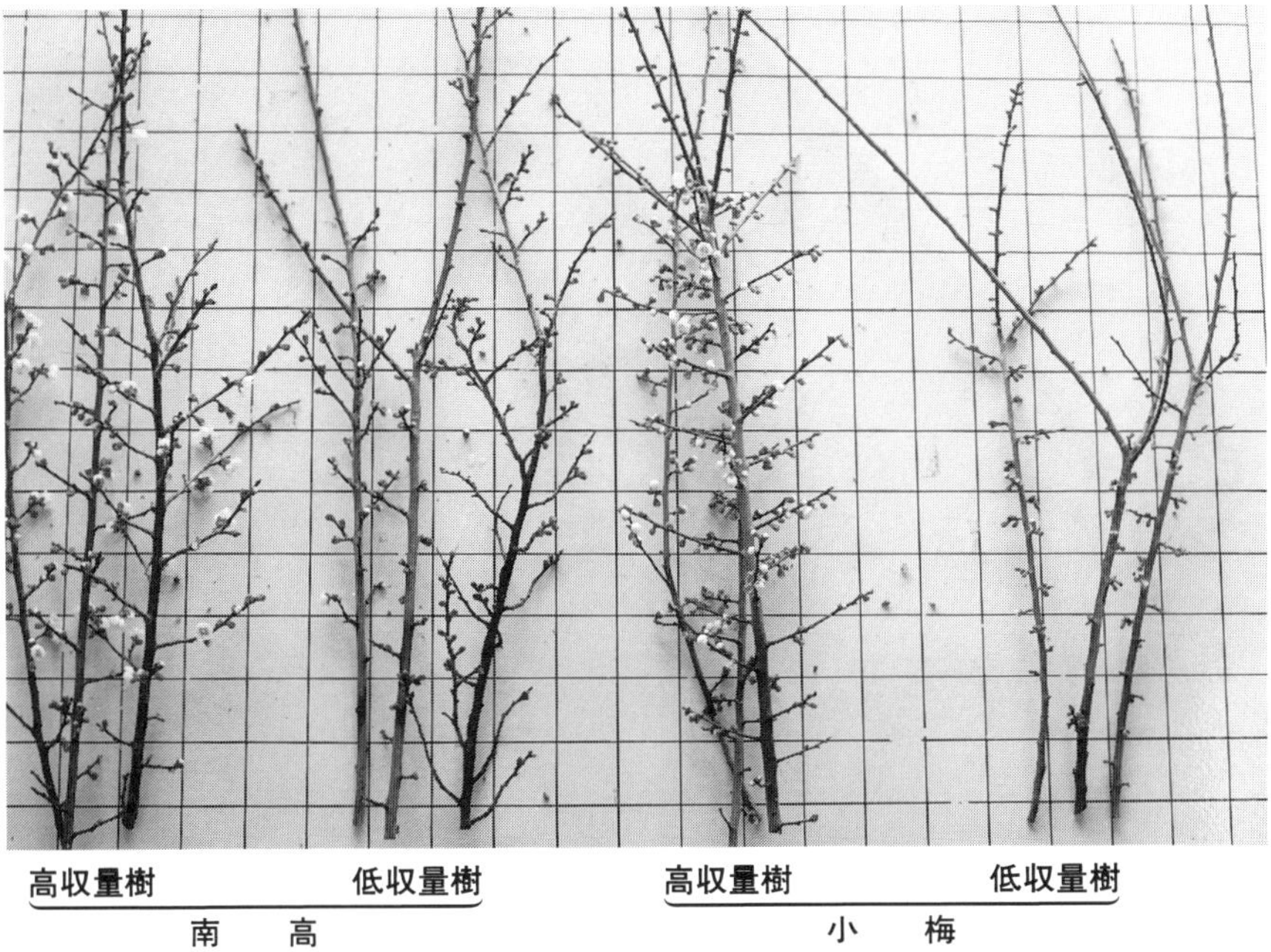

高収量樹は中果枝がビッシリついているのに対して，低収量樹は極端な短果枝と，先端部の長果枝か発育枝で構成されており，花数が少なく，開花もおくれる

なってあらわれた結果であるが、同じ園主の同じ園のなかに、高収量樹と低収量樹が混在していることも多い。このことは、栽培技術では克服できない、技術以前の問題が低収量樹の原因になっていると考えられる。この低収量樹をなくすだけでも、園全体の収量が飛躍的にアップするはずだ。全体の技術力を高めるとともに、少なくない低収量樹をなくしていくことが安定生産には大切になっている。

高収量樹と低収量樹の生育のちがい

第1表に高収量樹と低収量樹の生育のちがいを示した。このような低収量樹は、品種を問わず各産地に、それもかなりの頻度でみられる。低収量樹の特徴は次のとおりである。

第1図に示すように、高収量樹に比べ極端な短果枝と長梢枝とで構成され

**第2図　低収量樹(左)と高収量樹(右)への交配用品種
(小梅)として高接ぎした枝の状態**

高収量樹では短・中果枝がビッシリ出ており，花数も多いが，低収量樹では，枝数が少なく，先端部から強い枝が数本伸びているにすぎない

ており、花蕾数も少ないうえ開花期も遅れ、発芽もおそい。そして樹全体の枝数も、高収量樹の四〇～七七%にとどまる。

開花直後の第一生理落果でほとんどが落果し、結実量が少ないため成熟の早いのが特徴である。収穫量は高収量樹の一五～四八%程度となり、四月以降は結実量が少ない分栄養生長が盛んで、樹冠内部の不定芽などから長大な徒長枝が毎年多く発生してくる。そうして夏の乾燥期をすぎるころから葉色は淡くなり、早くも落葉がみられるようになる。

これを毎年のようにくり返して、効率のわるい樹相展開を示す。

このような生育を示す低収量樹がかなりの頻度で園内に混在して、しかもウメは単位面積当たりの植付本数が少ないため（ウメは一樹当たりの占める面積が大きい）、なおさら生産性を低く

第３図　高収量樹と低収量樹の根量と枝量の比較（10年生，南高）

高収量樹（写真上）は根量も小枝も多い。一方，低収量樹（写真下）は根量が少なく（特に細根量は高収量樹3.2kgに対して1.1kgと３分の１程度），地上部の伸び方も不連続なため，主幹部の断面が菊花状に凸凹になっている

していえる。

低収量樹の原因は台木に

低収量の原因をさぐる目的で、低収量樹と対照例としての高収量樹それぞれに、花粉量の多い受粉樹として優秀な品種の「小梅」や「改良内田」を一樹に南北二カ所高接ぎして、長年その効果を追跡してみた。三年後、高収量樹では結実量が確実に増加したのに対し、低収量樹では受粉枝の周辺でわずかに増加した程度にとどまり、結実性の向上はほとんどみられなかった。そして高接ぎした受粉枝も、年次を追って低収量樹である中間台木と酷似する枝の伸び方に変わり、結実性も低下した(第2図)。

このことから低収量樹の原因はどうやら穂木品種ではなく、地下部を担う台木にあるとにらんだ。

低収量樹は根部が貧弱

樹容積がほぼ同じ低収量樹と高収量樹の掘上げ解体調査をしてみると、低収量樹は細根量が高収量樹の約三分の一程度(第3図)しかなく、根群の分布も第4図に示すように浅いことがわかった。これは、後述(21ページ)の低収量樹につながる実生台木の地下部の生育と、まさに一致する。

低収量樹が毎年開花と発芽が遅れるのは、根部が貧弱で、しかも浅いため冬の低い気温や地温の影響を大きく受け、それに遺伝的な根の活力の低さが重なることが原因になっている。

このことは当然、結実生理にも影響し、開花直後の一次生理落果が多くなり、結実量が少なくなる。

そして、四月以降は結実量の少ないぶん栄養生長に傾き、七月までのわりあいと湿潤な時期にあばれるような旺盛な生育をする。

ところが、八月に入り高温乾燥になるとパタッと樹勢が衰え、葉は巻いて、九月には早くも葉色が淡くなり、一部では落葉もみられる。こうした生育を、低収量樹は毎年くり返す。

低収量樹の根は、発根後の寿命が短

第4図　南高梅の高収量樹と低収量樹の根群の垂直分布（10年生樹，南部高校）

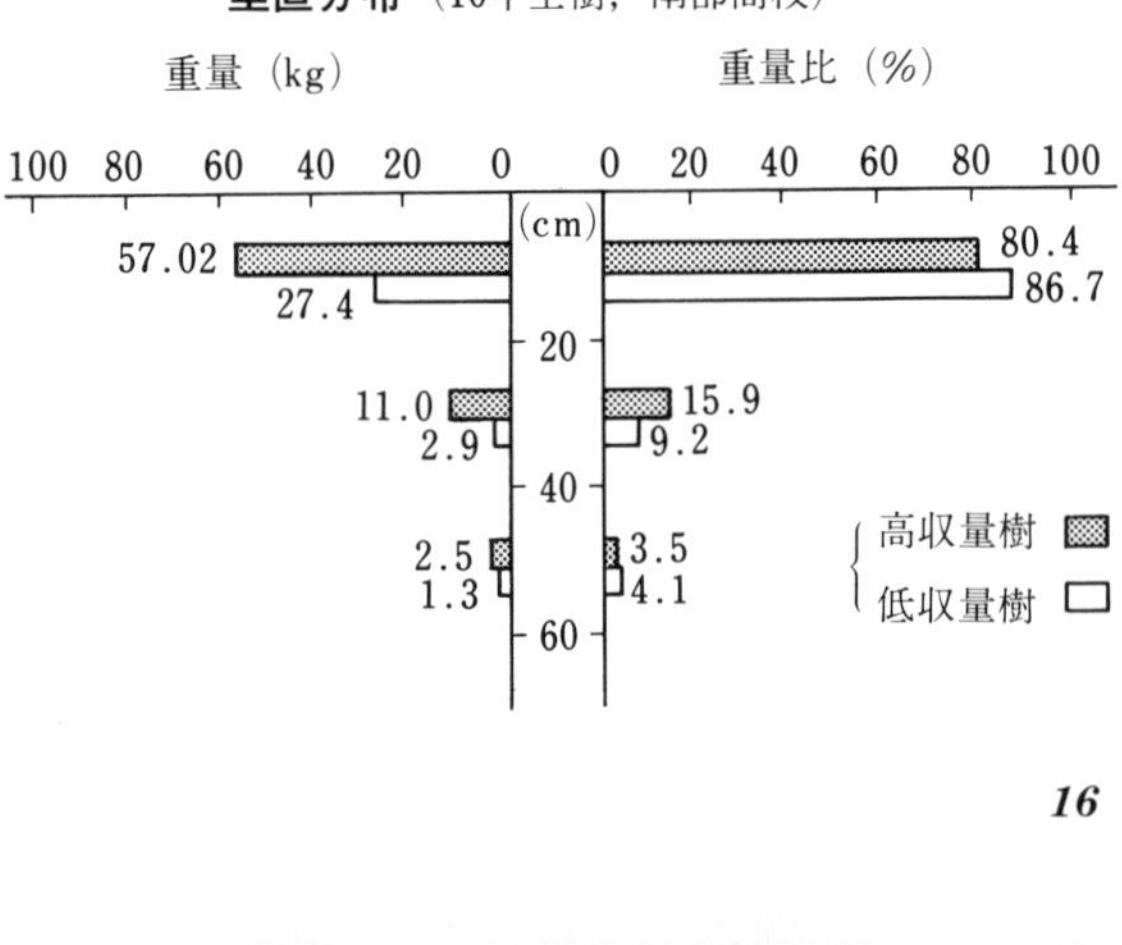

第５図　高収量樹と低収量樹の幹

低収量樹の幹は凸凹している

高収量樹には凸凹がない

く、毎年乾燥期になると衰弱し、翌年四月以降に改めて発根・再生することをくり返している。そのことは地上部の生育にもあらわれ、低収量樹の幹は凸凹になり、断面が菊花のようになっている。これは、根がまんべんなく伸びていないためで、再生根の発達した側の幹だけが発育したためである。これは低収量樹の特徴の一つである。

こうした貧弱な根群は、ウメの場合肥培管理やせん定などの栽培技術ではまず改善できない。台木が遺伝的に弱い体質を抱えていると考えられ、こんな台木を使ったのでは、いくら優秀な穂木を接いでも、それを生かすことはできない。これが低収量の基本的な原因になっている。

健康で活力の高い高収量樹の根

一方、高収量樹の主幹部断面はわりあいに豊円で、バランスよく肥大している。これは、高収量樹では一度伸びた根が健康で寿命も長く、大地にしっかり根づいているからである。細根群の活力も旺盛なため、乾燥にもよく耐え、地上部の展開をしっかり支える。そのため葉も晩秋まで健全で緑濃く、降霜でやっと落葉するという、まさに安定生産につながる生育展開を示すのである。

重要なことは、低収量樹、高収量樹それぞれの生育は、後で述べる実生台木の生育と一致していることである。ウメの育ちは、台木の性質、つまり台木が遺伝的に持って生まれた性質によって左右されていると考えられる。そうだとすれば、ウメ栽培では優秀な台木を用いることをまず前提にすべきだということになる。

完全交配種子の台木なら多収

受粉樹と隣接する枝の種子なら多収

台木の性質はどこで決まるのか。ウメの台木はほとんど種子繁殖で行なっているので、台木種子の誕生に関係があるのではないかと考えた。そこで受粉樹の混植率の低い、しかも受粉樹から遠いところにあった「南高」から採種した種子をⒷ、一方、高収量樹で、しかも有効な受粉樹に隣接する「南高」から採取した種子をⒶとして別々に実生育成し、さらにそれぞれに優秀な同一品種の穂木を接ぎ木して育苗後、圃場に定植した。

その後の生育を一二年間追跡した結果、受粉樹の混植率の低い樹から採取した種子を用いた台木Ⓑでは、七五%が低収量樹（第6図）の傾向を示し、一方、受粉樹に隣接する樹の種子を用いた台木Ⓐでは、わずか四%しか低収量樹の特徴を示す樹がなく、ほとんどが高収量樹（第7図）になった。つまり、Ⓐのように確実に交配した種子（ヘテロの種子）から育てた台木では高収量樹になり、逆にⒷのように交配確率が低く、自家結実した種子（ホモタイプの種子）から育てた台木では低収量樹になるのではないかと考えられた。ホモタイプの種子は、遺伝的になんらかの問題を抱えているといえる。

このことから、結実性の優れたウメ苗木を養成するには、必ず受粉樹に隣接する樹から種子を採取することが必要だということがわかると思う。

ウメでも自家結実はかなり多い

ここで、南高などのウメの多くの品種では、自家結実しないとされているのにヘテロタイプとホモ

第6図　低収量樹「南高」の生育

生理落果が多く，発芽展葉が遅れ，休芽も多い。枝は荒っぽく伸びる

第7図　高収量樹「南高」の生育

結実がよく，発芽展葉も早く，ほとんど休芽がない。結果枝の充実がよく落ち着いた生育をする

タイプの種子が存在するということについて、私の考えを述べておきたい。

受粉樹と隣接している樹では当然交配確率が高く、逆に離れた樹では低い。それは、隣接樹では風媒も弱いながらも行なえるし、ミツバチによる重複受粉から確実に受精して、完全受粉果率が高くなるためと予想される。一方、離れた樹では異品種との花粉接触は当然低下するので結実率は低下するが、それだけでなく、完全受粉果率も低いことが予想される。

というのは、花粉は柱頭に接触して花粉管が胚子に向かって伸びるが、途中で何らかの原因で失速し胚子に到達できないことがある。しかし、完全に受精が行なわれなくても、花粉の刺激によって花成ホルモンが働き実を結ぶ。これは、ウメだけでなく他の果樹でも行なわれていることであり、受粉樹から離れていて花粉の少ない樹ではこうした結実がかなり多いと思われる。

また、これは経験からの判断であるが、ある程度結実がすすむと、ウメの生理として自家結実率が高まると予想される。他の樹や枝と同じように受粉しているはずなのに、結実率の高い樹や枝があることはごく普通に経験している。これはある程度結実すると、樹の生理が生殖生長型になり、自家結実率が高まるのではないかと考えている。

こう考えてくると、自家結実している果実が、少なくない割合で生産されていることが予想される。そして、自家結実した果実は、遺伝的にはホモタイプの種子になる。これは、ウメで起きている交配・結実のメカニズムについて詳しく調査した結果ではないので不正確な点もあるが、受粉樹の隣接樹では雑種強勢化されたヘテロタイプの優秀な種子が、逆に受粉樹から離れた樹ではホモタイプの種子が多くなると理解するのが妥当と考えた。そして私は、完全交配種子（ヘテロジニアス）をヘテロタイプと呼び、自家結実種子（ホモジニアス）をホモタイプと呼んでいる。

2 低収量樹をなくす実生台木苗づくり

実生台木は完全交配種子を厳選

台木用種子は、一本の樹であっても必ず受粉樹に隣接する側で確実に交配したと思われる枝から採取する（第8図）。

また、樹勢強健で、結実の安定した、小枝が多く発芽も早い樹を選ぶべきだ。受粉樹から遠い、結実の少ない樹からは採取すべきではない。そして、種子用の果実は早熟で果形の豊円なものを

第8図　台木用種子は受粉樹と隣接する交配確率の高い樹から採種する

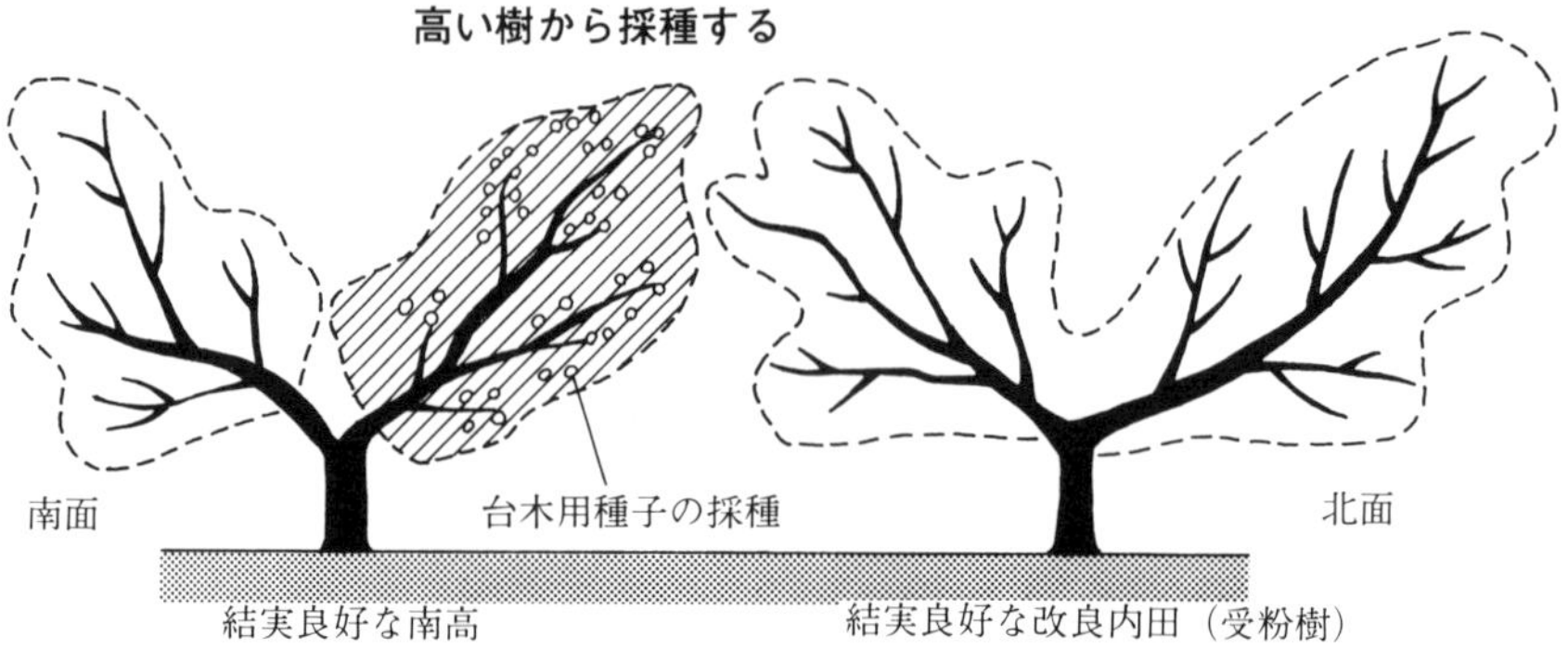

選び、落果直前まで樹上で完熟させる。奇形果は除くことが肝心である。

台木に使える品種と使えない品種がある

一般に流通している苗の台木は、ほとんどが一般の園から、それも品種に関係なく種子でさえあればよいといった程度で採取している場合が多い。これらを改めなければウメの結実は向上せず、安定しない。

筆者の経験では、台木に使える品種とそうでない品種とがあり、第2表に示すように、発芽が早く、しかも小枝が多く樹勢の強い品種群から選ぶことが大切で、樹勢の弱い、発芽のおそい品種群では、生産果樹としての台木には不向きである。また自家結実性の強い品種（小梅など）では、ホモタイプの種子が多く混入してヘテロタイプの優秀な実生台木が少なく、生育のそろ

第2表　梅の品種による実生獲得率と生育特性

品　　種	受粉樹との遠近	発芽率	実生の生育特性
小梅（白玉）	南高と隣接	61％	生育不ぞろいで，翌春の発芽がおそい個体多く，小枝少ない
古城	南高と隣接	48	生育不ぞろいで，翌春の発芽がおそく，小枝少ない
南高(1)	受粉樹に隣接	92	生育よくそろい，翌春の発芽が早く小枝も多い
南高(2)	受粉樹に遠い（2樹以上，10～15m離れる）	86	生育よいが，翌春の発芽がおそく小枝の少ないもの目立つ
皆平早生	南高と隣接	76	生育よくそろうが翌春の発芽がおそく，小枝の少ないもの混在
改良内田	南高と隣接	81	生育よくそろい，翌春の発芽が早く小枝も多い

昭和55年，各品種100粒，平床播き（南部高校）

わない場合が多くなる。しかも開花も遅れがちだとか、種々の問題を抱えている。

台木は実生一年目の生育と二年目春の発芽で判別できる

枝が少なく発芽のおそい実生は低収に

低収量樹になる台木か、それとも高収量樹になる台木かは、実生一年目の生育と、翌春の発芽の早晩によって判別できる。その比較をしたのが第9、10図である。

低収量樹につながる台木は、地上部の生育は割合旺盛だが休芽が多いので小枝が少なく、発芽枝は長く伸び、翌春発芽のおそいのが特徴である。また

第9図　実生台木のよしあし

枝の出方と根張り(実生1年目)

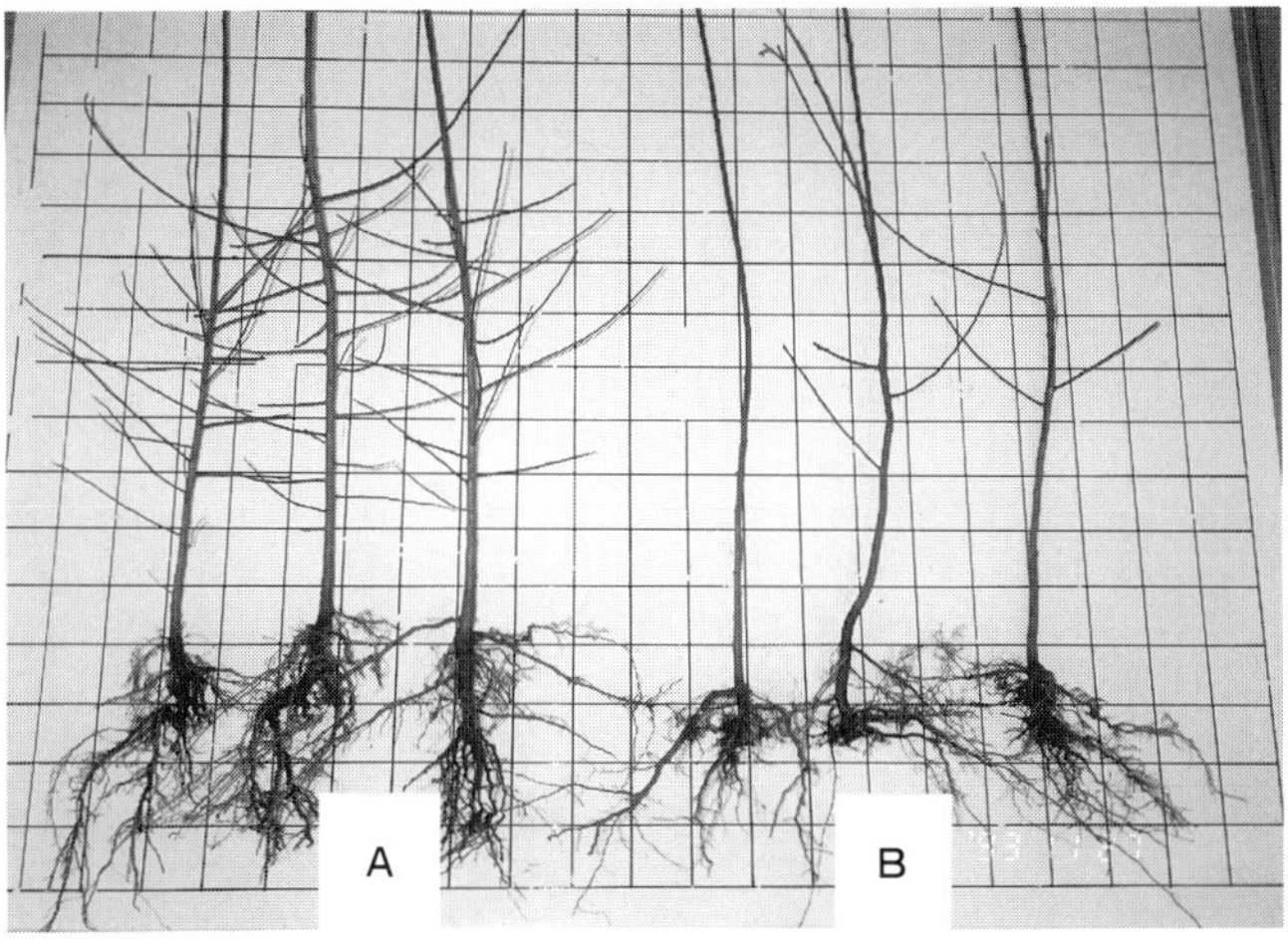

A：高収量樹になる台木は，小枝が多く根は深い
B：低収量樹になる台木は，小枝が少なく根は浅い

第10図　実生台木のよしあし

発芽の早晩(実生2年目，3月中旬)

A：高収量樹になる台木は，発芽が早く芽がそろう
B：低収量樹になる台木は発芽がおそく休芽が多い

地下部も直根が少なく、根は浅く横に分布して通気性のよい表層土壌にしか発根できない。しかも、このように地表面近くに浅く分布するため、冬から春先にかけての低温の影響を受けやすく、活動も抑制される。そのため発芽も遅れる。

そして、こうした台木の性質は成木になってもなかなか改善されず、穂木にも移行していく。

小枝が多く根量が多ければ高収量樹を約束

一方の高収量樹に結びつく実生台木は、地際から節ごとに小枝が伸び（第9図A）、秋の落葉もおそく、また第10図Aのように、発芽は春早く、しかも一斉にそろう。

地下部の根量も多く、深くまで伸びている。そのため寒いさなかでも大地から地温の恵みを受け、早くから活動力を高め、樹液流動もスムーズに行なわれ、貯蔵養分を生かしていく。

このように、生理的にバランスのとれた生育が展開できるので、結実も安定させられると考えられる。実際、高収量樹成木の根群分布を調べるとこの実生台木の特性と一致している（第4図、16ページ参照）。

実生台木の選抜と育苗法

四回の選抜をくり返す

実生台木を使う育苗法では、形質分離の原則から、さまざまな性質の台木ができ、意外とその特性によって穂木の結実が左右される。

たとえ優れた穂木を接いでも、必ずしも母本品種並みに結実してくれない。これは台木の出来いかんにかかっている。

そこで、実生台木の性質をそろえる方法として、優良台木の特性を基準に、育苗の各段階でチェックして、優れた実生台木を選抜していかなければならない。種子用果実の確保時、苗床への植付け時、接ぎ木時、そして接ぎ木翌春の発芽時と、育苗品種のなかで四回の選抜をくり返す。

種子用果実でまず選抜

実生育苗法では、まず種子を確保しなければならない。種子は、結実良好樹の、しかも受粉樹に隣接する枝から採取し、完全交配したと思われる果実を完熟させ、奇形果、極小果を除いて、果形斉一な果実だけを吟味する。

こうして果実の段階でまず一次選抜をする。

採取した果実は、日陰で果肉を腐らせ、水洗いし、種子だけ取り出して水切り後、ホーマイコートで粉衣（種子消毒）する。一日くらい陰干ししたあとポリエチレン袋に密封して、家庭の冷蔵庫（五℃）に保管する。または、北面の傾斜地で日が当たらず涼しい排

第11図　実生台木の育苗手順と選抜

※まずウメの台木用種子には，異品種との完全交配種子を用いることが大前提

〈1年目〉

6/中・下　一次選抜(台木用種子の選抜)

受粉樹の隣接する枝で種子を採種

種子用には完熟果で果形斉一なものを選ぶ。奇形果は除去

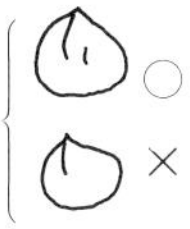

↓

7/下　種子の準備と貯蔵

↓

11/下〜12/下　播種　排水良好な畑地か水田に播くか，箱播きする

〈2年目〉

4/上　病害虫防除　アブラムシ，かいよう病

↓

4/上・中　二次選抜(稚苗の選抜)

稚苗を苗床へ移植。このとき，わき芽の発生してない稚苗を除く

↓

8/上　三次選抜(苗床での選抜)

横枝の発生が少ないものを除去

(雑種強勢化していない可能性がある)

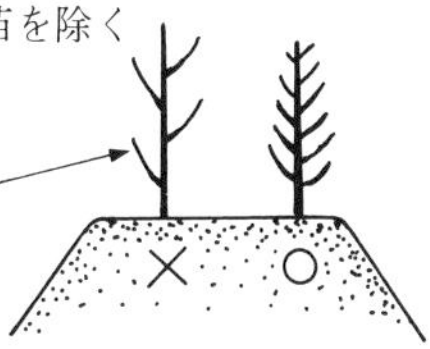

↓

8/下〜9/上　芽接ぎ，腹接ぎ　結実良好な母樹から採穂する

〈3年目〉

2/中・下　活着点検と補接ぎ　地上部を切らず，腹接ぎ方式で接ぎ木する

↓

3/中・下　四次選抜(接ぎ木後の不良台木の選抜)

台木部の発芽伸長が遅れているものは惜しみなく淘汰。それをクリアしたものについて，接ぎ芽の2〜3cm上で台木部分をせん除する。同時にスコップで断根する

↓

4/上・中　追肥　三要素。10a当たり成分でN3kg，P1.8kg，K2.4kg

↓

5/中　接ぎ芽の伸長と手入れ

優秀な台木実生では盛んにわき芽が吹きだすので，こまめに回って芽かきを行なう

また支柱立て，誘引，除草，夏場は敷草，病害虫防除(かいよう病，アブラムシ，ウメチョッキリ)などを行なう

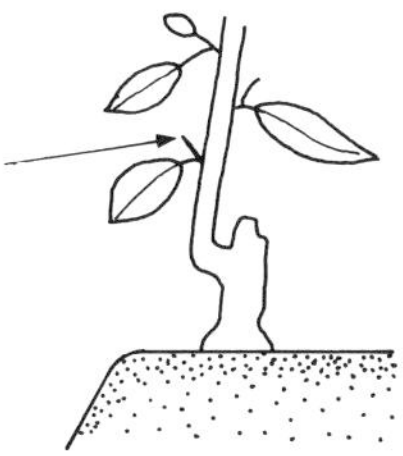

↓

5月下旬には，少し残してあった台木部を接ぎ芽位置まで切り下げ，接ぎロウを塗布しておく

水良好な場所を選び、山土と混合してタマネギネットに入れ三〇～四〇センチの深さに埋めて貯蔵する。

そして、十一月下旬～十二月下旬にあらかじめ準備しておいた播種床に播

第12図　種子準備と貯蔵（7月下旬）

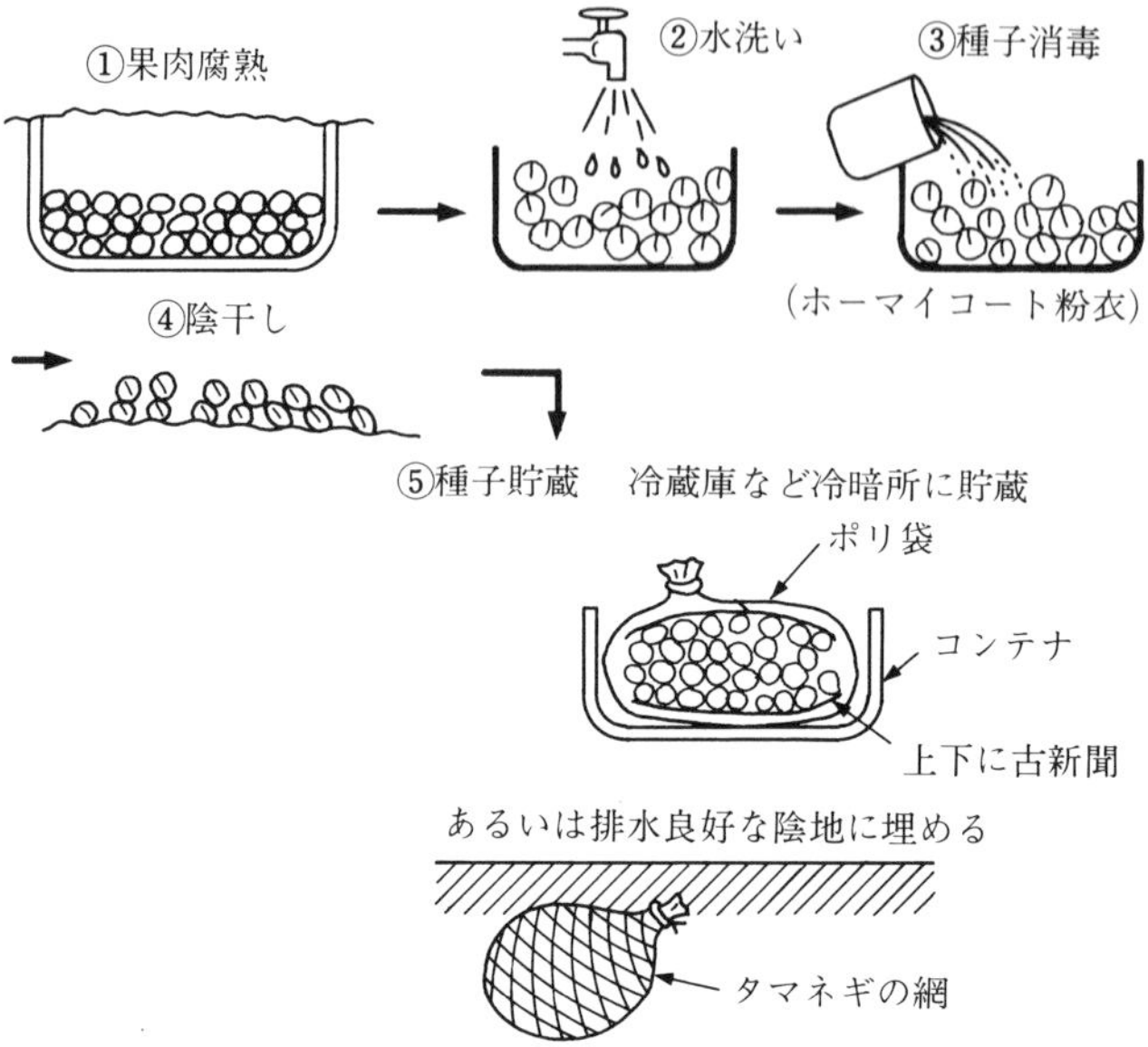

第13図　播種（1年目，11月下～12月下）

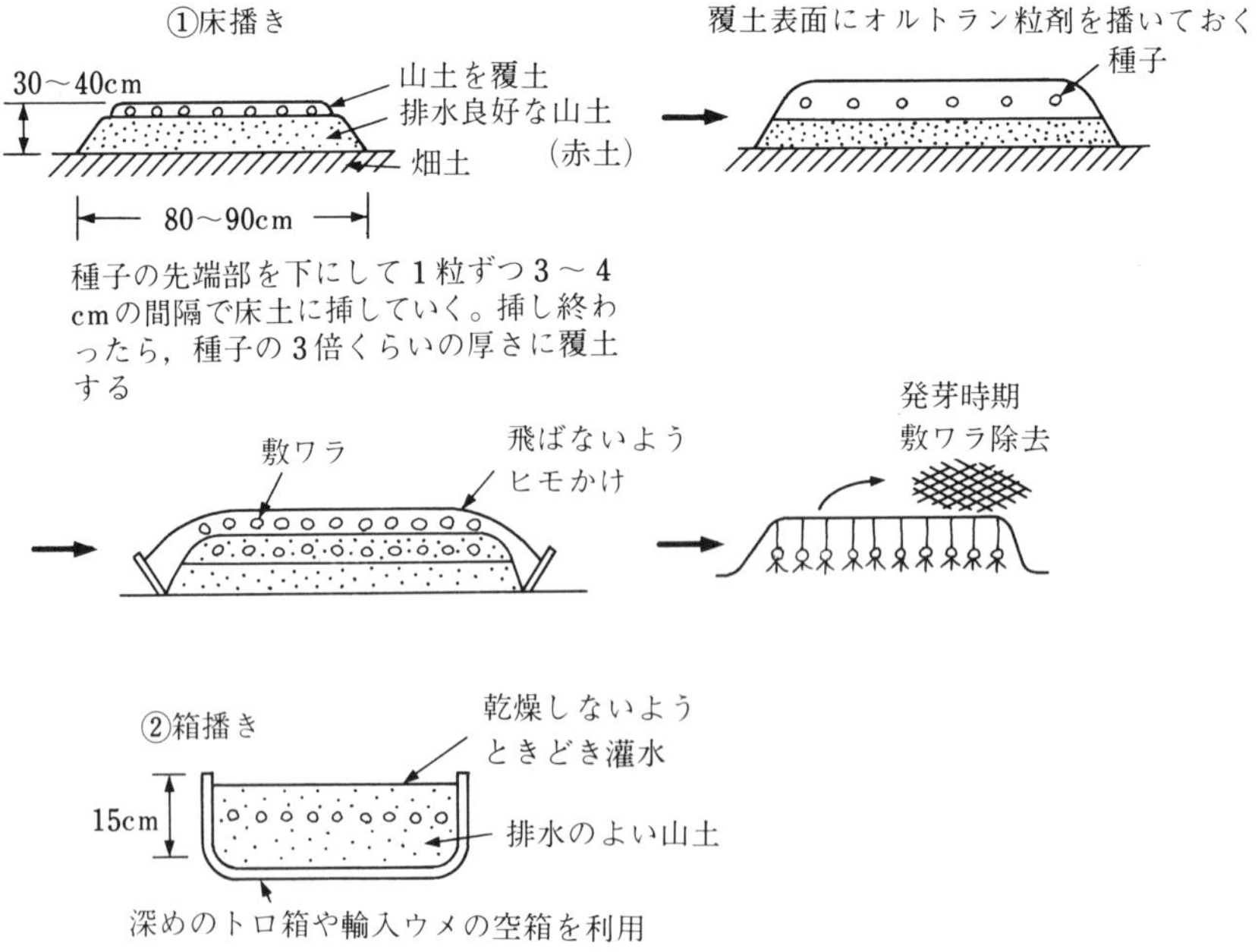

第14図　台木の播種（箱播き育苗）

く。

苗床への植付け時にわき芽の少ないものを淘汰（二次選抜）

苗床への植付けは、春の発芽伸長後、一般の育苗より遅らせて本葉八～一〇枚目ごろに実施する。

このとき、優良な実生では二次伸長がみられ新梢のわき芽が伸びている。この段階でわき芽のまったく伸びていないものは淘汰する（第15図）。そして、優良な実生だけを、第16図に示す要領で苗床に植える。

秋接ぎ前に小枝の少ないものを淘汰（三次選抜）

順調に生育すれば、八月には背丈近

第15図　わき芽の出ているAが優良実生。
Bのわき芽の出ない実生は淘汰する

第16図　苗床への植付け（2年目，4月上・中旬）

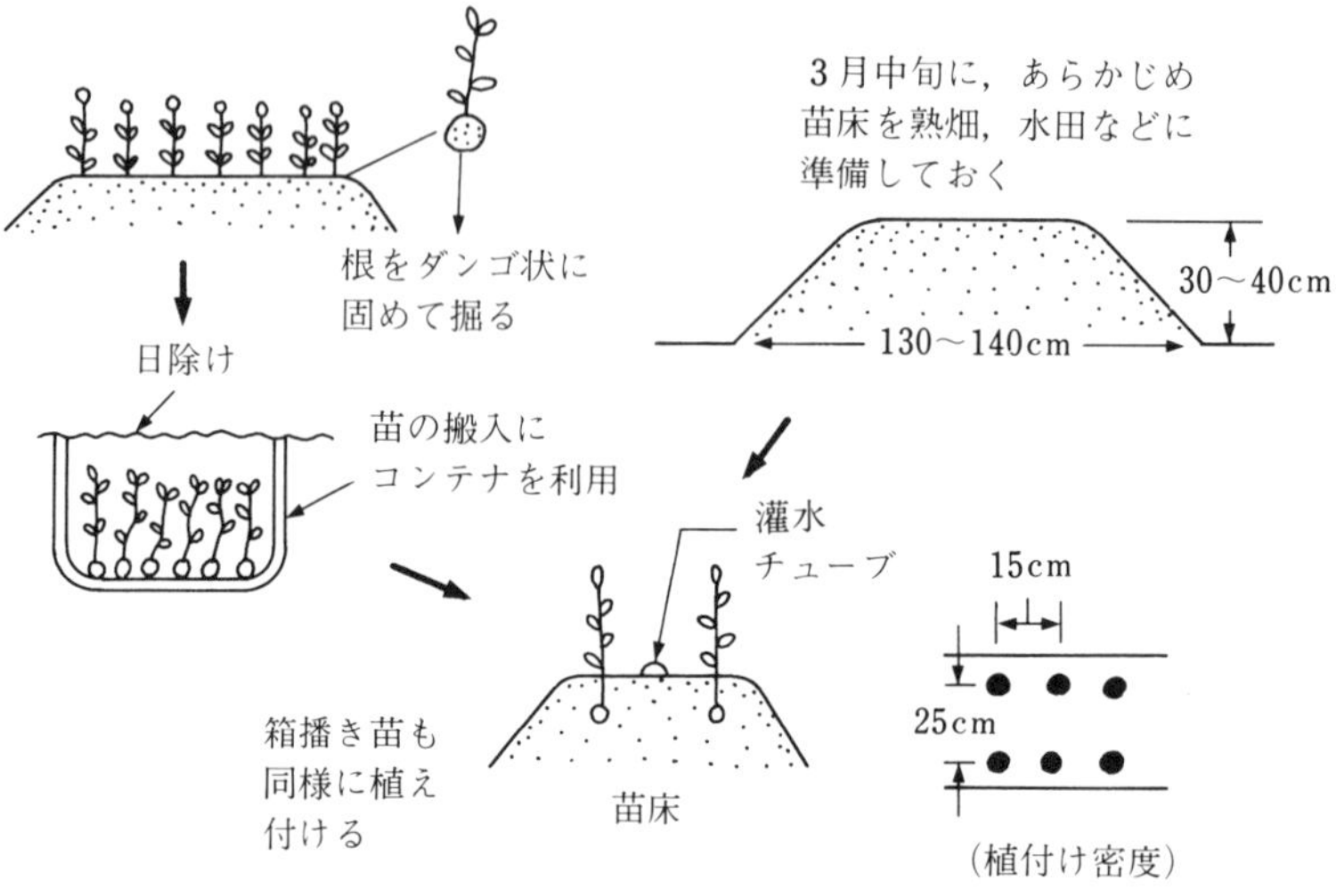
3月中旬に，あらかじめ
苗床を熟畑，水田などに
準備しておく
30〜40cm
130〜140cm
根をダンゴ状に
固めて掘る
日除け
苗の搬入に
コンテナを利用
灌水
チューブ
15cm
25cm
箱播き苗も
同様に植え
付ける
苗床
（植付け密度）

植付け後は2カ月に1回追肥を行なう

第17図　実生台木3次選抜後，地際から小枝が多く発生している
優良実生（9月上旬）

第18図　接ぎ木（2年日，8月中・下旬）の準備

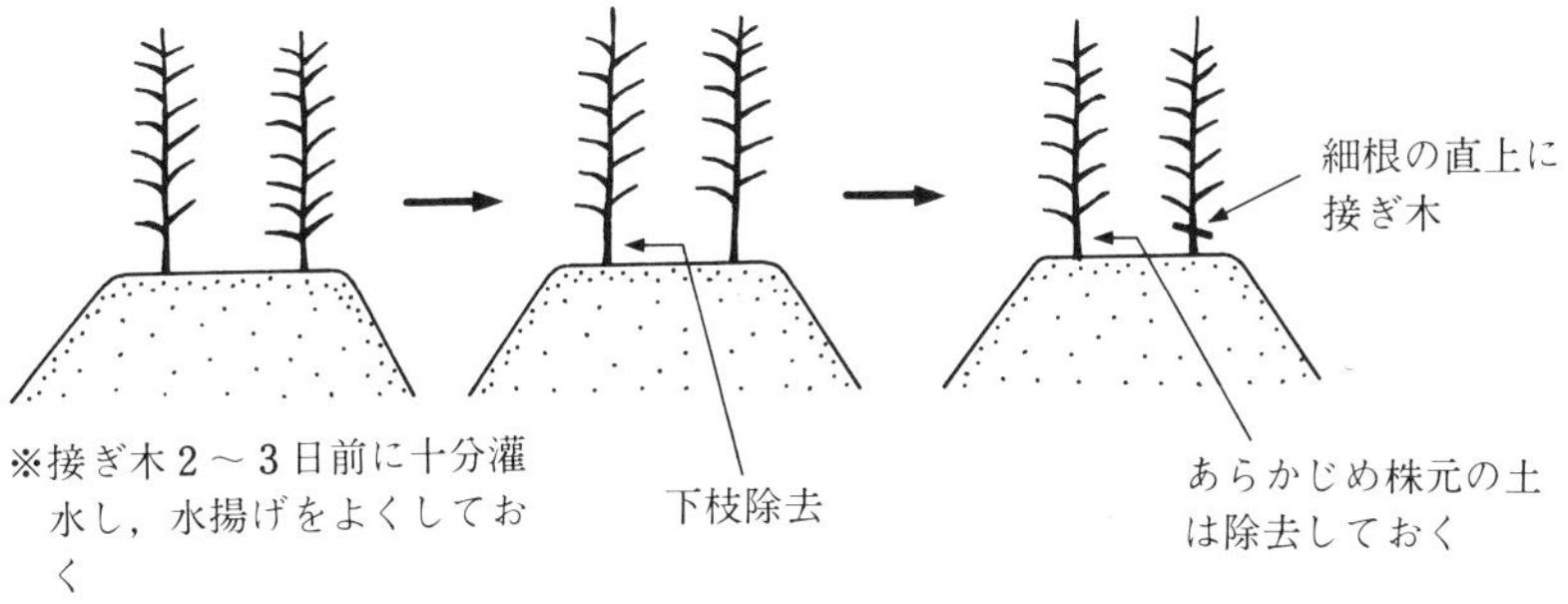
細根の直上に
接ぎ木
※接ぎ木2～3日前に十分灌水し，水揚げをよくしておく
下枝除去
あらかじめ株元の土は除去しておく

くまでに育ってくる。八月下旬～九月上旬の秋接ぎ前に横枝の少ないものは抜き取り、小枝の発生の多いものを残す三次選抜を行なう。この段階で九〇％近い優良台木の選抜が可能である（第17図）。

接ぎ木は、穂木を十分吟味し、優良母樹から採穂して、芽接ぎまたは腹接ぎをする。

接ぎ木翌春も発芽のおそいものは惜しみなく（四次選抜）

翌年二月中・下旬、秋接ぎの活着点検を行ない、失敗したものには補接ぎを行なう。補接ぎのときも台木は切らず芽接ぎか腹接ぎし、三月中旬いっせいに台木が発芽し始めたら、接ぎ芽上部二～三センチで台木をせん除する。また、同時にスコップなどで断根し、細根を多く出させる。こうして接ぎ芽の生育を助ける。

この時点で、発芽のおそい台木や、発芽しても休み芽が多かったりでバラツキの大きい台木は、いくら接ぎ芽が活着していても惜しみなく抜き取る。これが四次選抜である。

これで完全に近い優良台木の選抜ができたと考えてよい（第21図）。その後は支柱立て、誘引、芽かき、病害虫防除と肥培管理などに努めれば、秋には、将来に夢を託せる結実性の優れた一年生苗が誕生する。

3　緑枝取り木で自根苗を育成

母本の複製が緑枝取り木苗

産地にはそれぞれ優れた品種・系統がある。これらの母本品種・系統並みの特性を持ち、結実の安定した苗をつくる目的で行なわれているのが取り木

第19図　接ぎ木の手順

○秋接ぎ…たて芽接ぎ，そぎ芽接ぎ，二芽腹接ぎ
○春接ぎ…二芽腹接ぎ

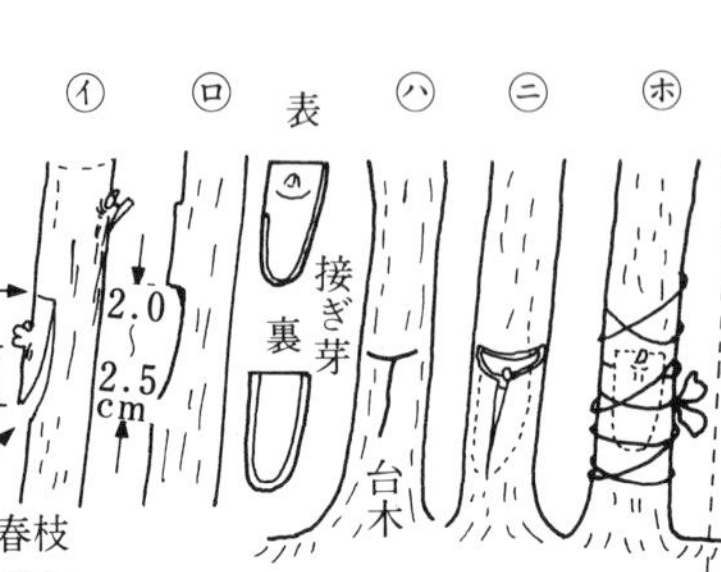

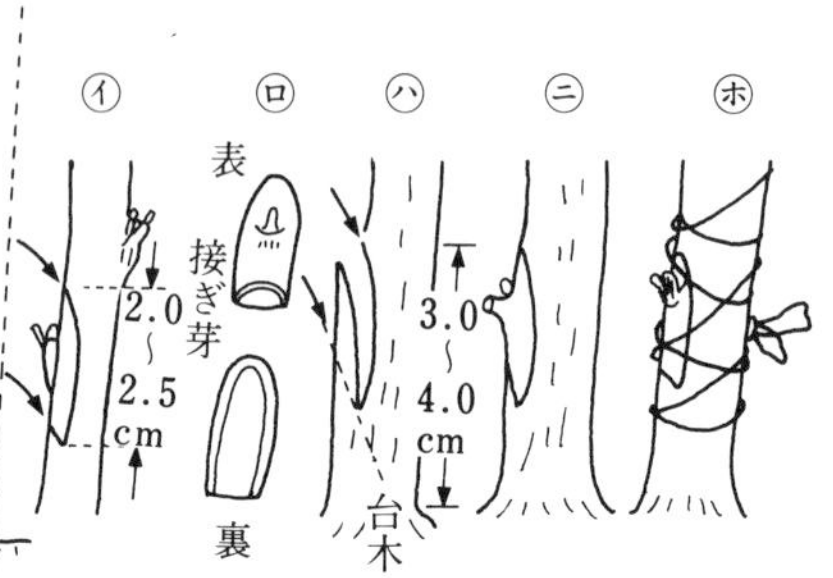

① **たて芽接ぎ**

㋑穂木の芽の下1.5cmのところからナイフを入れる

㋺穂木から接ぎ芽をはずしたところ

㋩台木地上3～4cmのところに木部に達する傷を入れる

㋥台木の皮をはがし接ぎ芽で押し込むように挿入

㋭下部と上部から雨水が入らないようポリエチレンテープ(0.03mm)で芽接ぎの部分を一重にしばる(接ぎ芽の部分は必ず一重にする)

② **そぎ芽接ぎ**

㋑芽の上0.5cmのところから下部に向かってナイフを入れる(2.0～2.5cm)。芽の下部は斜め下にナイフを入れ接ぎ芽を取り出す

㋺穂木から接ぎ芽をはずしたところ

㋩接ぎ芽の大きさに合わせ地上3～4cmのところから下部に向かって2.5～3.0cm切り込み，下部を点線のように斜めに切り込む

㋥接ぎ芽を挿入

㋭ポリエチレンテープ(0.03mm)で芽の部分を一重にしてしばる

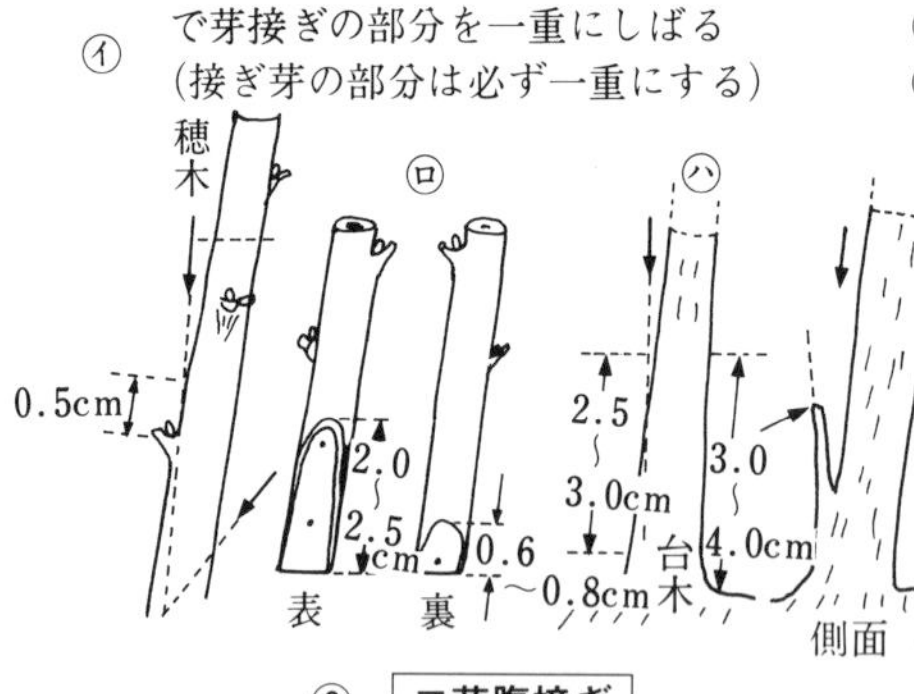

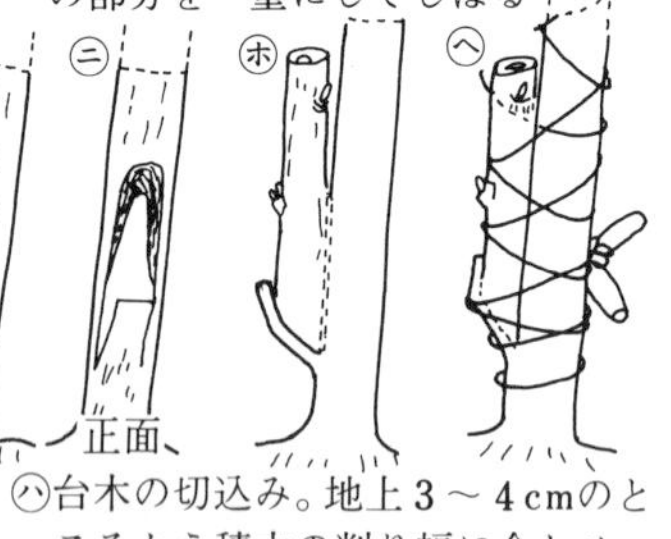

③ **二芽腹接ぎ**

㋑表削りは芽の上0.5cmよりナイフを入れ，やや木部へ深めにまっすぐ切り込む

㋺裏から返し切りをして削り部分より上に2芽をつけ穂木とする

㋩台木の切込み。地上3～4cmのところから穂木の削り幅に合わせ，やや斜め下に向けて切り込む

㋥台木部の切込み要領

㋭穂木と台木の形成層を合わせ穂木挿入

㋬ポリエチレンテープ0.03mmで結束

である。

　ウメを栽培していれば、自園で主品種、受粉品種とにかかわらず「この樹はすばらしい!!」と自慢できる樹が、一本や二本はあるはず。

　その〝すばらしい樹〟の緑枝に根を発生させて苗木をつくる。ウメは普通発根しにくいが、発根ホルモン（ルー

第20図　台木部のせん除と断根
（3年目，3月中・下旬）

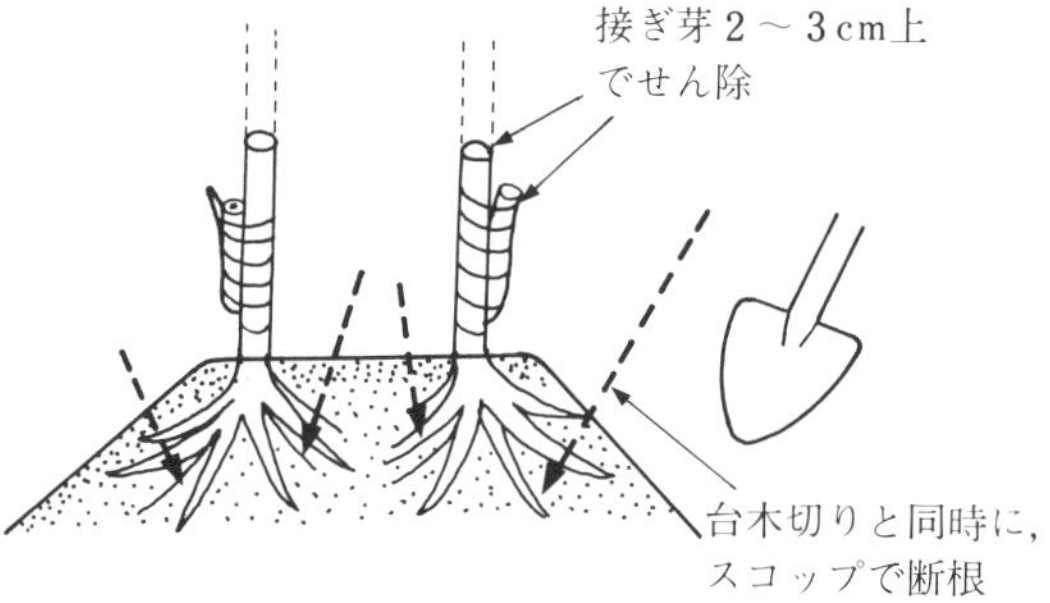
接ぎ芽2〜3cm上
でせん除
台木切りと同時に，
スコップで断根

放っておくとゴボウ根になり，植えいたみしやすい

第21図　接ぎ木翌春の生育

3月中・下旬の発芽。この時期に第4次選抜し，台木部分をせん除する

4月中旬の新梢の伸長

第22図　緑枝取り木の実際

〈取り木の手順(初夏どり5/下～6/中，秋どり9/上～10/上)〉

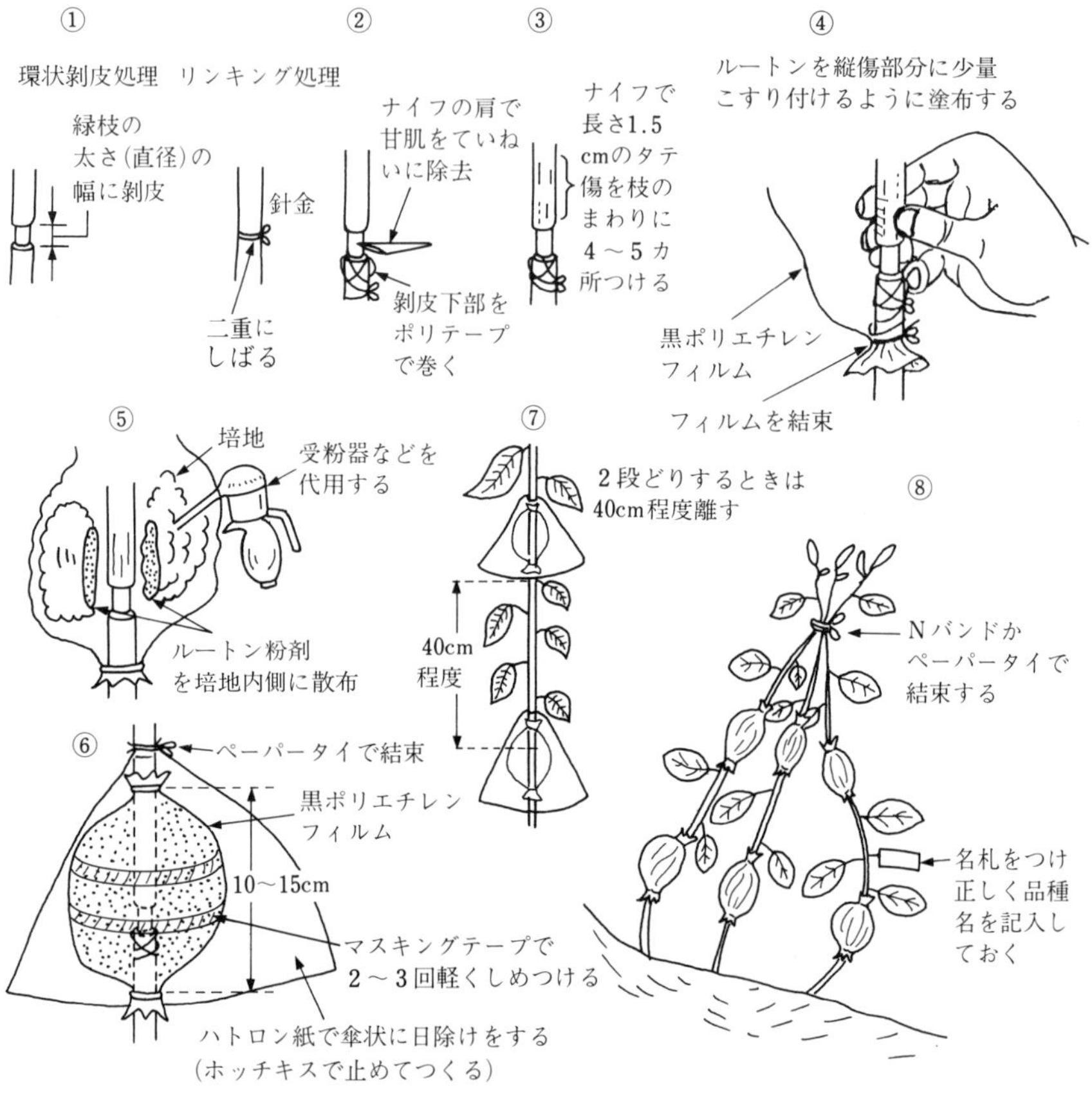
①
環状剝皮処理　リンキング処理
緑枝の
太さ(直径)の
幅に剝皮
針金
二重に
しばる
②
ナイフの肩で
甘肌をていね
いに除去
剝皮下部を
ポリテープ
で巻く
③
ナイフで
長さ1.5
cmのタテ
傷を枝の
まわりに
4～5カ
所つける
④
ルートンを縦傷部分に少量
こすり付けるように塗布する
黒ポリエチレン
フィルム
フィルムを結束
⑤
培地
受粉器などを
代用する
ルートン粉剤
を培地内側に散布
⑥
ペーパータイで結束
黒ポリエチレン
フィルム
10～15cm
マスキングテープで
2～3回軽くしめつける
ハトロン紙で傘状に日除けをする
(ホッチキスで止めてつくる)
⑦
2段どりするときは
40cm程度離す
40cm
程度
⑧
Nバンドか
ペーパータイで
結束する
名札をつけ
正しく品種
名を記入し
ておく

〈切離しと苗畑への植付け(11月上・中旬)〉

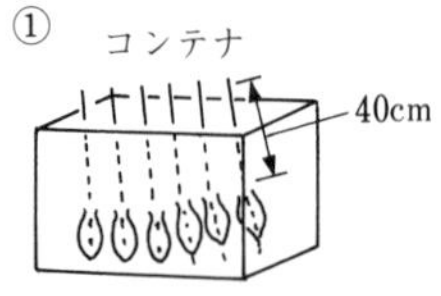
①
コンテナ
40cm

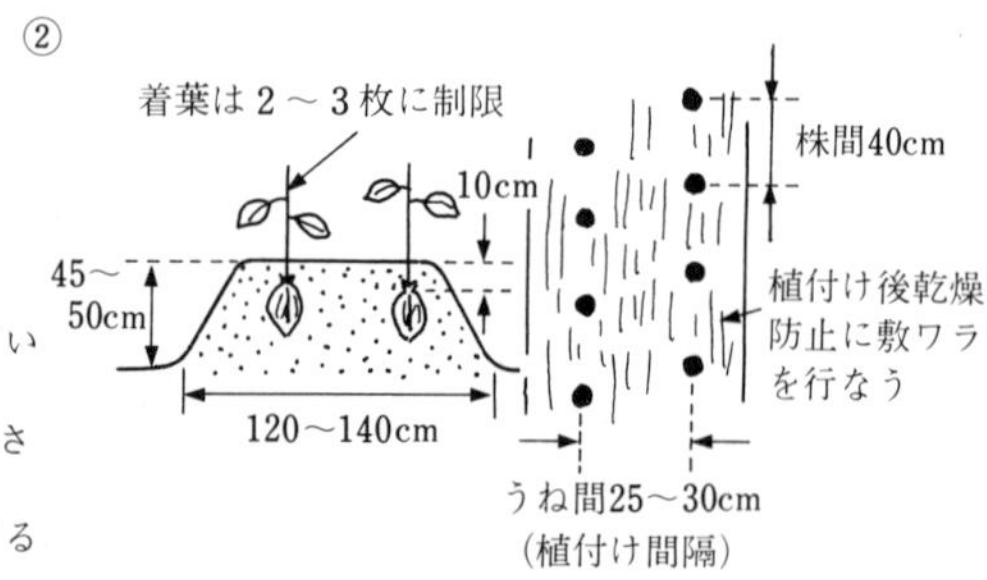
②
着葉は2～3枚に制限
10cm
45～
50cm
120～140cm
株間40cm
植付け後乾燥
防止に敷ワラ
を行なう
うね間25～30cm
(植付け間隔)

- 切り離し前に品種別に正しくラベルされているか確認しておく
- 11月上・中旬発根を確認して約40cmの長さに切り離す
- 切り離した取り木枝はコンテナーに集荷する

第23図　緑枝取り木（初夏どりの例）

初夏どりは日射が強いのでハトロン紙で傘状の日除けを行なう

ウメの樹冠内に発生した不用な発育枝を利用して取り木

第24図　1年生の取り木苗

取り木苗は1年で2年生苗のような大苗に生長させることができる

トン）を使えば九〇％近く発根し発根率は高い。しかも、うまく管理すれば、一年で二年生苗のような大苗にすることができる（第24図）。

初夏取り木と秋取り木がある

　初夏取り木（五月下旬～六月中旬）と秋取り木（九月上旬～十月上旬）の二シーズンあり、どちらか都合のよい時期に行なう。初夏取り木は、最も発根しやすく安定しているが、この時期は栽培管理や収穫で忙しいという、作業上の難点がある。そのため、作業的に割合余裕のもてる秋の取り木が、ウメ農家には適している。

緑枝取り木の方法

環状剥皮とリンキング

環状剥皮法　初夏どりであろうと秋どりであろうと、剥皮の幅の調整と形成層である甘皮の除去の仕方とがポイントになる。剥皮幅は緑枝の直径を目安にし、形成層はていねいに取り除くことが大切である。

　なお、剥皮下部のほうがカルスの形成が旺盛で上部と癒合しやすいので、接ぎ木テープであらかじめ被覆しておくとよい。

針金によるリンキング法　剥皮法に代わる簡便な方法として行なえる。二〇番線程度の細い針金を用い、発根予定部の下を二重巻きにして、ペンチなどでやや固く締めつけておく。

　また剥皮法、リンキング法いずれの場合も、処理したあとは、発根予定部分（二～三センチ前後のタテ傷、木部に達する程度）を四～五カ所、カッターナイフなどで付けておく。

発根促進剤の利用

　あらかじめ交配用受粉器に入れておいたルートン粉剤を発根予定部分に散布するとともに、発根培地のほうにも薄く散布しておく。

培地でくるみフィルムで被覆

　前もって厚手の黒のポリエチレンフィルム（黒マルチフィルム、透明も可）を三〇センチ×四〇センチ角に切り、それを、剥皮またはリンキング位置より下二センチのあたりにペーパータイなどで縛りつけ、緑枝を中に包み込めるような筒状の受け部をつくる。

　培地には、ミズゴケやロックウール粒状綿（pH七・二）、または中性ピートモスのいずれかを用いる。あらかじめ清水に浸して水分を含ませ、ソフトボール大につかんで軽く握りしめ、水が滴らない程度の水分量に調整して準備しておく。

　この培地を二等分して、発根予定部を両側から挟むように包み込む。このとき、その接触部分にもう一度ルートン粉剤を散布する。

発根予定部をくるんだら、培地を黒ポリエチレンフィルムで包む。水漏れしないようていねいに結束し、さらに被覆部の赤道部分をマスキングテープ（紙絆創膏）で一～二周ぐるぐると巻いて固定する。

ハトロン紙の傘で日焼け防止

初夏の取り木では、黒ポリエチレンフィルムで包んだ発根部分が高温障害になりやすく、そうすると発根が抑制されるので、二〇センチ角に切ったハトロン紙で傘をつくり被覆部にかけ、動かないように縛っておく。

なお、長めの緑枝であれば二段取りも可能だが、その場合は取り木部を四〇センチ以上離す。また風などにあおられて折れたりしないように、緑枝同士の先端を集めて、相互に結束するか、他の枝に固定しておく。

発根後の切り離し

初夏取り木では七月上・中旬、秋取り木では十一月上・中旬に発根を確かめ、切り離す。そのさい、取り木部から上四〇センチほど、葉も二～三枚大事に残して切り取り、コンテナに集める。ただし秋取り木では休眠期に入るので、おおかたは落葉している。

発根がない場合や都合で切り離しが遅れた場合、初夏取り木では培地に注水してそのまま秋までおく。秋取り木では、十二月上旬になったら発根していなくても切り離し、カルス形成のまま定植する。

植付けと管理

培地をつけたまま熟畑に定植

定植は発根部のポリエチレンフィルムをはずし、発根部より下は切り離す。そして、培地をつけたまま、あらかじめ準備しておいた熟畑に、高うねにして植える。

条間三〇センチ、株間四〇センチの二条植えにする（第26図）。

深めに植え付ける

初夏取り木では定植後に高温乾燥期をむかえ、秋取り木では越年させなければならないが、取り木苗は発根量が十分でないので、植付けにあたっては、発根部の上一〇センチ程度まで深めに植え、やや強めの鎮圧をかけしっかり固定してやる。さらに、定植後は十分灌水し、乾燥防止と雑草防除をかねて厚めに敷ワラをする。苗の頂部切り口には接ぎロウを塗り、初夏取り木では、定植後、アビオンE五〇〇倍液（水溶性パラフィン）を散布しておくと萎凋防止に有効である。

乾燥に注意しながら二カ月に一回の追肥

春先からは、一般の接ぎ木苗と同様に扱ってさしつかえないが、追肥は根をいためないことと、発根量を確保するため五月以降に行ない、第一回自己

第25図　９月上旬の秋取り木苗の発根状況

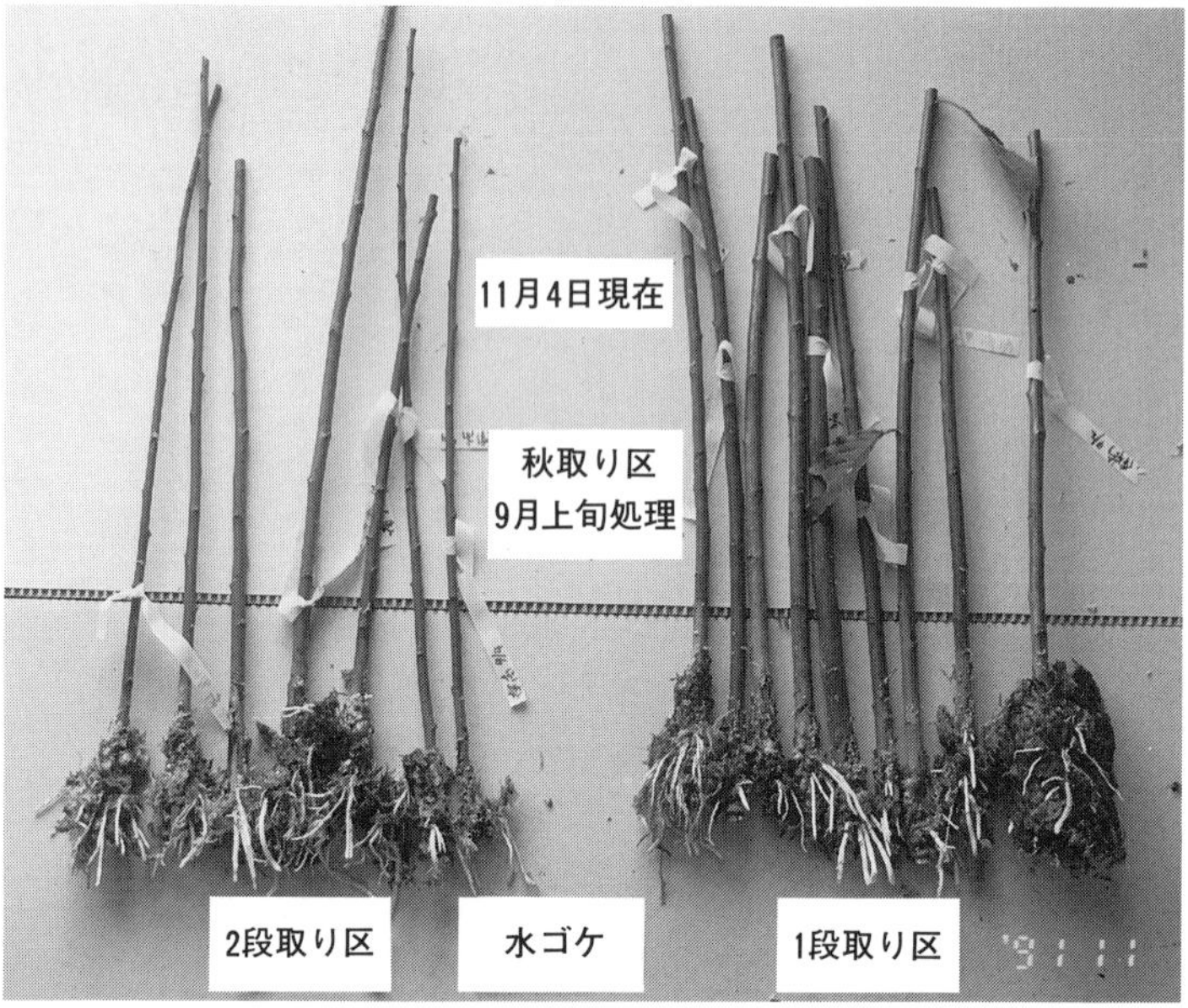

１段どりでも２段どりでも発根に大差ない

第26図　秋取り木苗の植付け

取り木苗の植付けは，発根部の上10cmが隠れる程度に深く植える

摘芯の直後から二カ月に一回程度、油粕などを一つかみくらいやる。

夏季の乾燥に注意すれば、その年の秋には二年生苗のような大苗に育ち、母本品種・系統をそのまま受けついだ複製苗として、将来に夢を託せる性質のそろった優良苗になる。

ただ自根苗は、実生苗に比べ、幼木時代は浅根性で乾燥に弱い傾向にあり、乾燥地では特に注意が必要である。しかし、それも二～三年生までで、乾燥防止に努めれば、生育も旺盛で十分期待に応えてくれるはずである。

4 結実向上、安定化への技術改善のポイント

受粉品種の有効な組合わせと上手な混植

理想的な受粉品種の組合わせ

ウメの栽培品種のほとんどが、自家不和合性（同じ品種の花粉では結実できない性質）なので、受粉樹として有効な花粉をもつ異品種との組合わせが大切になる。また、ウメの花粉は不稔率が高く、しかも粘性で風媒力も弱いので、受粉にはミツバチの活動が頼りになる。

混植する受粉用品種としては、青梅や加工梅として主品種と遜色なく、同時収穫・混入の可能なものが理想的である。また、「古城」や「白加賀」のように花粉のない品種では、受粉樹も結実させて効率よく生産をあげるために、二品種以上の受粉樹を混植することが必要である。

ところで、ウメの集団産地では、混植率はそれほどでもないのに、結実がけっこう安定している園地もしばしば見受けられる。これは、ミツバチの行動範囲が割合広く、相互に花粉のやりとりが行なわれているためと考えられる。逆にいうと、新興産地などで園地が離ればなれになっているようなところでは、混植程度が決定的に重要で、園地ごとに三〇%程度の受粉品種の混植がきわめて大切になる。

品種、立地条件別の混植例

①主品種が「南高」で、受粉品種に「小粒南高」や「改良内田」、そして漬ウメ専用の雑種などを配置している集団産地では、二〇%程度の混植率でよい場合が多く、第27図のA型の配置が一般的である。

②集団園地から離れたところや、園地が北に面し、冬季に北西の風が強く吹くような受粉効率のわるい園地では、B型の配置がよい。相性のよい受粉品種を二品種導入し、混植率も三〇%以上に高める。二品種導入すれば、開花時期のズレなどにも十分対応できる。

③青梅専用の「古城」や「白加賀」など、花粉を持たない品種を導入している園では、混植率を高めるとともに、受粉品種相互の交配をも考慮したC型の配置が効果的である。

ウメでは特に重要な石灰施用

pHは六・五～六・八と高い

ウメの生育適正pHは六・五～六・八の範囲で、中性に近いところに生育適正値がある。また、生育段階では第28図に示すように、カルシウムの要求量

第27図　品種と立地条件による合理的な混植組合わせ

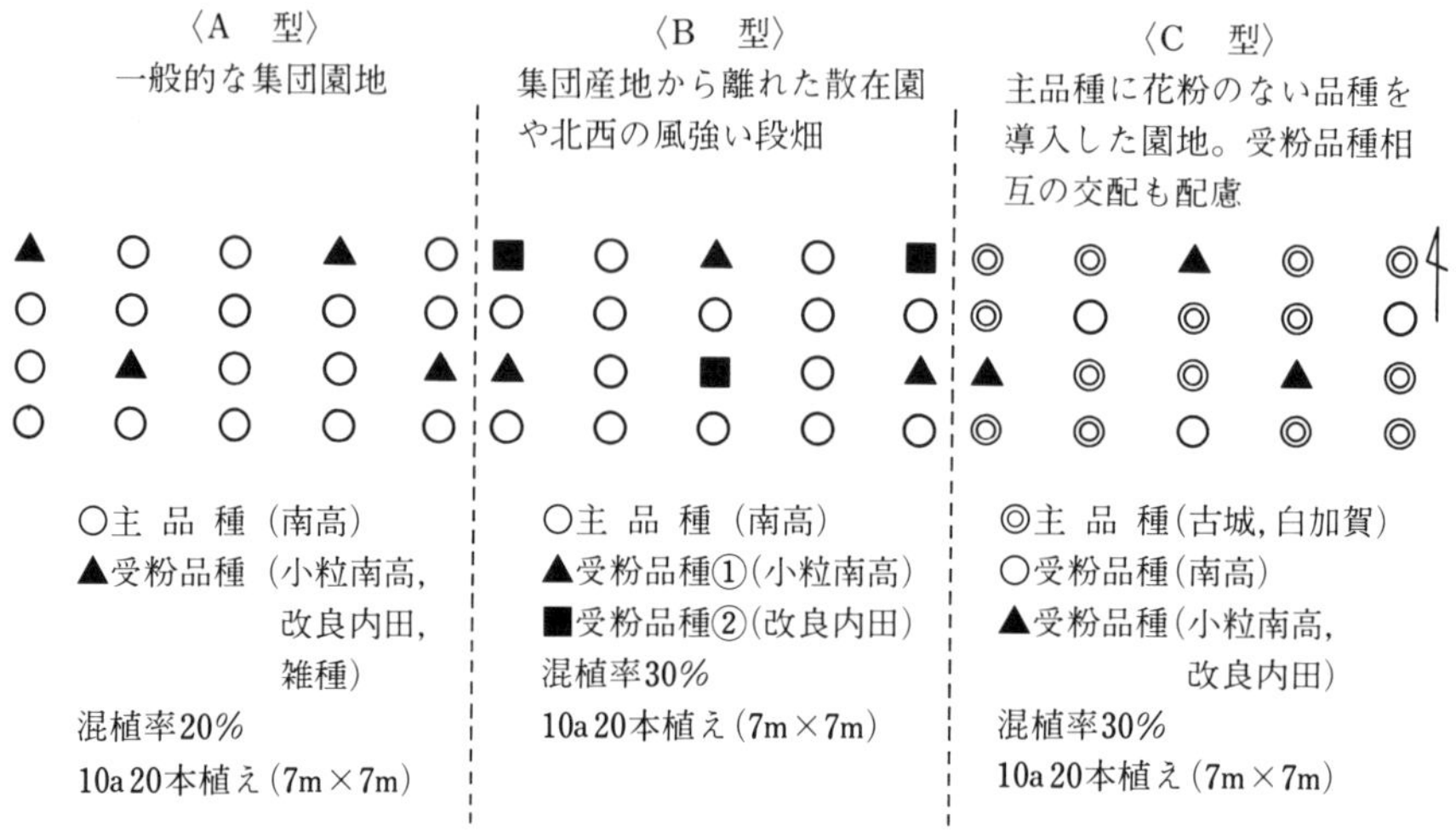

第28図　主要要素の時期別吸収量の推移（南高，結実良好樹）

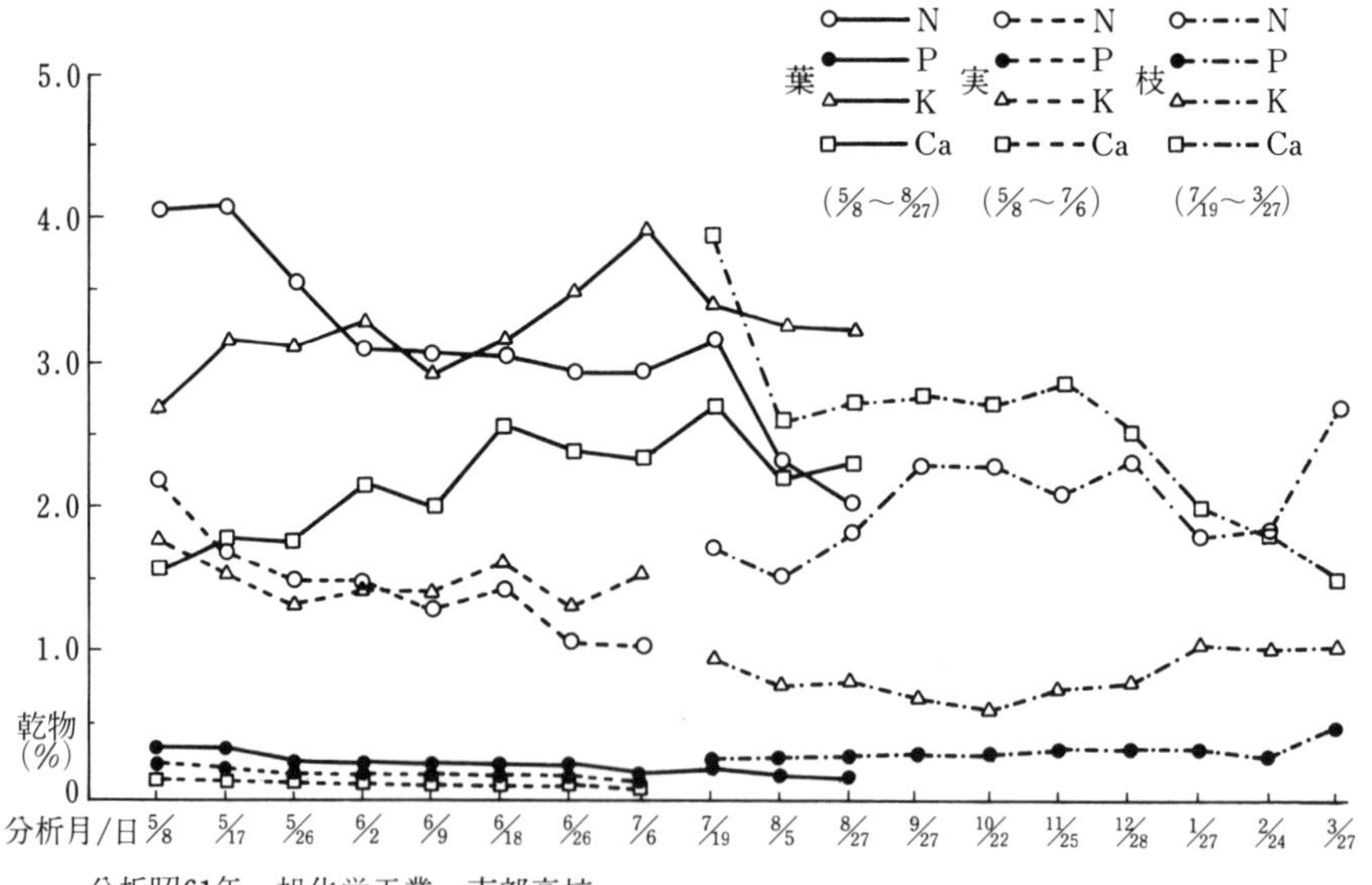

分析昭61年，旭化学工業・南部高校

は、葉では結実期から成熟期にかけて窒素やカリに次いで高い。枝では、収穫後から休眠期そして開花・発芽期にかけて、窒素以上に高い。このように、ウメはカルシウムの利用率の高い果樹であるといえる。

三～四月の結実期から七月にかけて、カルシウムの吸収量はしだいに増加するので、開花期前後から安定的に供給できるよう土壌に保肥されていることが重要で、一年を通し土壌pHが適正値に調節しておくことが大切である。また、カルシウムは、土壌が乾燥して水分ストレスが与えられると樹体内の移動がしにくいので、果実肥大期の四～六月に土壌を乾燥させないことも、結実を安定させ生産性の高い樹を維持するポイントである。

徒長して成らないのは低pHが原因

ウメは、土壌のpHが低いと養分吸収にアンバランスを生じる。pHが下がることによって、土壌中の活性アルミニウムが多く溶出して根をいためると同時に、リン酸と結合して難溶性のリン酸化合物となり、リン酸の肥効をわるくする。また、水溶性のマンガンが溶出し、根をいためながら過剰吸収して葉に集積し、夏以降落葉を早める原因になる。

酸性では主要要素成分が不可給態化して吸収を阻害されるが、窒素の肥効は比較的高い。そのうえ、酸性が強いと窒素がおそ効きし、気温が上昇してくるころから肥効が急速に高まり徒長枝の発生を旺盛にする。このような樹では、前年度からの貯蔵養分が十分でなく、開花直後の生理落果が助長され、結実量が少なくなる。さらに、硬核期前後から窒素がおそ効きするので第二次生理落果が助長され、結果量がますます少なくなる。

こうして、結実量が少ない分栄養生長が盛んになり、樹があばれるような生育は梅雨明けまで続く。しかし、夏の乾燥期から九月に入ると、急に葉色が淡くなり、落葉が目立ってくる。

pHが低いと、こうした生育を毎年くり返すので、適期に適量の石灰を施し、ウメに適したpH値に保つことが最も重要である。

ここで注意したいのは、石灰は有機物の分解を促進することで、有機物施用をともなった石灰の施用でないと効果的でないことが多い。

第一次生理落果の要因は二つ

生理落果は低pHでも助長されるが、むしろ交配がうまくいかなかった場合と、栄養生理的にアンバランスなときに多い。

前者の場合は、冬季温暖で開花期が早められたり、低温と曇天続きで天候に恵まれなかったりで、ミツバチが十分活動できなかった年に多い。

後者では、貯蔵養分不足が主な原因である。開花から結実、幼果の肥大、そして発芽・展葉・緑化の直前まで、貯蔵養分によってすべてをまかなうことになる。そのため、前年の収穫後から落葉期までに貯蔵養分をタップリ貯えておかなければ、花芽の発育がわるく不完全花が多かったり、たとえ交配がスムーズに行なわれても、開花で貯蔵養分のほとんどが消耗してしまい、幼果の肥大につなぐ貯蔵養分が不足して生理落果を助長したりする。このことは、前項で述べた適正pH値を守ることによってバランスのとれた貯蔵養分の蓄積を行なえるようにしておくこととももかかわっている。

また、関連するケースとして、前年の十一月ごろ花肥として貯蔵養分を豊かにすることがあるが、施用時期が遅れると吸収できずに土壌に春まで残り、開花後の気温の上昇する四月上旬ごろからひと雨ごとに肥効があらわれる。この場合、窒素が優先して吸収されやすく、栄養生長が盛んになり、生殖生長とのバランスを失い第一次生理落果を助長しやすい。

これを防ぐには、花肥は九月下旬から遅くとも十月上旬までに施し、落葉期まですべて吸収させておく配慮が大切になる。

樹勢の衰弱・枯死を防ぐ

原因は低pHと弱せん定

樹勢の衰弱と枯死、いわゆる衰弱症が最近ふえている。原因は地力が乏しいうえに土壌が酸性化し、そのうえ弱せん定で連年結果させていることによる。さらに酸性雨と干ばつの影響が大きい。

紀州のウメ産地にふえている樹勢の衰弱と枯死、いわゆる衰弱症は瓜谷累層に集中して発生している。この土壌は腐植含量が少なく、そのうえ傾斜地での肥料流亡が激しいが、そのことがこれまでは結果的に樹勢を抑制し、結実性を良好にしてきた。しかし、もともと腐植が少ないうえに鉱物質がアンバランスに含まれている土壌のため、有機物施用が減少するなかで土壌は酸性化し、可給態リン酸、置換性石灰、苦土が不足するようになっている。このため、樹の充実がわるくて着果・結実性が低下し、それが枝の徒長を助長しているのだが、この徒長・結実性の低下を強せん定が原因とかんちがいして、間引きせん定を主体とした弱せん定が一般化し、主枝・亜主枝の先端の切返しが弱くなっている。そのため樹勢が弱まり、一年を通して生殖生長に傾き、そのために地上部だけでなく根の生長も抑えられ、根量が少なくなっている。

こういう樹は一時的に結果量が多くなるが、摘果などで結果調節しなければさらに樹に負担がかかり、春梢の発生量も少なく弱い。しかも果重によりどの枝も下垂するので、ますます樹勢を弱めることになる。

もともとウメの根は浅いので、乾燥による水分ストレスを受けやすい。特に四月以降成熟期にかけて水のほしい時期に乾燥すると、たいていの樹は衰弱する。近年収穫や管理技術はすすんできているが、肝心の土つくりや灌水の手だてがおろそかになりがちの園地が多く、樹勢衰弱の大きな原因になっている。施肥方法も問題で、最近は肥料は施しても、表土に播くだけのことが多く、これではますます根域は表層部に浮いて、水分ストレスを受けやすくなる。

防ぐためのおさえどころ

樹勢の衰弱や枯死を防ぐためにはまず、一～二月と八～九月に苦土を含む石灰の施用を行なって土壌のpHを矯正するとともに、自発休眠に入った十一月からの早めの深耕が大切で、新鮮で活力ある根づくりが肝心になる。

地上部では、十二月中に樹を若返らせる切返しせん定を行なって栄養生長に傾け、春梢の発生を促すとともに、結実量を制限し、地上部に見あった新鮮で活力ある根量の確保に努める。

一方、栄養管理面では結実量に応じた施肥に心がけ、結実後は必要に応じて灌水し、養水分がスムーズに吸収できるようにする配慮が大切である。

ウメの場合、収穫が終われば放任されがちだが、次年度にむけての最も大切なのがこの時期で、花芽分化と結果枝の充実、そして貯蔵養分の蓄積がこの時期にかかっている。成り疲れによる樹勢回復は、早めの礼肥（基肥）に心がけ、夏の乾燥期に備えて敷草や完熟堆肥の投入も必要である。

おおかたの衰弱樹は、収穫後の夏季をどう乗りきれるかにかかっているといっても過言ではない。

連作障害、紋羽病を防ぐ

樹勢が強く栄養生長型の樹では、発育枝の発生も多く、これに見あう地下部の発根量も多い。新鮮で活力ある根は、土壌からの養分吸収がスムーズに行なわれる。このように生育が旺盛で健康的な樹では、連作障害や紋羽病におかされにくい。

しかし、豊作型の樹では生殖生長に傾きやすい。発育枝の発生量が少なく、たとえ発生しても緑枝で花芽をつけることが多い。地下部でも新根の発生量が少なく、養分を吸収する活動根も貧弱になる。そのため、樹勢のわりに結実量が多く樹勢が衰弱しやすく、そんな樹に紋羽病が発生しやすい。したが

第29図　弱ったウメを救う５つのポイント

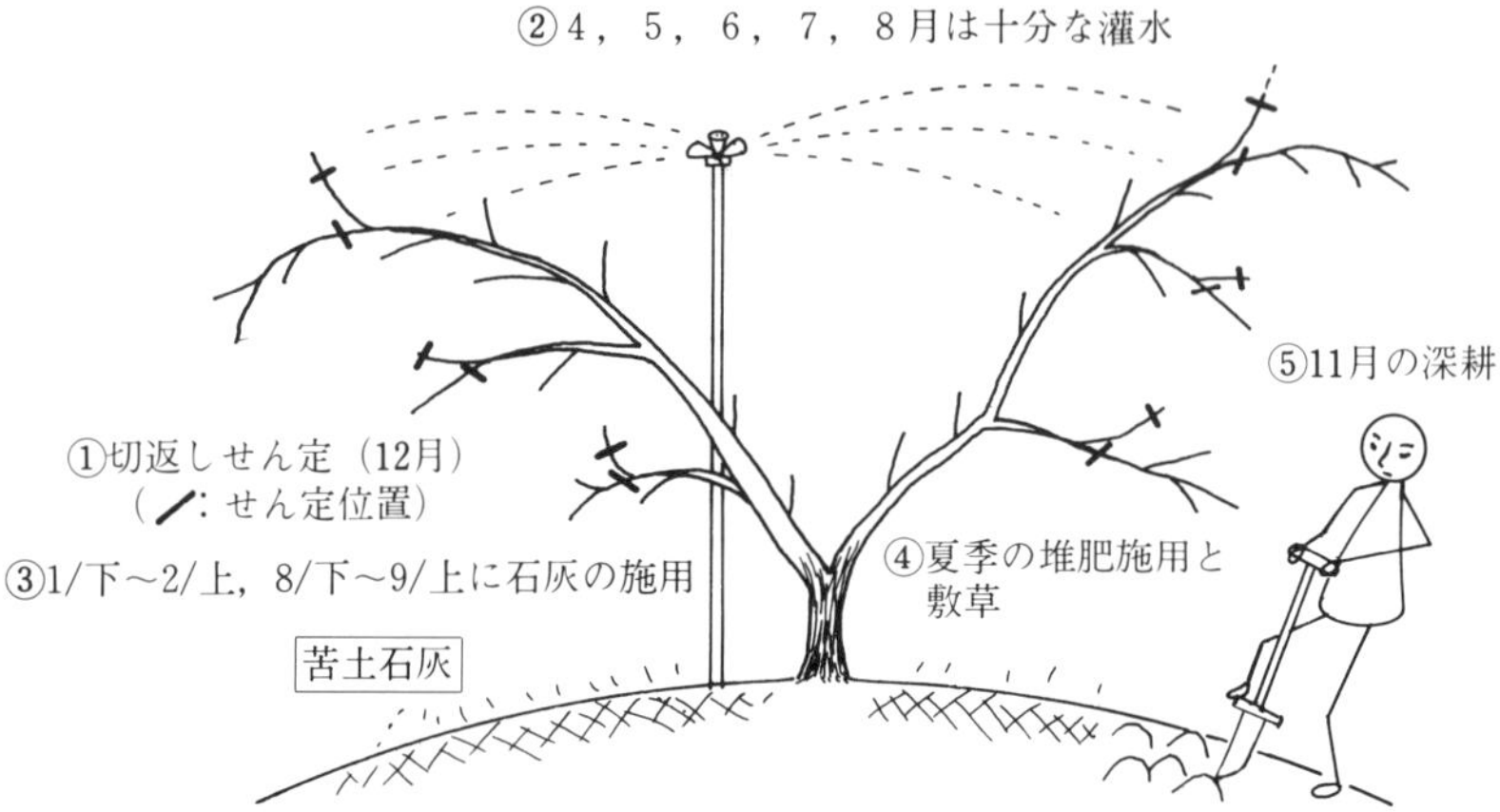

第30図　５月の主枝先端の新梢の生長

主枝・亜主枝の先端はこのくらいの強さがほしい（５月中旬）

って、豊作型の優良樹が紋羽病の被害を受けやすいことになる。

紋羽病菌はどこにでも潜伏していると考えるほうが正しく、常に病気に負けない健康的な樹勢づくりが防除のポイントといえよう。紋羽病を防ぐためには、前項の「樹勢の衰弱を防ぐ」手だて同様に、十一月の早めの深耕から新鮮で活力ある根づくり、十二月に入れば早めに切返しせん定を行ない、春からの生育を栄養生長に傾け、実肥もやや増肥して樹勢の回復をはかる。

また、十一月の深耕後、新鮮な山土を樹冠下全面に二センチ程度（これ以上厚く敷くと逆効果）土壌表面に薄く客土してやると、根量も増加して見違えるように樹は若返り、連作障害の防止にも効果的である。

現状では紋羽病の発生を的確に防げる薬剤はない。筆者が経験した防除事例では、四月下旬と九月上旬に微生物資材であるVSトリコまたはキレーゲンを、成木一樹当たり五キロ程度樹冠下全面に施して軽く土壌に混和し、その上から木酢五〇～一〇〇倍液を一樹当たり二〇〇リットル散水することで被害の拡大が防げ回復した例が多い。一度試していただきたい。

また、農薬では登録薬剤として、フジワン粒剤、フロンサイドSCがあり、休眠期から発芽期に処理を行なう。主幹部の地ぎわから太根を中心に露出させ、被害患部を削りとり、フジワン粒剤（一樹三キロ）を露出根部に塗り、残りの製剤は土壌と混和して埋めもどす。フロンサイドSCの場合も、同様に処置し、五〇〇倍液で患部に噴霧した後、埋めもどした土壌に一樹一〇〇リットル程度灌注処理する方法がある。

VSトリコ　VS科工株式会社
〒一〇五－〇〇二二　東京都港区東新橋二－五－七
TEL　〇三－三四三四－五六一七

キレーゲン　清和肥料工業株式会社
〒五四一－〇〇五一　大阪市中央区備後町四－三－四　タイガービル五階
TEL　〇六－六二三一－三七七一

かなり大きい風による被害

風の三大被害

ウメの場合、開花期のミツバチの交配活動と幼果期のかいよう病感染、そして台風など強風による越冬病斑の増加、大気がまだまだ不安定な四～五月の強風による落果など、風による被害が大きい。

①栽培品種のほとんどが自家不和合性で、交配はミツバチの活動だけが頼りになる（ハナアブなども飛来するものの交配活動は弱い）。冬季は晴天日に北西の風が強く、ミツバチの活動は、気温一二～一四℃で、うす日から晴天で明るい日、しかも無風から風速四メ

第31図　防風ネットで北西の風を防ぐ

第32図　北西面に防風林，尾根に防風樹を植えて風をやわらげる

ミツバチの飛びかうチャンスが多く，かいよう病の被害も最小限にくい止められる

ートル以下のときが条件になる。

ところが、ウメの開花時期はミツバチの活動に適した日は数少なく、しかも活動しやすい晴天日には北西の風が強く吹きやすい。

この場合、風を弱めて日だまり的な環境をつくると、ミツバチの交配活動が活発になり、結実率が高まる。平地では北西面に、傾斜地では北西面と尾根部分に防風垣を設置すると効果的に風を弱めることができる。

②最も恐ろしいかいよう病は、春先からの強風と雨滴で感染するので、ネットを立てたり防風垣で風を防いだりすれば感染を最小限度にくいとめることができる。

また、台風の襲来があると、枝と枝の接触部にスレ傷を生じ、かいよう病菌が侵入して越冬病斑を形成するので、台風の風をやわらげることにより、越冬病斑の形成が少なくなり、かいよう病の防除効果が高い。

③結実後の四月中旬から五月にかけては、大気が不安定で強風に見舞われることが多く、枝がゆすられることによる機械的な落果が多い。

このように、風による悪影響が一年を通して大きいので、効果的な防風対策がぜひ必要になる（第31、32図）。

園地にあった防風垣の設置

防風樹による防風垣が理想的で、第3表を参考に園地の立地条件にかなった樹種を選ぶとよい。防風林や防風垣は、風を完全に遮断するのではなく、むしろ破風する程度といった感覚で管理したい。防風垣の下部を刈り上げ低温気流の流れをよくしたり、上部の密封度が高まると枝梢の刈込みせん定を行なって、破風効果とウメ樹への日照阻害を最小限にくい止めたい。刈込み作業も植物生理上から再生力のある七月下旬までが適期にあたる。

第3表　おもな防風樹の特性と栽植距離

樹　種	生長速度	防風効果までの必要年数	潮風に対する抵抗性	耐寒力	土壌条件	繁殖法	栽植距離	備　考
イヌマキ	中	年 5～8	強い	強い	保水性を好む	実生，さし木	cm 40～50	生育おそい
ヒノキ	早い	4～6	弱い	強い	乾燥性	実生，さし木	70～100	乾燥地
スギ	早い	4～6	弱い	強い	保水性を好む	実生，さし木	70～100	肥沃地
ウバベガシ	中	5～8	はなはだ強い	強い	乾燥に強い	実生	60～80	海岸防風林帯
メラノキシロンアカシヤ	極く早い	4～5	やや弱い	弱い	〃	実生	100	初期生育わるい
ポプラ	極く早い	4～5	やや弱い	強い	保水力のあるところ	さし木	100～200	南向き防風垣
サンゴジュ	早い	4～6	やや強い	やや強い	〃	さし木	50～100	平坦地防風垣
イスノキ	やや早い	4～6	やや強い	強い	〃	実生	40～50	傾斜地防風垣

「農業気象の実用技術」より抜粋

第2章 収穫後から自発休眠期（十月）までの作業

1 この時期の生育と作業のポイント

第4表、第5表「管理ポイント」参照。収穫後はウメ園から遠のきがちだが、翌年にむけて重要な管理ポイントがあり、的確な対応が望まれる。

なお、梅雨明け後から白干し梅の土用干しの好機に入るが、付録5「土用干し作業のポイント」を参考に品質のよい白干し梅をつくりたい。

2 礼肥（基肥）は早めに

礼肥は基肥ともいわれ、成り疲れ樹など、樹勢に応じ加減するが、翌年にむけての貯蔵養分の蓄積に大きくかかわっている。

肥効があらわれ、樹勢を回復するのに約一カ月かかるので、早めの施肥がポイントになる。

収穫中でも樹は歓迎

肥料は施してすぐ効くものではなく、いったん溶解して土壌に吸着され、その後吸収されるので、肥効が現われるまで少なくても二週間は必要である。

豊作年には、どうしても収穫期間が長びき樹が衰弱傾向にあるので、礼肥は収穫の合い間をぬって早めに施すと効果的である。

量は結実量と樹勢で調節

施用量は第4表の管理ポイントに示す程度が標準量であるが、礼肥は窒素を主体とした成分割合で年間施用量の三〇％程度が基準量である。施用量の調節には園地の土壌条件も加味するが、樹ごとに樹勢や結実量がちがうので、豊作樹や衰弱傾向の樹は多めに、結実量が少なく樹勢旺盛な樹では少なめに

第４表　ウメの生理生態からみた管理ポイント

	管理ポイント	7月			8月		
		上	中	下	上	中	下
生育と生理	・光合成最盛期 ・貯蔵養分蓄積期 ・根群二次伸長期 ・発育枝の伸長続行 ・花芽分化始動	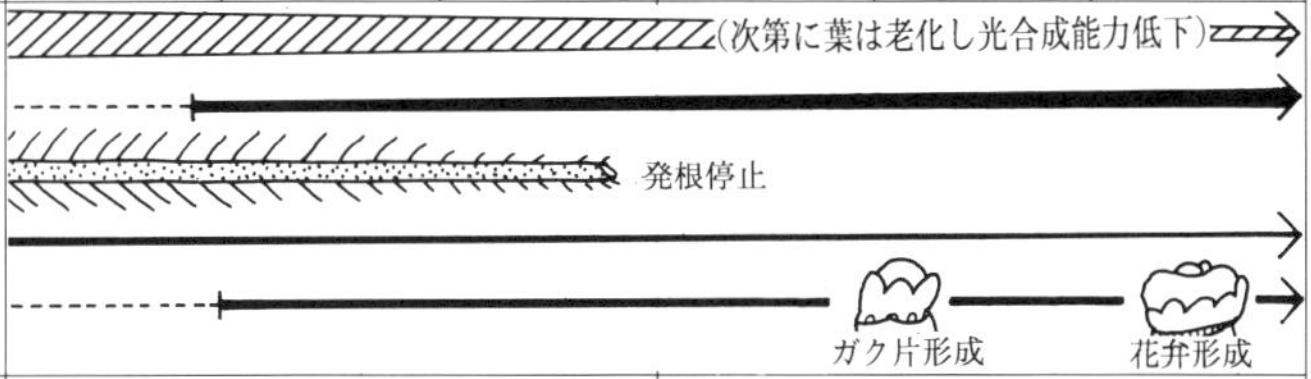					
管理のポイント	・豊作樹の樹勢回復	・礼肥の施用は早くすませる(回復が遅れると花弁分化に影響し翌年は不作に)					
	・浅根性で乾燥に弱い	・梅雨明け後は土壌を乾燥させない（雑草との水分競合，乾燥期は５～７日間断で灌水）					
	・落葉させない	・乾燥，ケムシ類の食害駆除に努める（乾燥は葉の老化を早め，落葉助長）					
	・発育枝(徒長枝)の放任はしない	・養分は発育枝が優先的に消化し，樹冠内を日陰にして枯枝の増加と，骨格主枝を衰弱させる。処理は早めにする）					
	・衰弱症樹の回復	・樹勢回復への一歩は，土壌を乾燥させないこと。土壌管理に撤する （冬季せん定は切返し主体，栄養生長を盛んにする） （回復の見込みのないものは伐採，土つくりに撤し，改植が早道）					
重点作業とその留意点	◯礼肥の施用急ぐ	・{N P K / 5.3 2.6 3.2} N P K 10 5 6 程度の化成３袋(20kg入り)。樹勢回復，花芽分化促進，貯蔵養分蓄積 (10ａ当たり生梅2500kg近い生産量を想定した場合) （10ａ当たり成分kg）…年間の30％ (施肥計算の基礎…生梅100kg生産するに窒素成分で0.7kgを乗じ計算するとよい)					
	◯成り疲れ園の樹勢回復	・尿素300～400倍葉面散布（８月ごろまで３～４回散布。曇天か夕刻に）					
	◯強い発育枝の処理	・未処理園では早急に除去する					
	◯防除 ・ウメシロカイガラムシ ・ヒトミヒメサルハムシ ・カメノコロウムシ ・ケムシ類，イラガ， ・モンクロシャチホコ， ・アメリカシロヒトリ	・スプラサイド乳剤 1,500倍 14/2 またはアプロード 1,000倍 14/2 ・スプラサイ乳剤 1,000倍 14/2 ・若齢幼虫集団で食害分散前に防除する。８～10月発生園内巡回，スポット散布（アメリカシロヒトリにはスミチオン乳剤）			・発生確認園対象(第二化期７／上中発生) ・マブリックEW4000倍 21/2またはスミチオン乳剤1000倍 21/2		
	◯土壌病害 ・白紋羽病対策	・弱勢樹に発生，葉色の淡い樹根部を点検			・第11表②３・4月を参照（P108）		
	◯土壌管理 ・雑草の処理	・養水分競合防止　プリグロックスＬ 30/5またはバスタ液，ハービー液					
	・干ばつ対策	・稲ワラ敷草　10ａ当たり 1,500～2,000kg ・完熟堆肥　10ａ当たり 2,000～4,000kg（未熟バーク堆肥は紋羽病を誘引使用しない。１年堆積し完熟させ施用）					
	・灌　水	・７／下～乾燥予想なら５～７日間断20mm程度灌水（スプリンクラーは省力的で効果大）					
	・土壌pH矯正 （Ca，Mgの補給）	・９～10月花肥施用に備え酸性土壌中和（ウメの適正pH6.5～6.8，有機石灰（セルカ48） 200kg/10ａまたは苦土タンカル 150kg/10ａ）					
	◯改植準備は早めに	・老齢樹,衰弱樹,形質不良樹の伐採（抜根はていねいに,植え穴は早めに準備） ・苗木の手配，自家育苗，取り木苗がベスト（優秀な信用できる苗を早めに予約する）					

注　農薬安全使用基準　日/回……（収穫前何日前/何回以内）を示す

第5表　ウメの生理生態からみた管理ポイント

管理ポイント		9月	10月
		上・中・下	上・中・下
生育と生理	・光合成能力次第に低下		
	・貯蔵養分蓄積期		
	・発育枝伸長停止		
	・枝幹の肥大進行		（充実した枝基部から上部へ褐変進行）
	・過繁茂光線不足で枯死増加		
	・花芽分化の発達期		
	・落葉で自発休眠にはいる	……（台風害，乾燥による早期落葉）	……（自発休眠を早め不完全花を助長）
管理のポイント	・降水量多く酸性化進行	・石灰を施しpHの矯正を急ぐ	・土つくり（客土）今月がベスト
	・成り疲れ樹の追肥（花肥は早めに施す）	・樹の生理にあわせ時期別に対応する＜豊作樹，成り疲れ樹※→中庸樹→強勢樹※→若木，幼木※	
	・強勢樹の夏季せん定	・※青年期の樹勢旺盛過繁茂樹	（衰弱，中庸樹，幼木，若木は冬季せん定で対応）
	・開花期をおそくする	・牧草を冬季早期に生育させ地温を下げる	・ナギナタガヤ10ａ当たり３～４kg 早期繁茂のポイントは１ヶ月ごとに硫安４～５kg（成分量）を追肥すると生育が早く，冬季の地温上昇を防ぎ開花期を遅らせる
	・乾燥に注意し落葉させない	・８月に引き続き乾燥続けば灌水を（巻葉まで萎ちょうさせないで）	
	・自発休眠は11月以降に	（結果量少ない強勢樹は乾燥させ樹の充実をはかる）	
重点作業とその留意点	○土壌管理		
	・酸性土壌の矯正	・石灰は必ず施す（施用量は７月・８月の作業欄参照）	
	・客土（新土）	樹勢維持に効果的（１樹一輪車２～３車確保）	
	・雑草の処理	・このシーズン刈取りがベスト（除草剤に頼らないウメづくりを）	
	・干ばつ対策	・先月に引き続き灌水と敷草を	※10月下旬まで乾燥に注意
	○追肥（花肥）の施用	・樹勢，樹令に応じて時期・量を加減する（９／中下）	{N P K / 5.3 3.2 4.2}（10a当たり成分kg）…年間の30％　{N P K / 10 6 8} 程度の化成３袋（20kg入り）
		（10ａ当たり生梅2500kg近い生産量を想定した場合） （施肥計算の基礎…生梅100kg生産するに窒素成分で0.7kgを乗じ計算するとよい）	
	○病害虫防除		
	・ウメシロカイガラムシ	・第三化期，緑枝に寄生発生あれば，スプラサイド乳剤 1,500倍 14/2	
	・コスカシバの幼虫	・枝幹にヤニ，虫ふん発見すれば，ガットキラー50倍またはラビキラー200倍，緑枝にかからないよう太い枝幹に散布	
	・かいよう病多発園	・台風シーズン襲来前に，Ｚボルドー500倍（クレフノン200倍加用）またはストレプトマイシン1,000倍 14/4	
	○台風対策	・倒伏しやすい幼木，若木に支柱か添え木を（防風垣の植付け検討し，イヌマキ，ウバメガシなど春植え苗手配）	
	○夏季せん定	・樹冠内部に光線はいらない加繁茂樹に行なう	
	○自家育苗		
	・取り木手法	・緑枝に取り木をかけて自根苗を育成（９／上～10／上）	
	・芽接ぎ法（腹接ぎ）	・実生台木への接ぎ木	
	○新植改植準備	・穂木は優良樹の充実した春梢を使う ・おそくとも植付け１カ月前に植え穴準備は完了 ・植付け距離の目安（10ａ当たり） 耕土の浅いやせ地　６×６ｍ　27本 普通土壌の平地　７×７ｍ　20本 肥沃地　８×８ｍ　18本	・排水不良園は必ず暗渠排水を

施す。このように、個々の樹の状態を十分把握し、施す量を手加減してやることが、樹勢をそろえるために大切である。

　礼肥は速やかに吸収させる必要があり、できるだけ吸収されやすい位置に施す。成木では主幹から一メートルの位置から、樹冠外周よりやや外側へ広めに施し、活動根の多い部分に、まんべんなく肥料がゆきわたるようにする。施用後は根をいためない程度にごく浅く中耕して、土壌と混和すると肥効を早め効果的である。

　また、施肥量はその年の生産量によって加減するが、基本は、生梅一〇〇キロ生産するに、窒素成分量で〇・七キロ必要なので、それを生産量に乗じて成分量を計算して設定する。また、この時期のリン酸は窒素の五〇%、カリは六〇%程度に設定するとよい。

3 樹勢回復の手だて

梅雨明けが早ければ樹勢を見きわめて灌水

　梅雨明けが早いと、施した肥料が十分吸収されないまま七月中旬からの生理的花芽分化期に入ってしまう。こうなると、花芽の着生量だけでなく完全花率が低下する。それは、花芽の分化・発育より樹勢回復が優先されるためである。

　このように梅雨明けが早い場合や成り疲れで樹勢回復がおくれると、その悪影響が花芽にあらわれる。対策としては、スプリンクラーやホース灌水など、五～七日おきに二～三回灌水（一回一〇～二〇ミリ程度）行なうと効果的である。

　ただ、梅雨明けが早いからといって、むやみに灌水をし、土壌を湿潤に保てばよいというものではない。あくまでも樹勢回復の見極めが大切である。礼肥を施してから約一カ月間土壌を湿潤に保てば十分といえる。しかも、ウメの場合、樹勢が回復していれば適度な乾燥により花芽分化が促進されるので、これ以降の乾燥期には葉が巻かない程度に乾燥していることは樹にとって好ましいといえる。

雑草は早めに処理し養水分の競合を防ぐ

　収穫前の除草から一カ月以上経過する七月上旬ごろから夏草の再生期にはいる。この時期は高温多湿で雑草の生育が早い。しかも、ウメにとっては礼肥の吸収時期であり、雑草との養水分競合を避けたい。

雑草の種類によっては、急速に生長して開花期をむかえる草種も多く、早めに処理（刈取り）することが作業もらくで能率的である。

除草剤は使いたくない

ウメでは、五月中・下旬に除草剤を散布して樹冠下の雑草を枯らし、枯れ草のジュウタンを敷きつめた状態にして、落梅の落下衝撃をやわらげ、ネット収穫など、収穫作業を効率的に行なうことが常識になっている。

しかし、ウメは浅根性なので除草剤が根に与える影響も他の果樹より大きく、できるだけ除草剤の連用は避けたい。雑草の花蕾が見え始めたころを見はからって、早めに刈り取るのが、作業もらくで能率的である。

成り疲れ樹には葉面散布が効果的

産地では弱せん定園が多く、多収性品種「南高」であるなしにかかわらず、雑品種でも豊作年には一〇アール当たり四トン近い生産をあげている園も少なくない。こうした成り疲れ樹では樹自体が生殖生長に傾いて、根の生長が抑制されているので、収穫後の礼肥を多めに施しても地下部から十分な養分が吸収されない。そのままにしておくと、樹勢が回復せず疲れたまま乾燥期をむかえ、すぐ葉が巻いてしまい、なかなか樹勢が回復せず老化してしまい、樹の寿命を縮める場合が多い。

あらかじめ成り疲れが予想される園地では、尿素の葉面散布が効果的で、収穫直後から七日間隔で三～四回行なうとよい。次の項で述べる病害虫防除のときにも、展着剤代わりにそのつど混用してもよく、できるだけ早めに樹勢を回復してやる。

ただし、樹勢の強い樹では、病害虫防除と兼用散布以外はパスして散布をひかえる。

4 強樹勢樹は水をひかえて充実をはかる

ウメ園には花は咲いても樹勢が強すぎて、第一次生理落果が激しく結実量が少ない、しかも実肥などもひかえめに施しているのに、強勢な発育枝が多発して、樹齢がすすんでも落ち着かない樹がある。

このような樹では、梅雨の時期から水分と肥料の吸収を抑制するために、六月の成熟期から通気性のあるポリフィルム（タイベック）などを樹冠下に敷き雨水を排除する。梅雨明け後このマルチは除去し、成り疲れ樹とは逆に灌水は行なわず乾燥ぎみに管理する。もちろん減肥・夏季せん定などは必要で、できるだけ樹勢を落ち着かせ、結果枝の充実をはかるようにする。

　こうした対策で翌年結実がみられ、成りぐせがつけば、連年結果型に変身する樹もあるので、試していただきたい。

5　収穫後から自発休眠期の病害虫防除

害虫類の防除

ウメシロカイガラムシ　第一世代（五月上・中旬）の防除を行っていない園地で発生が確認されれば、収穫後（七月上・中旬）アプロード水和剤一〇〇〇倍で防除する。

ヒトミサルハムシ、カメノコロウムシ　ウメシロカイガラムシと同時防除が可能。

ケムシ類（イラガ、モンクロシャチホコ）　八月中・下旬から十月にかけて加害がみられ、油断すると思わぬ被害にあう。この時期に葉を食害されると貯蔵養分の蓄積ができず、翌年の結実は望めない。

　発生初期からときどき園地を見回り、幼虫が大きくなり分散しないうちにスポット散布で防除するのが経済的。スミチオン乳剤一〇〇〇倍で防除する。

コスカシバ　九月から十月に第二ウ化期の発生ピークをむかえる。四月にコスカシバコン（合成性フェロモン交信攪乱剤）をつるしておくと加害は少ないが、多発傾向園では四月につるしたものも劣化してくるので再度つるすか、被害が大きいようであれば、ガットキラー五〇倍からラビキラー乳剤二〇〇倍を緑枝にかからないよう枝幹に散布してもよい。

ミノムシ　発生が少なければ捕殺で対応できる。多発したらマブリック四〇〇〇倍で防除する。

病気の防除

ウメかいよう病　台風の襲来があると、風ずれなど接触部分に傷がつき、病斑を形成・越冬して発芽期から新葉や幼果に感染し、商品価値を失う恐ろしい病害である。予防的防除が大切で、収穫果が加害された園では必ず台風襲来前に予防防除を行なう。Zボルドー水和剤五〇〇倍にクレフノン二〇〇倍を加用し散布する。

白紋羽病対策

　ウメの白紋羽病には、今のところ確実な防除法はないが、被害にあい枯死したあとへ改植するには、次の方法で土壌消毒するとよいようだ。秋の改植に備え、七～八月の早い時期にていねいに伐根したあと、フロンサイドSC五〇〇倍液（一樹一〇〇リットル程度）

を植付け箇所に灌注する。また、キレーゲン（微生物資材）五～一〇キロを深めに混和しておく「菌をもって菌を制す…」方法で、防除効果をあげている例を確認している。

紋羽病は土壌pH六・五～七・〇程度の中性域で旺盛に活動するが、トリコデルマ菌などの紋羽病を抑制する有効菌の活動域はpH五・五～六・〇の範囲にあり、しばらく石灰などひかえ、米酢や脱塩梅酢などを併用して、一次的に酸性にすると効果的である。

6 夏は土つくりのチャンス

堆肥やワラを敷くのが効果的

土壌にタップリ保水している梅雨明けまでに、あらかじめ確保しておいた完熟堆肥で一〇アール当たり二トン、ワラでは二〇アール分一・二トン程度樹冠下に敷く。これは有機物の補給だけでなく、土壌の乾燥を防ぐとともに保水性を高める。また、礼肥の肥効も促進されるので、衰弱樹などの樹勢回復も順調に行なわれ、結果枝も充実し花芽分化も確実に促進される。

ウメでは夏の有機物施用は、お礼肥の肥効を高め、樹勢の回復と樹相の安定がはかれるうえに、高温で有機物の分解が促進されるなど、極めて合理的である。また、この時期は土壌小動物の活動も活発で、有機物の分解

第33図　ウメは夏に完熟堆肥や敷ワラを行なう土つくりが合理的

促進効果も高く、秋から冬にかけて施用するより土つくりには効果的である。

土壌小動物や微生物を活性化

土壌小動物やミミズなどは、ワラや堆肥を敷くことによって土壌水分を保つようにしてやると、生息密度が高まり、その他の土壌微生物や酵素の働きも活発になる。

ミミズは、分解がすすみ腐植化した土を食べ団粒化しながら排せつする。また、その土に含まれる微生物をエサにして腐植含量を六倍に高め土壌に返してくれる。しかも縦横無尽に通じるミミズトンネルは、土壌の通気性を改善して、深耕と同じ効果をあげる。したがって、この時期には毒性の強い除草剤はいっさい使わず、刈取りによる雑草処理に努め、土壌小動物や微生物を保護して、合理的な土つくりを実行したい。

7 土壌pHはこの時期にも調整

第一章でも述べたように、ウメの適正pHは六・五～六・八あたりにあり、むしろ中性に近いほうが樹は健康に育つ。

春から夏にかけて、開花結実から成熟までの果実生産に加えて、新梢の伸長と結果枝の充実など栄養生長も盛んに行なわれる。そのため、土壌からの養分吸収量もかなりの量になっているし、春からの累積降水量も多く養分の溶脱もはげしいので、カルシウムも溶脱され、土壌の酸性化がかなりすすんでいると考えてよい。

この時期、ウメは次年度にむけて貯蔵養分の蓄積に積極的だし、九月下旬～十月上旬に施す花肥を効率よく吸収させるためにも、酸性土壌の矯正は八月下旬～九月上旬にも必要である。

和歌山県の南部地方を中心とした主産地にみられる衰弱症の発生園では、土壌分析結果から、可給態リン酸や置換性石灰と苦土が不足し、特に強酸性化した園地に発生が多いといわれている。こうした障害園をなくすためにも、積極的な土つくりと年二回の土壌pHの矯正が重要である。

標準施用量と実際施用量の判断

これまでも述べたように、ウメのカルシウム摂取量は他の果樹にくらべて多く、窒素やカリと同じくらいの量である。そのうえ、ウメの生産活動で活躍する活動根から分泌する根酸量も多く、そして年間降水量が一八〇〇～二〇〇〇ミリに達し土壌侵食もすすむから、年間最低pHは一程度自然に降下していくことになる。

第34図　わりあい正確な比色式簡易pH測定器

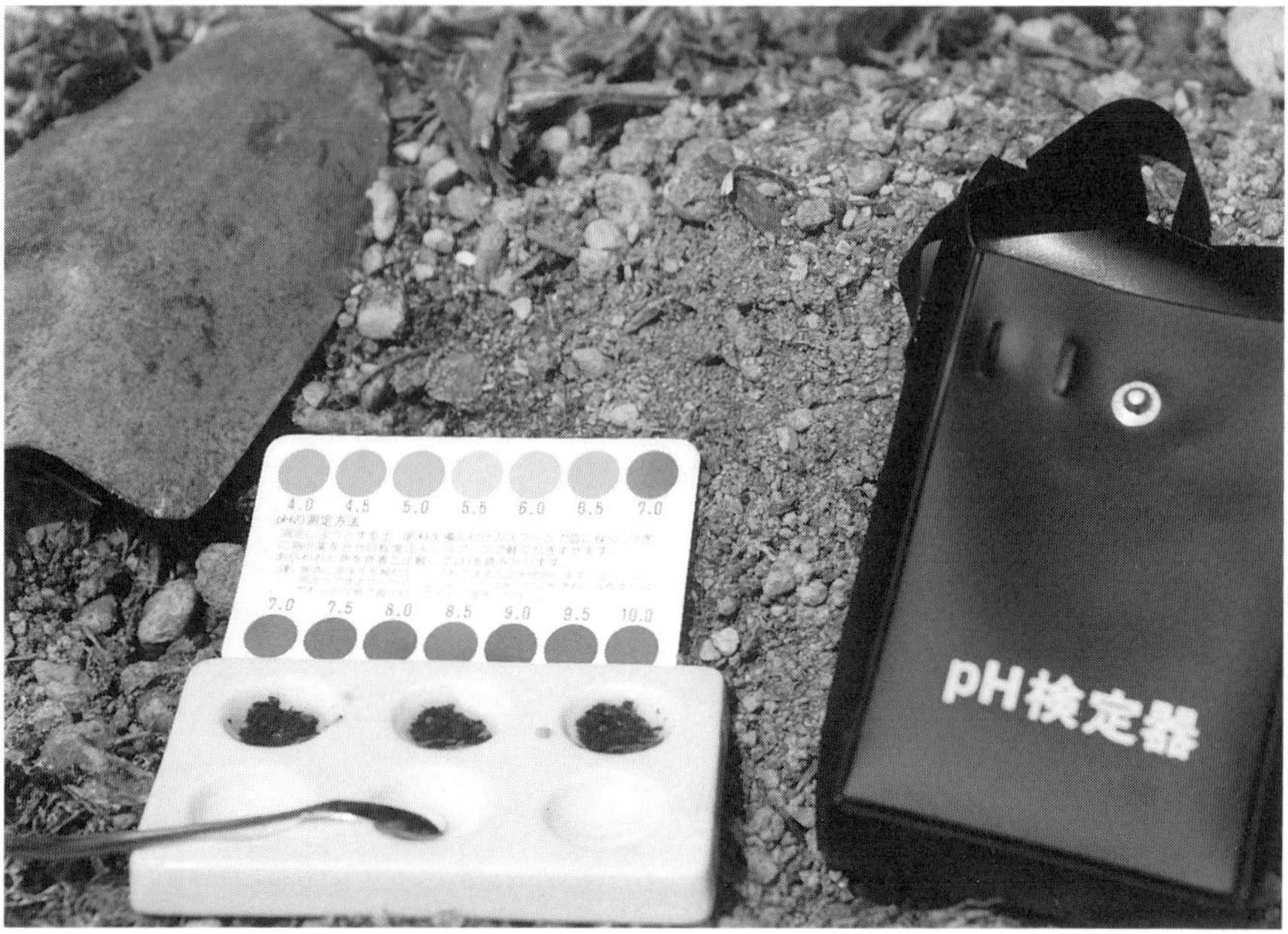

第35図　pHを１だけ中和するに必要な石灰量の求め方
（kg/10ａ）

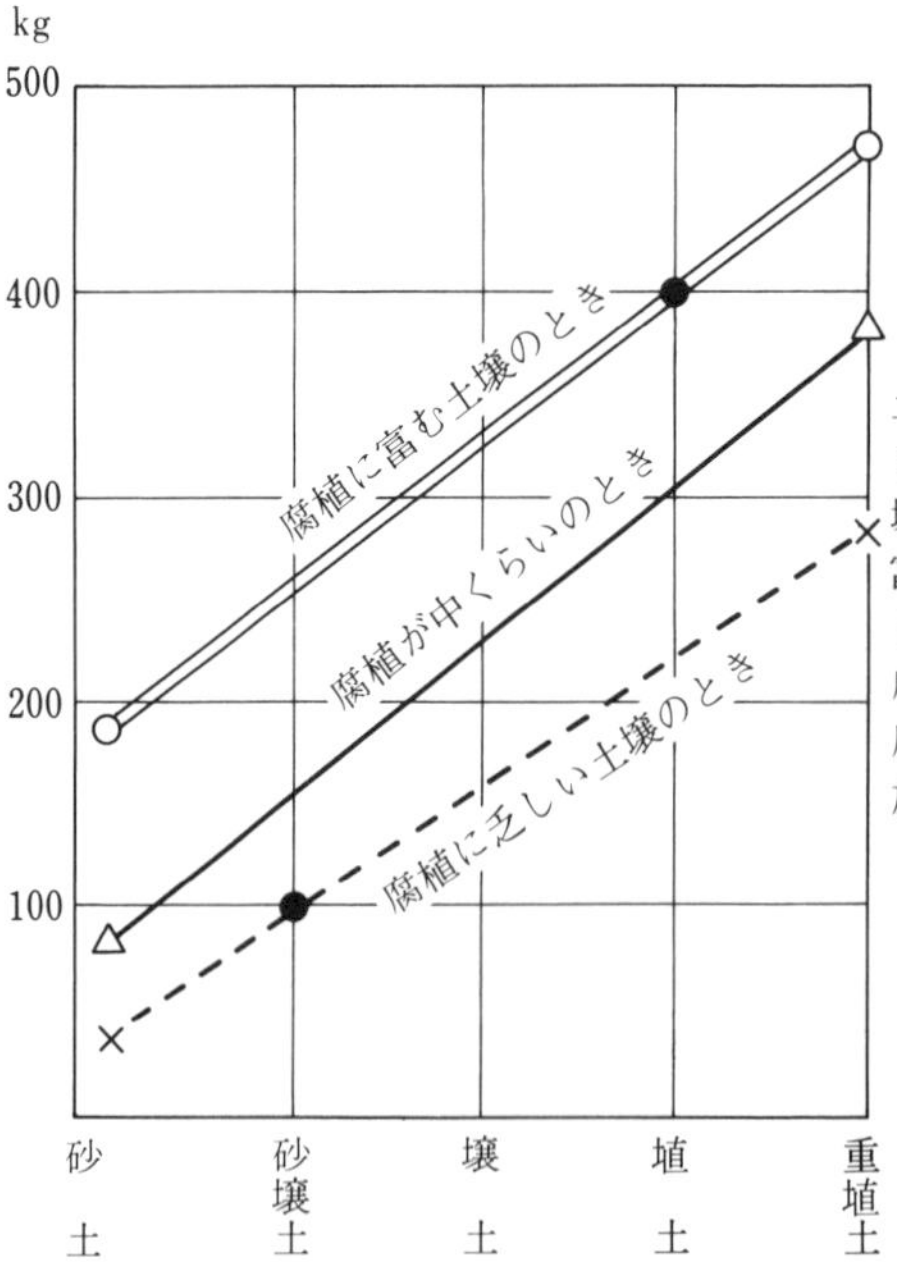

土壌によってちがうが，大まかにpH５の土壌をpH６に矯正するためには，腐植に乏しい砂壌土では100kgの肥料用石灰を要し，腐植に富む埴土のときには400kgの石灰がいると考えておけばよい。１回の施用量は200kgを限度とし，多施用のときは回数をふやす。生石灰の場合は0.8倍，炭酸石灰の場合は1.2倍を施す

こうしたことを考えると、カルシウムの施用量は、土質・土壌条件によって当然差はあるものの、一〇アール当たり年間一五〇～二〇〇キロは必要になる。

園地ごとのpH値は、簡易なpH測定器（第34図）で測定するか、園地ごとに土を採取し、農業改良普及所や農協の指導課に持ち込めば簡単に測定してくれる。

こうして調べたpH値により、第35図を参考に施用量を割り出し、毎年一月下旬～二月上旬と八月下旬～九月上旬の二回、適正pH値に矯正する。ただし、一回の施用量の限度（二〇〇キロ）を超えて施用しなければならないときは、さらに十一月の深耕時にpHを測定して必要量を施すとよい。

この時期に使いたい石灰の種類

八月下旬～九月上旬に用いる石灰は、土壌を固めず、分散性で浸透しやすい、く溶性のタンカルや苦土タンカル、また有機石灰（蒸製カキガラ粉）などが適している。

このシーズンは次年度にむけての貯蔵養分の蓄積期でもあり、十一月の自発休眠期にはいるまで断根は厳禁であるが、石灰施用後、表層土をごく浅く混和する程度の中耕は、アルカリ分の流亡を防ぎ深部への浸透をよくするので、労力がかかるが極めて効果的である。

8 強樹勢樹は夏季せん定で落ち着かせる

結実不良樹や強樹勢樹に限って行なう

ウメの夏季せん定は、樹勢の強い栄養生長の盛んな結実量の少ない樹を対象に行なうもので、決して豊作型の樹や弱勢樹などに行なってはならない。第36図に示すように樹勢を落ち着かせ、連年結果型の標準樹に近づける手段と考えるべきである。

夏季せん定は、樹勢を弱め樹を落ち着かせることが目的であるが、その結果、樹冠内部への受光が改善されることによって内部枝（緑枝）の充実がはかられ、花芽の形成・充実が促進される。さらに、樹勢が落ち着くとともに貯蔵養分が増加するので、開花・結実期の養分状態が改善され結実歩合が高まり、多収になるだけでなく果実品質も向上する（第37図）。

九月上旬までにすませる

夏季せん定は八月中旬から行ない、おそくとも九月上旬には終わらなければならない。乾燥が続いたり、台風の襲来で早期に落葉したりすると、九月

第36図　樹勢とせん定時期・程度の考え方

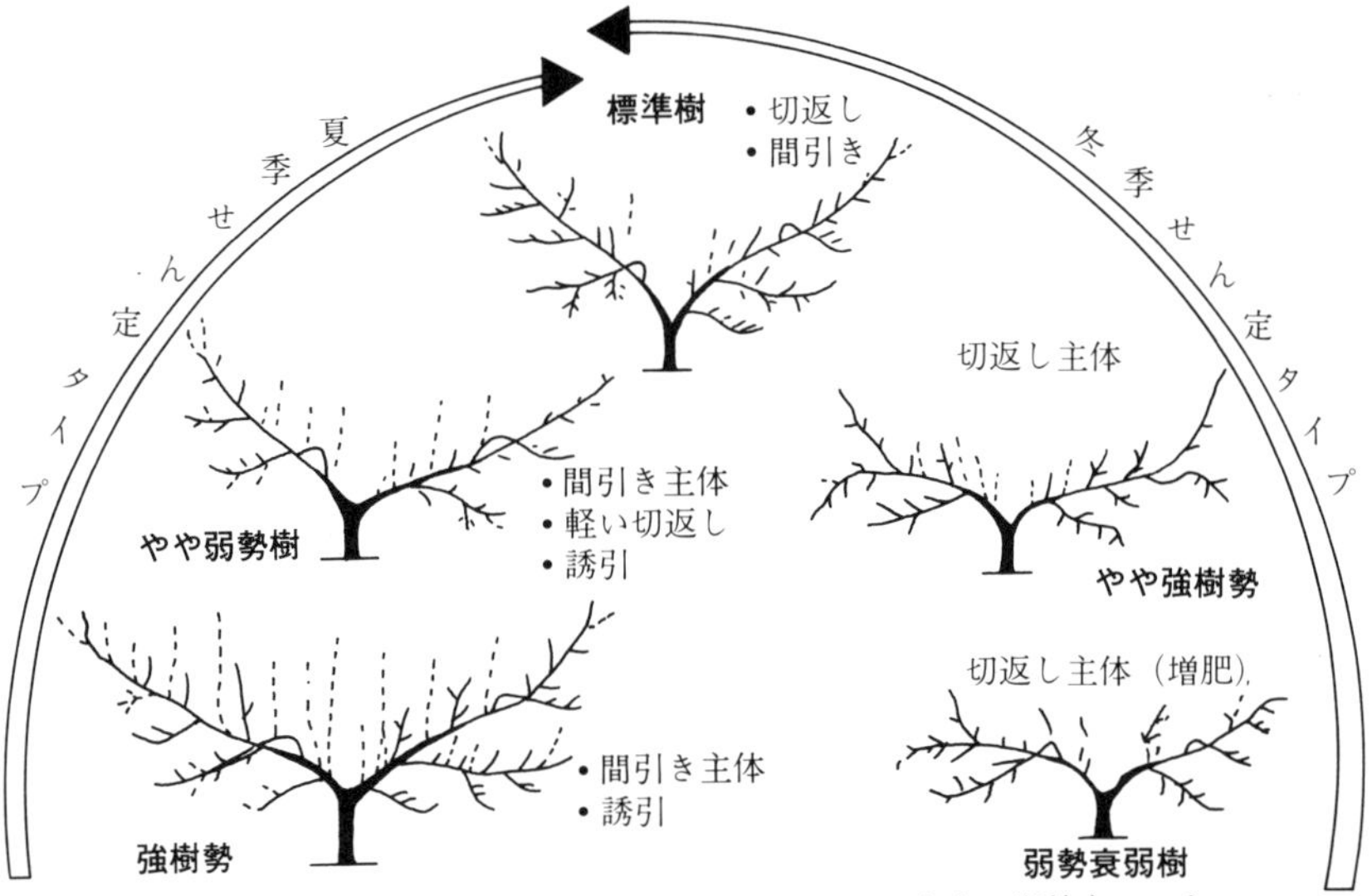

- 夏季せん定は毎年用いる技術ではないが，成木の樹勢をコントロールするには早道である
- 幼木〜青年期には４月下旬の稔枝と早めの徒長枝の間引き（夏季せん定）は樹形づくりと骨格形成上有効な手段である

第37図　夏季せん定で受光が改善され樹は充実する

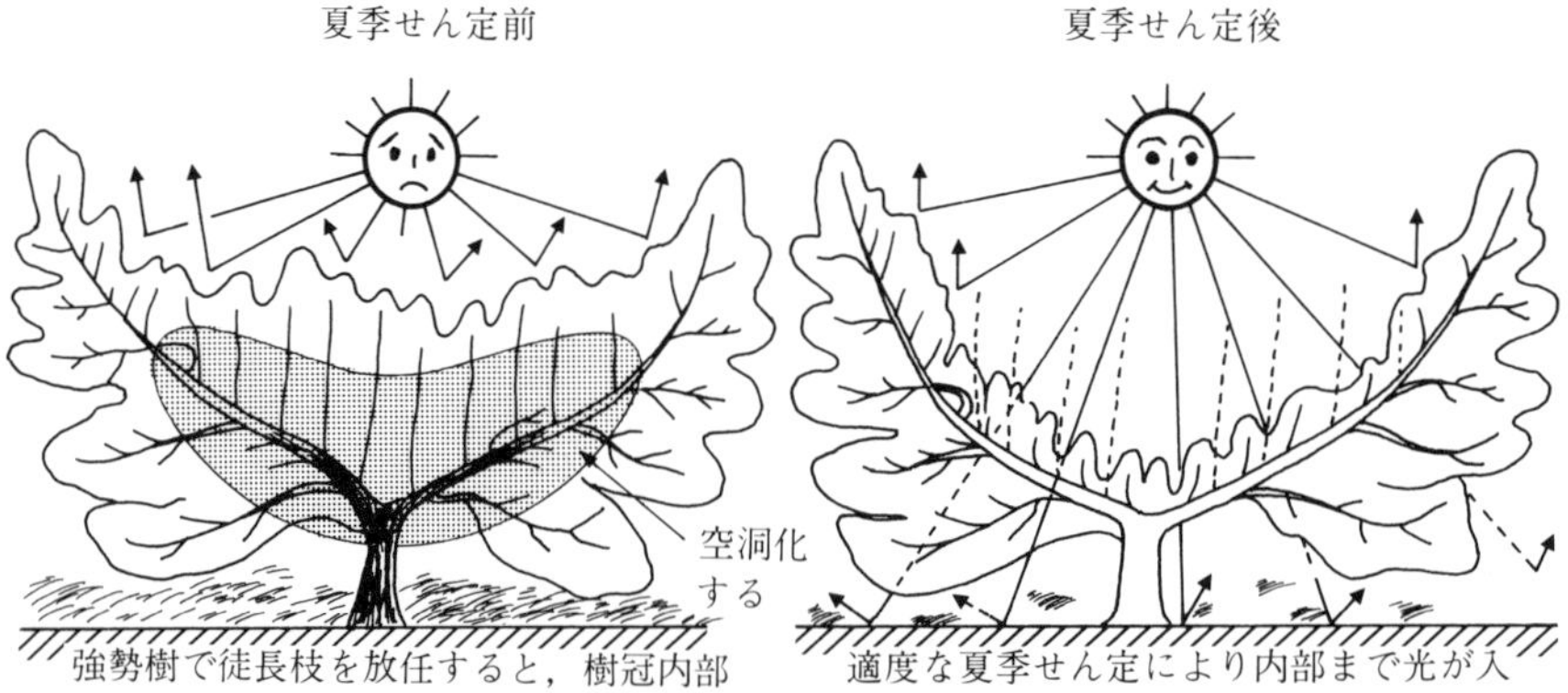

強勢樹で徒長枝を放任すると，樹冠内部を日陰にして結果層（内部緑枝）が枯死し空洞化する。養分は徒長枝に優先的に使われるので秋には主枝先端は衰弱する

適度な夏季せん定により内部まで光が入り，陽光は樹冠下まで通過して反射し，下枝も充実する。徒長枝の間引きで養分は主枝，亜主枝の拡大充実に使われ骨格が充実する

中旬には自発休眠にはいりつつあり、冬季せん定と同じことになってしまい、翌年ますます強樹勢になり逆効果である。樹の生理を見きわめ、時期を失しないよう十分注意する。

夏季せん定のやり方と程度

夏季せん定する枝は樹冠内部から直上に発生している徒長枝で、すでに発生基部が褐色化した強勢な枝を間引く。また、樹冠内部で側枝的に利用した枝で大きくなりすぎたものは、間引くか、基部近くの緑枝を残す程度まで切り下げる間引き的切返しせん定を行なう（第38、39図）。

夏季せん定の程度は樹勢や樹齢によって加減するが、青年期まではやや強めに、成木では弱めに行ない、強くても枝全体量の五分の一～六分の一程度にとどめる。これ以上強くせん定すると根量を減少させ、樹に大きな打撃を与えることになり、寿命を縮め生産性を低くする。また、夏季せん定では、主枝・亜主枝の先端にはいっさい触れてはならない。この部分は冬季せん定で行なう。

夏季せん定樹の冬季せん定

夏季せん定によって、緑枝群の花芽が充実するとともに、せん除した徒長枝を養なってきたエネルギーが骨格枝（主枝、亜主枝）に転流して充実させる。この骨格枝は夏季せん定せず、そのままにしているので、冬季せん定で整理することになる。

骨格枝はまっすぐガッチリと維持していかなければならないので、先端は必ず一本にする。したがって、夏季せん定した樹の骨格枝の各先端は枝の繁茂量が大きく、しかも若々しい。この先端を一本にするので、他の枝との勢力差が大きくなり、骨格枝先端部の春芽の伸長拡大がより旺盛になる。このことは樹全体の勢力バランスがとれることでもあり、徒長枝が乱立しなくなるとともに、骨格枝の先端維持も容易になる。

夏季に放任して骨格枝の先端が弱いままにしておくと、たとえ冬季に強く切り返しても、春からの生育は思わしくない。多収品種である南高などは、主枝先端が下垂しやすいが、夏季せん定と冬季の主枝先端部のせん定を組み合わせることによって、主枝の延長拡大も容易にできる。

樹冠内部の緑枝は受光が改善されたぶん太く充実して、しかもやや長くなっている。ここで大切なのは、この枝は冬季せん定ではいっさい切返しせず、長いまま結実させることである。そして、次年度の冬季にはじめて切り返す。長いからといってこれらの緑枝をその年の冬季に切り返してしまうと、結実

第38図　夏季せん定のポイント

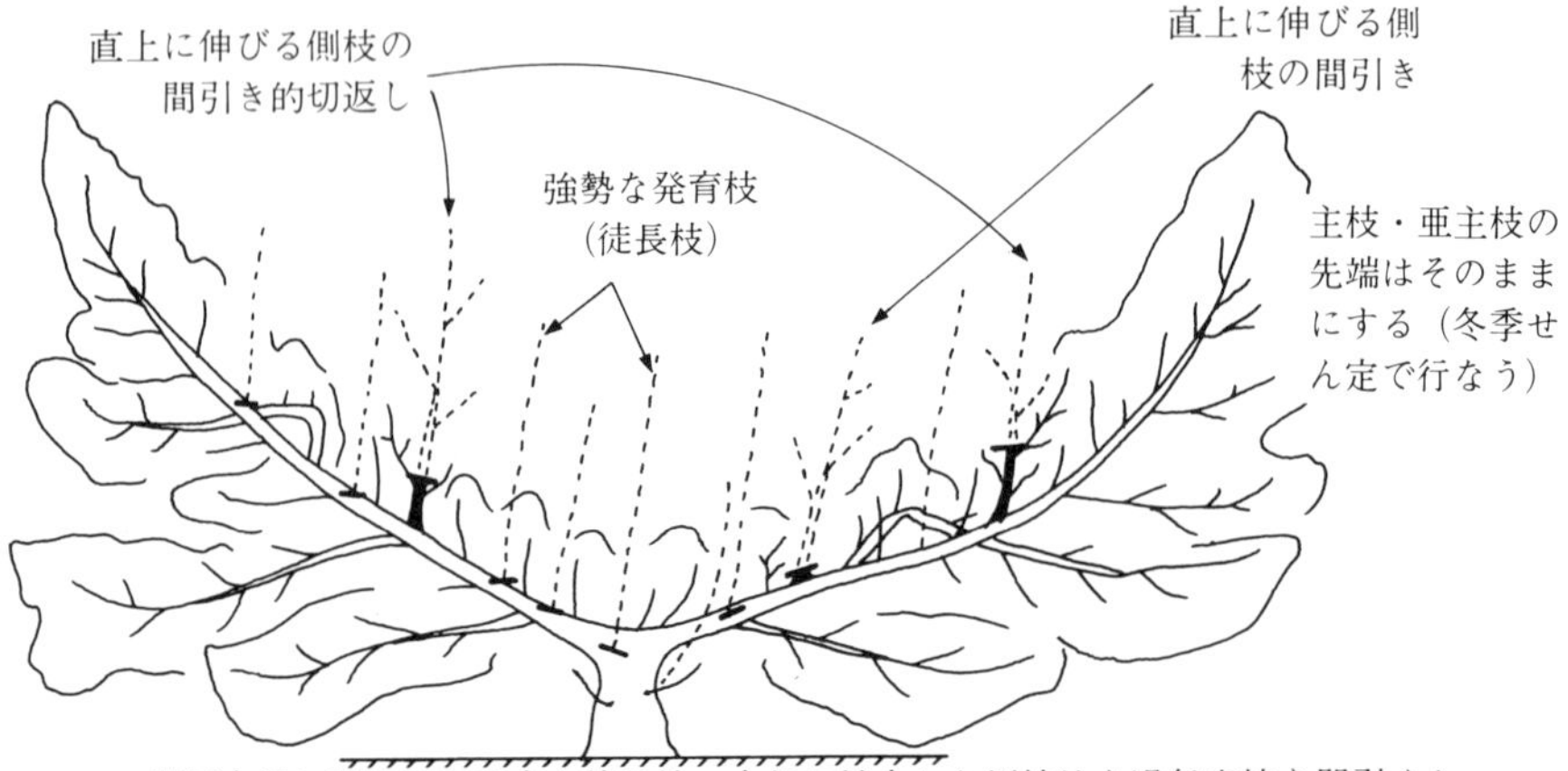

- 樹冠内部に発生した長大な徒長枝，内部に拡大した側枝的な過年度枝を間引くか間引き的切返しを行なう
- 主枝，亜主枝の先端は夏季には触れない

第39図　夏季せん定の対象になる枝

①：内部に拡大した側枝的な過年度枝
②：直上に伸びる強勢な徒長枝

第40図　主枝や亜主枝背面より伸びた緑枝への結実

切り返さないでおくと長い緑枝にもよく結実する

第41図　背面から出る緑枝を切り返すとあばれる

主枝背面の緑枝を切り返すと結実せず春からあばれるように展開して，夏季せん定で間引くしかない（養分のむだ使いに終わる）

が望めないばかりか、春からあばれてしまい、栄養生長型の樹になってしまう。充実・肥大した緑枝は、冬季せん定では絶対切らない、これが夏季せん定を行なううえでのポイントである。

9 花肥（追肥）は弱樹勢樹から

花肥は花芽の充実がねらい

収穫後施用した礼肥（基肥）も、九月にはいるころにはほとんど吸収され、肥切れの状況になる。一方、樹は花芽の生理的分化期から、形態分化期をむかえる。ゆっくり花芽、葉芽は発達するもので、霜が降りるまで葉を大切にし、貯蔵養分を富豊にしておけば、完全花率を高め、充実した花を咲かせることができる。

これにともなう栄養補給が、礼肥から引き継ぐ花肥の役割である。

樹勢で時期と量を加減

施肥量は、第5表の管理ポイントにも示したように、成木園では一〇アール当たり成分量で窒素五・三キロ、リン酸二・六キロ、カリ三・二キロ程度が標準で、これは年間施肥量の三〇％程度になる。

花肥の施用にあたっては、樹勢回復の程度をみながら施肥量を加減することが大切で、衰弱傾向樹では栽培者の心情から増肥しがちで、これまで施された肥料成分が土壌に多く残っていることが多い。こうした樹では一～二年花肥を中止して樹勢回復に重点を置く。中庸樹では十月上旬に、強勢樹や葉色が濃く樹勢が充分保たれている樹では、施用量を半分くらいに割り引いて、十月上旬までに施用する。また、幼木や若木では三分の一～二分の一に減量し、おそくても十月下旬までに施す。

従来、花肥は十一月に施してきたが、それでは遅い。花肥は十一月の自発休眠期に入るまでに、完全に吸収させておくことが何よりも大切である。

施用がおそくなり完全に吸収できず土壌に残ると、貯蔵養分が充分確保できず、翌春の開花・結実後から四月中・下旬までの養分が不足することになる。そして、交配は完全であるのに、栄養不足が原因で生理落果を引き起こすなど、生育への悪影響も大きい。

さらに、土壌に残った花肥は温暖化の影響も手伝って三月以降、気温の上昇とともに、窒素が優先して吸収され、栄養的にアンバランスになり、生理落果を助長するという悪循環に陥る。

四月上旬に施す実肥が効いてくるころまでは確実に貯蔵養分によってまかなえる――それくらいの十分な栄養の

第42図　パイオニアルート(白根)

開花時期がおそいほどパイオニアルート（白根）の発根量が多くなり，これに活動根である細根が二次伸長して養分の吸収活動が活発に行なわれる

貯えが必要というわけだ。結実の安定には花肥を早めに施し、十一月中に完全に吸収させることがポイントになる。

従来の十一月施用のプログラムを改めなければ、結実の安定は望めない。

10 牧草を繁茂させ開花期を遅らせる

ウメは、冬季の平均気温で八～九℃の日が九日から一〇日積算すると休眠が破れ、急速に花蕾がふくらみ、開花を始める。

近年、冬季温暖化の傾向にあってウメの開花は早まっており、結実が不安定な年も少なくない。ウメは、蕾から開花期までの期間が長いほうが充実した花を咲かせるので、開花期はおそいほどよい。早期開花の場合、花器が充実していないうちに急テンポでつくられるので、花弁は薄く小さく、雌しべ、雄しべともに貧弱で、柱頭のない花も多くなる。花粉量も少なく、不稔花粉も増加して、蜜の分泌量、芳香ともに少なくなる。こうした花はミツバチにとって魅力がなく、交配が十分行なわれず、結実不安定の原因になる。

また、休眠期間が少なくなった分、次年度に活躍するパイオニアルート（白根、第42図）の発根と伸長が抑制され、開花時から樹体生理は生殖生長型に切替わり、それが発芽期まで続く。

パイオニアルートが少ないと細根量も当然少なくなり、結実量の多い樹では地下部のわりに地上部の負担が大きく、五月の第二次生理落花を助長し、樹は衰弱しやすく、生産量も低下することになる。

こうした温暖化による早期開花を少しでも遅らせる園地環境つくりが課題であるが、有益な牧草（イネ科のナギナタガヤ）の導入の効果が高い。低温に強く高温に弱いので、冬季余分な肥料を吸収して生育し、高温期の果実肥大最盛期には枯れて倒れ、敷草効果を発揮して、地温を上げないので根の活動を助け、土壌水分の保持効果と有機物の補給につながる（七〇ページ参照）。

早春に牧草の生育が劣っているときは、追肥で生育を促進すれば密生して太陽光線を遮断、裸地状態よりははるかに地温を下げる効果が高い。昼間の地温を上げないので、夜間根域が冷却され、パイオニアルート（白根）の発根は促進するが、根域と樹体が冷却されて開花期をおくらせることにつながる。

また、余分な窒素は牧草が吸収するので、生理落果を引き起こすことなく、安定した樹相、生育が保障される。特に西南暖地のウメではかなり重要なポイントになる。

11 受粉枝の高接ぎで結実力を高める

受粉樹は三〇%程度と普通に導入しているのにもうひとつ結実がわるい北面の園地。北西の風が強く、西側に高い山があるため冬季日照量が少ない園地。受粉樹の導入があるのに主品種との相性がわるい園地。全くの単植園地。このような園地で導入してある品種はそのままにして、受粉効率を高めるのが受粉枝の高接ぎである。主品種と相性のよい受粉品種の枝を樹冠部位に高接ぎするわけだが、受粉品種は、それぞれの地域で、主品種に対し十分な効果を確認されたものを選ぶことが大切である。

接ぎ木は、秋接ぎの場合は九月から十月、春接ぎでは二月から三月上旬が適期、接いだ枝が、側枝程度に大きくなっても差しつかえない第43図のような位置を選び、できれば南北二カ所に接ぎたい。

第43図　受粉枝の接ぎ木位置（※印）

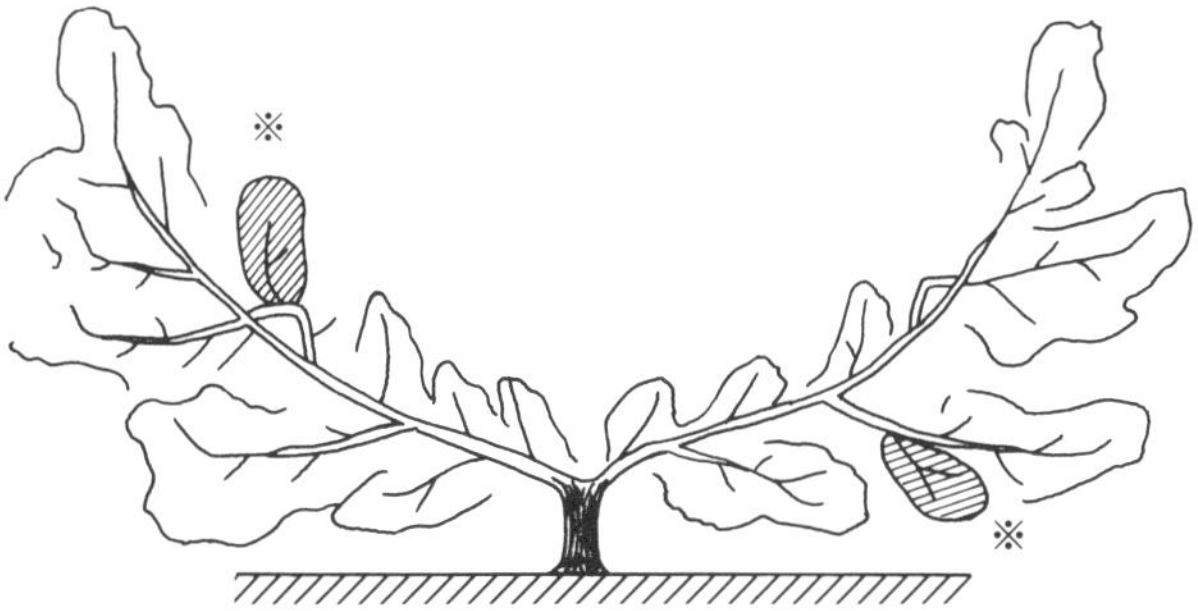

亜主枝の側枝的な枝として考える

接ぎ木する枝は、亜主枝の側面から発生するある程度太めの発育枝（徒長枝）を選び、枝のつけ根に接ぐ。つけ根から離れたところに接ぐと、台木にした枝から新しい枝が伸び、接いだ枝が弱ってしまうので必ず守ってほしい。

接ぎ木方法は、秋接ぎでは腹接ぎとし、春接ぎではあらかじめ冬季せん定

第44図　受粉枝は必ず亜主枝の側面から発生する発育枝に接ぐ

強く伸びず，亜主枝を負かす枝にならない

第45図　受粉効果を発揮し始めた受粉枝

南高に高接ぎした小梅（5月中旬）

南高に高接ぎした小梅。高接ぎ5年目の展開状況（3月下旬）

時に適当な枝を選び、残しておき、このつけ根に切り接ぎすればよい。

受粉品種の接ぎ穂は充実した春枝を選び、秋の腹接ぎ、春の切り接ぎともに二芽をつけたものを使うほうが春からの生育がよい。

秋接ぎで活着していれば、翌春の二〜三月上旬に芽の部分を少し露出させ、基枝は接ぎ穂の高さまで切り戻しておく。活着しなかったものは、その枝に再度切り接ぎすればよい。結束テープは、秋までそのままにしておくほうが折損を防止でき安全である。発芽後の接ぎ芽の管理は一般枝同様に扱って差しつかえない。

高接ぎ後、三年目ごろから効果があらわれ、五年目以降十分な効果を発揮してくれる。毎年開花時期に、異品種の枝を樹ごとに置く生け花方式より、はるかに効果的である。

第3章 自発休眠期（十二月）から開花期までの作業

1 この時期の生育と作業のポイント

第6表「管理ポイント」参照。

2 深耕は早めに

ウメは収益率割合の高い果樹でありながら、収穫後から開花期までは案外粗末に扱われ、深耕など土つくりをしている園地が少なくなった。

その報いか、収穫時期が近づくと、生理落果が多いとか、ヤニ果、シコリ果が多くて困るとか嘆いているのをよく聞く。

こうした手抜き管理で、連年平年作以上の生産を続けている園のウメは、働きすぎといえよう。しかも近年、暖冬で開花を早められた分休眠期間が短くなり、そのため毎年恒常的に発根量が少なく樹にはむりがかかり、衰弱に拍車をかけている。

深耕は安定生産の基本なので、必ず実施するようにしたい。

休眠期間が短いので発根準備を早くさせる

活力ある新根を多く発生させるためには、断根から新根発生までの期間をできるだけ長く与えることが必要である。ウメは休眠期間が短いので、早めに中耕や深耕による適度な断根をしたい。こうすれば第46図のような新鮮な活動根が多数発生してくる。

第6表の管理ポイントに従って、対応できる耕法で、すみやかに取り組むことが肝心である。

十二～一月の深耕は手掘りかボーリングで根をいためない

栽培面積が広いとか他の作業との都合とかで深耕が遅れた場合は、この時期になるとかなり発根がすすんでいるので、ホーレなどの手掘り深耕か、ド

第6表　ウメの生理生態からみた管理ポイント

<table>
<tr><th colspan="2" rowspan="2">管理ポイント</th><th colspan="3">11　月</th><th colspan="3">12　月</th></tr>
<tr><th>上</th><th>中</th><th>下</th><th>上</th><th>中</th><th>下</th></tr>
<tr><td rowspan="4">生育と生理</td><td>・葉は養分消耗型に変身</td><td colspan="6">(葉は光合成量より養分消耗量のほうが多くなる)──（12月上まで）</td></tr>
<tr><td>・葉柄離層形成促進</td><td colspan="6">──(残葉2～3回の降霜で落葉)──（12月上まで）</td></tr>
<tr><td>・花芽形態分化完成期</td><td colspan="6">── 胚珠形成  ── 花器完成 </td></tr>
<tr><td>・断根で発根開始</td><td colspan="6">- - - - - - （12月上より）パイオニアルート発根（白根）</td></tr>
<tr><td rowspan="5">管理のポイント</td><td>・土つくり，深耕は早めに</td><td colspan="6">・このシーズン中耕や深耕をしないと発根量少なくなる（新根で来年のすべてを担うので必ず実施する）</td></tr>
<tr><td>・落葉してなくても深耕はＯＫ</td><td colspan="6">・自発休眠に入れば(10／下～11／上)早めに断根(12／下～１／上で休眠完了)</td></tr>
<tr><td>・深耕後降雨ほしい</td><td colspan="6">・このシーズン降雨量少ないと発根おそく，また発根量少なくなる（雨が少ないと７～10日に一度程度灌水する）</td></tr>
<tr><td>・暖冬で休眠期間短縮</td><td colspan="6">・早く土つくり（断根）とせん定をすませ，休眠期間を長く（せん定が弱いと開花を早め，さらに衰弱する）（７～8.5℃で）７～10日積算すると開花を始める</td></tr>
<tr><td>・ウメ切らぬバカ</td><td colspan="6">・疲れた枝を整理して新鮮な枝を伸長させる（毎年枝を更新して活力ある枝をバランスよく配置する）</td></tr>
<tr><td rowspan="5">重点作業とその留意点</td><td>○土壌管理
・園地土壌pH測定
・深耕と中耕</td><td colspan="6">・自発休眠に入れば深耕スタートOK（深耕はおそくても12/中までにすませる）
・酸性土壌の矯正程度を知り来年の指針にする
・作業者と園地に合った深耕方法で行なう（①樹冠下はホーレで，②樹冠回りはミニローターで，その他③ボーリング深耕，④放射状溝式深耕などがある）</td></tr>
<tr><td>○灌水による発根促進</td><td colspan="6">・初期発根量をできるかぎり多くする。散水で花蕾ふくらむが，気にせず発根に主眼をおく（７～10日降雨がなければ十分灌水する）</td></tr>
<tr><td>○新植改植苗木の植付け
・受粉樹の配置
・主品種は一辺が受粉樹に隣接すること
・植付け距離</td><td colspan="6">・苗木の根は決して乾かさない。沈下を予測して高めに植え付ける
・植付け距離の目安（10ａ当たり）
｛耕土の浅いやせ地　６×６ｍ27本
　普通土壌の平地　７×７ｍ20本
　肥沃地　８×８ｍ18本</td></tr>
<tr><td>○病害虫防除
・ウメかいよう病
・こうやく病
・黒星病
・すす斑症越冬病斑
・ウメシロカイガラムシ</td><td colspan="6">・落葉してなくても気にせず防除する
風害で越冬病斑（かいよう病）多い場合，ガク片離脱開始前に６－６式ボルドー液またはZボルドー500倍。（クレフノン200倍は加用しないこと）
冬季マシン油乳剤30倍－／－をていねいに散布する
11/下～12/上 せん定前後なるべく花蕾小さいうちに散布する</td></tr>
<tr><td>○整枝・せん定
・まず間・縮伐
・収穫能率，品質を高める樹形
・品種で樹相展開がちがう
・せん定は遅れても必ず行なう</td><td colspan="6">・10／下～自発休眠に入れば実施OK（おそくても12／下までにすませる）
・２本主枝開心自然形が能率，品質ともに最適
・｛南高タイプ
　古城タイプ
・１月に入っても，せん定はしないより，するほうがベスト</td></tr>
</table>

第46図　11月下旬に断根処理，３月上旬の発根状況

断根した根からは，白い新根が伸びだしており，早めの断根（深耕）が新鮮な根づくりのコツ

リル式のボーリング深耕など、根のいたみを最小限にくい止める耕法を選ぶ。そして、次年度は、これらの園地を優先して、必ず早めに深耕するようにしたい。

効果的な完熟堆肥や土壌改良資材の施用

夏の乾燥期前の敷草や堆肥の施用が望ましいことを第2章で述べたが、作業の都合で実行できていない場合は、この機会に施す。深耕作業前に、深層の土壌改良のために完熟堆肥やフミン酸肥料（腐植含量を高め団粒化促進）、苦土石灰（pH矯正と苦土補給）と、移行性の少ないリン酸はこの機会に投入しておきたいので熔リンなどをあらかじめ施しておき、すき込めば効果的である。

ボーリング深耕（タコツボ）の場合は、先に穴をあけ、完熟堆肥や土壌改良資材を樹冠下に全面施用して埋め戻せば、土壌改良資材が穴の深部に投入できる。

手掘り深耕では、手掘り前にこれらの資材を樹冠下にまんべんなく施し、その後ホーレ（手掘り深耕器）などで深耕すれば、ひと起こしごとに、掘込み穴から土壌改良資材が深部にまですき込まれる。

客土も効果的

西南暖地では、年間降水量が一八〇〇ミリから二〇〇〇ミリに達し、傾斜地では特に表土の流亡が激しく、第48図のような根上がり樹もしばしば見受ける。施肥後の中耕や休眠期の深耕にはげむことが、皮肉にも表土を軟らか

くして流亡をまねく――そのくり返しで年間に浸触がかなりすすむ。特に耕土の浅い園地では、土壌もかなり老化している。

労力はかかるが、客土は中耕や深耕と同等か、それ以上の効果が期待できる。

客土に使う土は、山取りの新土が理

第47図　深耕の方法

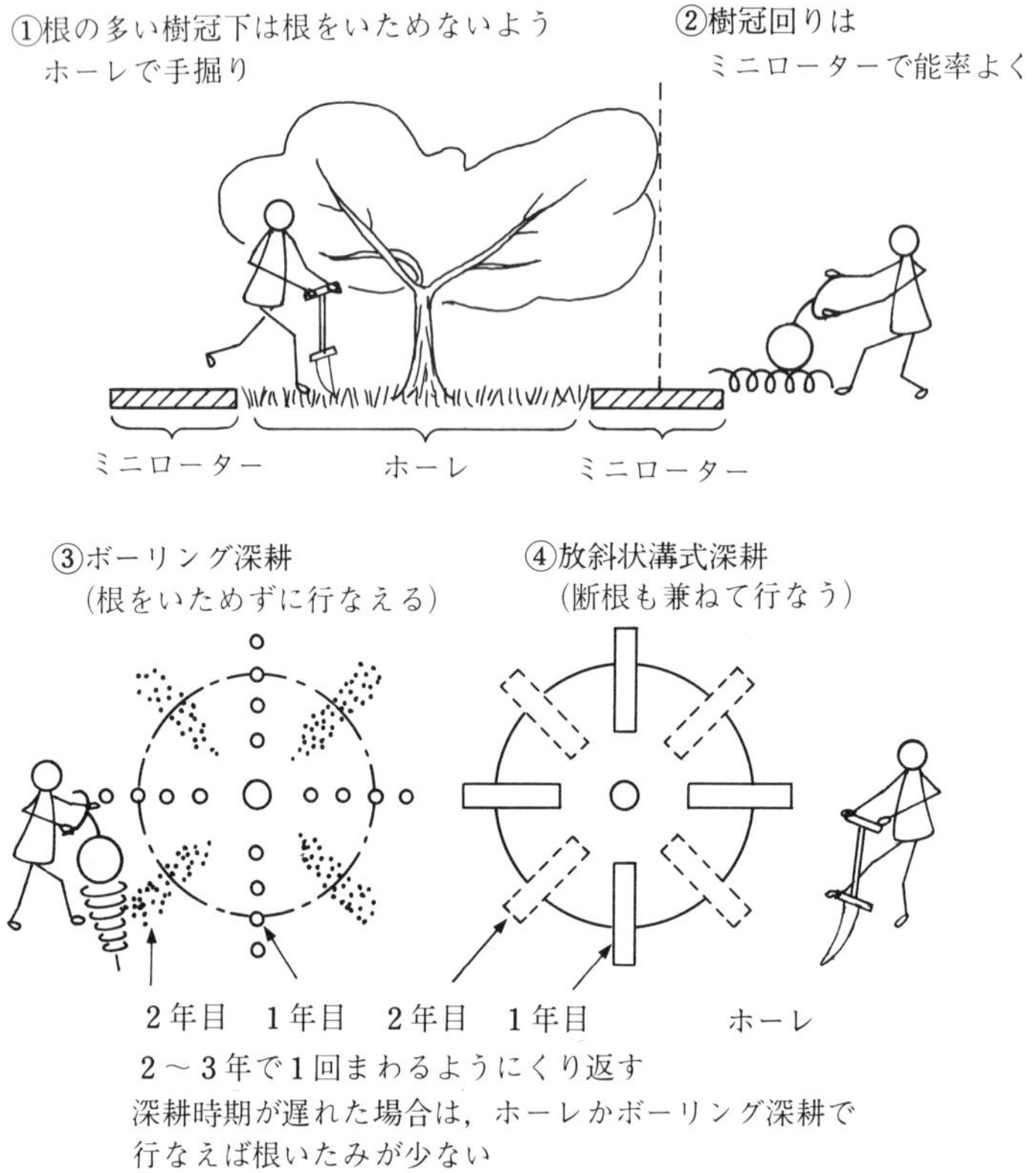
①根の多い樹冠下は根をいためないよう
ホーレで手掘り
②樹冠回りは
ミニローターで能率よく
ミニローター
ホーレ
ミニローター
③ボーリング深耕
(根をいためずに行なえる)
④放斜状溝式深耕
(断根も兼ねて行なう)
2年目
1年目
2年目
1年目
ホーレ
2～3年で1回まわるようにくり返す
深耕時期が遅れた場合は，ホーレかボーリング深耕で
行なえば根いたみが少ない

第7表　深耕時に施用する土壌改良資材量の目安(10ａ（７ｍ×７ｍ）20本植え)

土壌改良資材	資材量の目安(10ａ当たり)	１樹当たり施用量	備　　　考
完熟堆肥	kg 1,000	kg 50	牛フン堆肥(木質を含まない)，バーク・オガ粉等を含まない堆肥
フミン酸肥料	100	5	アヅミン，テンポロン，リブミンなど，いずれかを使う
熔　リ　ン	60	3	
苦土石灰	100	5	苦土タンカルも可
総合微量要素	6	0.3	Ｆ・Ｔ・Ｆ

木質部を含むバーク・オガ粉堆肥は紋羽病を誘発するので使わない

想だが、園地の周りでウメの根が届いていない空地の土壌や、排水路にたまった土砂も効果的である。

客土の量は、樹冠下全面に平均二センチ程度の厚さに敷く。平均になっているよりムラができているほうがかえってよく、またこれ以上厚く客土すると、ウメは根の酸素要求量が高いので、根いたみが出て危険である。

第48図　表土が流亡した根上がり樹

特に二代・三代畑など老朽化園では客土の効果が高いので、ぜひ試みてほしい。ただ、実際にはかなり労力もかかるので、深耕と客土を一年ごとに交互に組み合わせて行なうのも良策だ。

3　この時期の灌水は、開花・結実を左右

十一月から十二月にかけて中耕や深耕を行なった後は、降雨がないと乾燥しやすく、断根後の発根も遅れがちになる。ことに休眠期間の短いウメでは、この時期の乾燥は禁物である。土壌を乾かさないように心がけ、翌年の生産のすべてを担う新しい根の確保に努めてやる。ウメの水分生理を考えれば、夏の乾燥期以上に大切な水分保給につながる。

無降雨日数が七～一〇日続いたら、スプリンクラーやホースで十分な灌水を行なう。灌水によって花蕾のふくらみがかなり促進されるが、それより、根づくりを最優先することが肝心である。

このようにして翌年の生産を担う新根の確保が十分できると、花器の形成も順調に行なわれ、充実した完全花が多くミツバチもよく訪花する魅力的な花になり、受粉確率も高まる。さらに、新根の発生量は、結実後の養水分の吸収効率ともかかわり、根量が多ければ安定した生育を保障してくれることにつながる。

4　落葉期から落葉直後の病害虫防除

越冬病害虫の防除は、枝幹に形成し

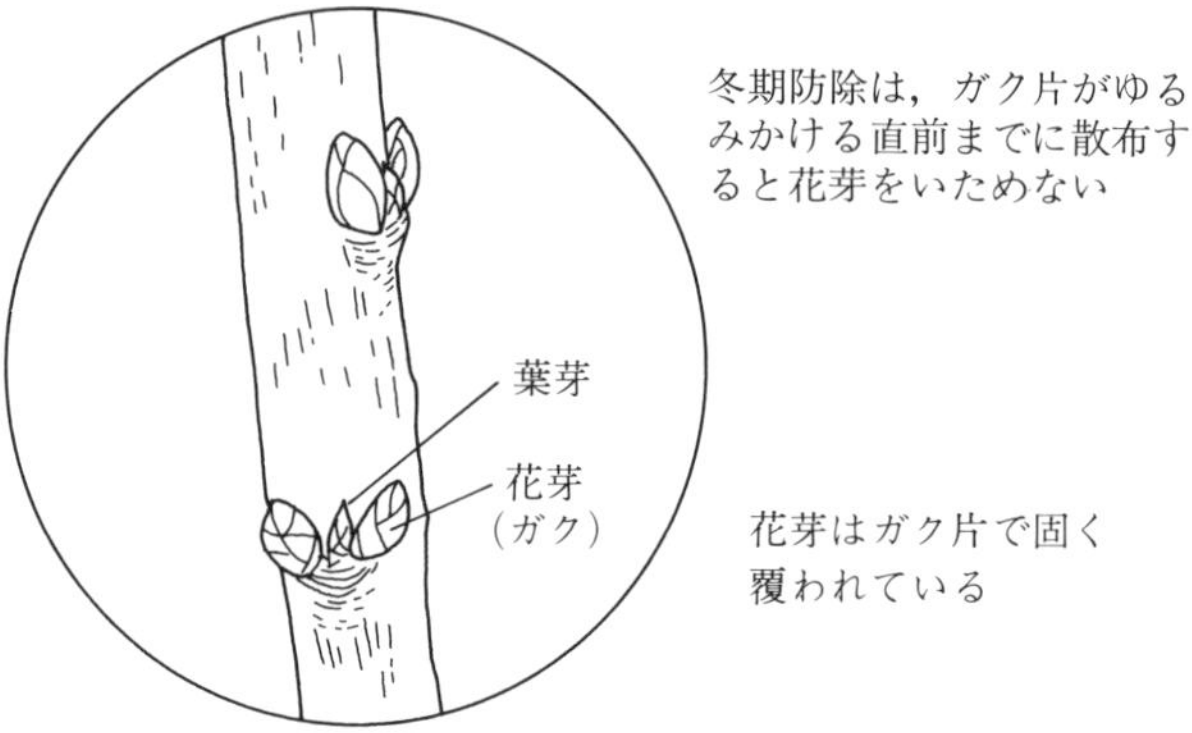

第49図　ガク片離脱前が冬季防除の適期

た病斑が越冬して春先から加害するかいよう病、黒星病、こうやく病とカイガラムシ類が主体になる。

かいよう病は、台風が早期からくり返し襲来した年は、秋季からの病斑形成はみられないが、菌が葉芽と花芽のガク片のすき間に潜み増殖することが知られている。こうした年は秋季にZボルドーなど散布して密度を下げておき、さらに再度落葉期にICボルドー66Dを散布するか、衰弱傾向の樹にはマイシン製剤で対応するほうがよい。黒星病やこうやく病もボルドーなど、銅剤を散布する時に枝幹にていねいに散布しておけば、以前に使えた石灰硫黄合剤ほどではないが、抑制効果が期待できる。

こうして秋季から銅剤を重ねて散布した年は、翌春発芽前の防除はマイシン製剤で対応するほうが樹勢を弱めず得策である。

カイガラムシ類のウメシロカイガラムシは成虫で越冬し、第一世代は五月上・中旬、第二世代は七月上・中旬、第三世代が九月上・中旬と、年三回発生する、ゆだんすると意外に越冬量が多いので、冬季防除は欠かせない。

一方、タマカタカイガラムシは幼虫で越冬するが、年一回の発生で、五月中旬～六月上旬に加害がみられる。初期発生の一令幼虫が出そろう五月中旬の防除を徹底することで、越冬量は少なくなる。

冬季防除では、石灰ボルドーとマシン油乳剤の散布間隔は約一ヶ月程度あける必要があるので、初冬にボルドーを散布した年はせん定後に間隔をおいて、マシン油乳剤の三〇倍液をていねいに散布する。しかし、散発的にみられる場合は、加害のある部位にスポット散布で対応してもよい。

5 吸収しやすい水溶性石灰を二月上旬までに施す

十一月の深耕時に石灰を施した園地では今回は見送るが、施していない園では必ず施す。

ウメの適正pHは六・五〜六・八と高いレベルにあることは前述したが、この時期からはカルシウムの利用レベルが少しずつ高まり、開花期から幼果の肥大・展葉期にむけて吸収量は急速に増加して、窒素と同レベルに達する。したがって、根酸の分泌量が少なくても春先からスムーズに利用できるカルシウムを準備してやることが大切で、この時期の施用には、すぐ利用できる水溶性で吸収しやすい苦土石灰や消石灰が適している。もちろん、土壌のpH矯正を兼ねており、その点でも重要な役割を担っている。施用量は一〇〇キロから一五〇キロを目安に、土壌pHの測定値と土質によって加減する。

表層土壌のpHはやや高いが、深部の土壌改良ができていない園地が多いといわれている。この場合、アズミン苦土石灰のような、有機物（腐植）との混合石灰の利用も考えられる。この肥料はキレート作用（カニのハサミの意味で、有機物が石灰や苦土をつかみ深部まで持っていき、根が吸収する時に離す作用）により、短期間に腐植とともに深部まで達し、改良できる資材といわれ、コストはやや高いが、深耕作業の困難な傾斜地園などに活用したい。

6 ヤニ果、シコリ果を防ぐ

二月のホウ素施用が効果的

これまでに日焼け果やヤニ果、シコリ果を経験している園では、二月にホウ酸またはホウ砂を施すとよい。一〇アール当たり三キロ程度、微細な砂か乾燥土で増量し、これを植付本数に分割して一樹単位にていねいに園の全面に施す。施し方が偏ったりすると過剰障害を起こすので、注意が必要である。

基本的には、有機物を年間二トン以上施しているような園地では必要ないが、五月前後に土壌が乾燥して養分の吸収が阻害されているときに障害の発生が多い。幼果期から成熟期にかけて、極端な乾燥を避け、必要に応じ灌水をするとともに、常日ごろから敷草や有機物の補給に努め、保水性を高める手だてが大切である。

また、品種により発生に差がある。発芽の早い南高などの品種は、新根の発根も早く、発根量も多いので、春先から根酸の分泌量が多く、土壌から必要量を溶解して摂取することができる。一方、古城や白加賀などの発芽展葉のおそい品種では、春先の発根量が割合少なく、土壌からの摂取が遅れがちで、幼果期に土壌が乾燥すると、すぐヤニ果が発生する。ヤニ果の発現は発芽のおそい品種に多いので、特に注意する。

牧草の導入で微量要素を補給

第2章の開花期をおくらせる項（六〇ページ）で述べた草生栽培で、かなりヤニ果、シコリ果が軽減できる。

有機物の確保には有益な牧草を導入することでかなり期待できる。

秋季から春先にかけて生育するナギナタガヤなどを園内に繁茂させることで、ウメが土壌から摂取できない部分から微量要素を溶解・吸収してくれるので、枯れると土壌に還元されてウメが利用できるようになり、毎年続けることで腐植を増加させ、地力が高まるので軽減できる。

第50図　ナギナタガヤを繁茂させ地温を抑制して開花期を遅らせる，微量要素を補給(西南地区)

※３月下旬の繁茂状況

冬季に繁茂させるコツ…９月下旬園内の雑草（冬草の初期）をプリグロックスＬで処理し、すぐ20cm幅間隔に条播（覆土不要）する（播種量10ａ当たり３～５kg)。寒さに強く、追肥10ａ当たり（条間に総量で硫安20kg）を10月中旬，11月下旬，１月下旬，３月中旬に施す。２月には草丈20～30cm、条間が見えない程度に繁茂する。

４月上旬には穂が出て，まもなく倒伏して敷草状になる。ナギナタガヤを育てる気持ちで、他の雑草を抜く手だても大切だ。ウメの収穫期～夏季高温期に敷草効果高く、地温の上昇を抑制して乾燥を防止し、秋季まで雑草処理不要で省力的である。

１度まけば２年目は自然に繁殖再生する。３年目には追いまき（２～３kg）するほうが繁茂が安定する。

第4章 整枝・せん定

1 せん定の時期を間違わない

夏季せん定と冬季せん定はねらいが逆

夏季せん定は枝の充実がねらいで、活動期の夏に枝を整理するため樹勢を弱め、春の新梢伸長まで抑制する働きがあり、樹勢の強い過繁茂樹を対象に行なう。

これに対して、冬季せん定は、切返しせん定によって翌春の新梢伸長を旺盛にし、樹勢を回復させる方向に働くので、弱勢樹や衰弱樹を若返らせる。また、疲れた結果枝を整理して新鮮で充実した結果枝をつくるのも冬季せん定の大きな目的である。毎年枝を更新して活力ある枝をつくり、健全な生育と果実生産を保証し、さらに樹の寿命を長く保っていくのが冬季せん定の大きな役割といえる。

せん定は おそくても十二月までに終える

ウメは十二月中旬には自発休眠完了期にはいるので、暖冬などで十二月の気温が高ければ、開花を始める場合も少なくない。

弱勢樹ほど自発休眠にはいるのが早く、したがって休眠完了も早くなる。しかし、普通の樹勢なら、十二月中旬には自発休眠が完了する。自発休眠が完了すれば根が動きだすので、それまでにせん定を完了させることが大切である。というのは、地上部の枝を整理すると地下部の根への刺激になり、発根が促進されるからである。

西南暖地では降霜がおそく、そのため、落葉も遅れがちであるが、落葉を待ってせん定するのでは生理的におそく、自発休眠完了までに、せん定作業を終えることが重要である。せん定が遅れるほど、疲れた枝や不要な枝にまで開花準備のための養分の分配が行なわれるので、貯蔵養分のむだづかいに

第8表　夏季せん定と冬季せん定の使い分け

	時期	対象樹	せん定の程度	せん定の対象部位	生理的影響とその効果	留意点
夏季せん定	8／下〜9／上	強勢樹 ・徒長ぎみで徒長枝の発生多く，短・中果枝の少ない葉色の濃い樹	強めのせん定 (全着葉数の20〜30％)	・樹冠内の主枝背面からの徒長枝の除去 ・亜主枝基部付近から発生した徒長枝 ・主枝先端不要な強い新梢の間引き ・内向枝の長大化した側枝の間引き	・樹勢を弱め樹を落ち着かせる ・内部の採光がよくなり，結果枝を枯らすことなく充実させる ・春梢の伸長短く，短果枝が増加 ・生理落果が軽減され収量の増加がはかれる	・時期が遅れると逆に強勢化するので，時期を守る ・弱樹勢樹には行なわない ・樹冠外周，すそ枝には触れない
冬季せん定	11／下〜12／下	中樹勢樹 ・新梢はやや長いが徒長枝の発生もあり葉色は緑 〜 弱勢樹 ・新梢が短く，葉色は淡い ・短果枝が多い	やや強めのせん定 強めのせん定	・樹冠内の主枝背面からの徒長枝の除去 ・亜主枝基部付近から発生した徒長枝 ・主枝，亜主枝，先端の不要な強い新梢の間引き ・各骨格枝先端の切返し ・側枝，すそ枝の強めの切返し ・枯れ枝の除去	・樹勢の回復と活性化 ・栄養生長を盛んにする ・春梢の伸長を促進する ・結実量の制限 ・生理落果助長	・樹勢が強いとせん定を軽くする ・弱勢樹ほど強めに切り返す ・間引きせん定をひかえ，切返しを主体に行なう ・すそ枝ほど強めに切り返す

つながる。

十二月にはいって着葉していても、葉の老化がすすんでいるうえ、日照時間も短く、光合成量より葉を養うための養分消費量のほうが多くなる。しかも、着葉しているかぎり、樹体生理は栄養生長型に働いて、花芽の発達を生理的に抑制する。

落葉しないうちにせん定をすませると、むだな養分消費が少なく、生殖生長を抑制して開花期を少しでも遅らせる方向に働いてくれるので、根づくりと花芽の充実にとっても有効である。

おそくなっても切らないよりはまし

せん定が遅れ開花期をむか

えた場合でも、あきらめてしまうより枝を整理してやるほうが、はるかに有効である。花蕾を落としたとしても、摘蕾する程度と考え必ずせん定する。

無せん定のままにすると、その年の結果量は一時的に多くなるが、春梢は短く、伸長量も少なくなり、しかも頂部の芽からしか伸長せず、結果層は樹冠上部に移行するとともに枯れ枝がふえる。そして、樹は衰弱しやすくなるとともに、病害虫の被害もふえるなど、翌年への悪影響は、はかりしれないものがある。遅れても、必ずせん定は実行しなければならない。

2 二本主枝仕立てが理想的

短時間に収穫でき作業性がよい

ウメは他の果樹よりも樹冠の拡大が早く、成木になるのも早い。また、樹冠面積も約五〇平方メートル（一〇アール当たり二〇本植え）程度が標準で、植付本数も少ない。

地上高も当然高く、主枝の先端が四メートル以上に達する樹も少なくない。収穫やせん定では当然、樹に登るか、脚立による作業になる。しかも、ウメは果実が小さいため、収穫作業の手間がかかるので、樹上に登っている時間も当然長くなる。特に青梅出荷にともなう樹上収穫は、地上収穫の三～四倍の労力を必要とする。しかも熟度進行が速いので、短時間に収穫しなければならない。できるかぎり効率のよい地上収穫が望ましい。これは整枝・せん定も同じことで、高い樹上での作業は多くの労力を費やすことになる。また、最悪の場合には転落事故にもつながりかねない。

近年、他の果樹では植付本数を多くして、コンパクトな樹形を考えるのが普通であるが、ウメの矮性台木やケミカルコントロール剤による矮化などの実用化はまだ先のことで、現状では樹形改善で対応することになる。

ウメは耐陰性が弱いので、ふところ枝やすそ枝まで採光がよく、しかも寿命を長く保ちながら結実量を確保し、収穫や病害虫防除、整枝・せん定など総合的な維持管理がしやすいことが樹形の条件になるが、私は第51図に示した二本主枝で、やや盃状形化した樹形が理想的と考える。

第51図　２本主枝でやや盃状形化した理想の樹形

第52図　主枝はまっすぐガッチリ育てる

亜主枝は主枝の斜め外側から左右交互に発生させると，枝は落ち着き結実性も高くなる

枝構成がしやすく果実のそろいもよい

ウメの場合、主枝は第52図に示すようにやや開張させ、しかもまっすぐガッチリと育てる。これに亜主枝を交互に、しかも決して主枝より強くならないように樹冠の外側に面する部位から発生させ、これに形成する側枝は、亜主枝の発生基部に近いほど大きく、先端に向かうほど小さくする。そうすれば第53図のように、先端は栄養生長が盛んで、自然結果調節がはかられ果実の負担が軽くなり、枝の伸びがよい。一方、亜主枝の基に近いほうの側枝には結果量が多く、果実も大きく、熟度もよくそろっている。このように、整枝の基本をわきまえた枝構成になっていれば、果実の肥大・成熟にも乱れがなく、当然秀品果率も高くなる。こうした枝構成は、空間の多い二本主枝仕立てのほうがつくりやすく、維持もしやすい。

樹の骨格と枝の構成は、頂部優勢を上手に生かしながら、樹冠部位に応じたあり方があり、それを守って行なうとよい。それを無視して、第54図のように亜主枝を放任すると先端ほど枝数が増え拡大し、それに結実させると、掌を広げたように拡大して下垂するので、養分の流れがわるく、果実肥大と成熟が遅れがちになる。おまけに内部を日陰にするので結果層はしだいに薄くなり、ひいては亜主枝や側枝の老化を早め樹の寿命を縮める。

しかも、管理・作業面でも有利で、せん定や収穫、その他の作業などで主幹部位をまたぐことも多いが、こうしたあらゆる管理作業面でも都合がよい。

3 結果習性、枝の伸び方とせん定の基本

結果習性は二つのタイプ

ウメの結果習性は、栄養生長の過程で二つに類別される。すなわち、第55図に示すように、発育枝にその翌年結果枝を形成して、次の年に実をつけるAタイプ、勢力が中庸で本年枝に早くも花芽を形成して、翌年に実をつけるタイプBの二つのタイプがある。前者は栄養生長が優れ、徒長枝や骨格枝そして側枝に育つ発育枝にみられ、後者は骨格枝から直接伸びだしたり、結果層の結果枝から伸びる勢力中庸の緑枝にみられる。

この両者の充実した結果枝を樹冠全体にバランスよく配置し、しかも、こ

第53図　亜主枝上の側枝は先端ほど短くする
先端の枝の負担が軽くなり，樹形も乱れず，果実もよくそろう

第54図　亜主枝を放任すると先端ほど枝がふえ拡大する
こうなると，先端ほど結果量が多く，下垂して熟
期も遅れ果実のそろいがわるいうえ，枝は衰弱しやすい

第55図　ウメの結果習性

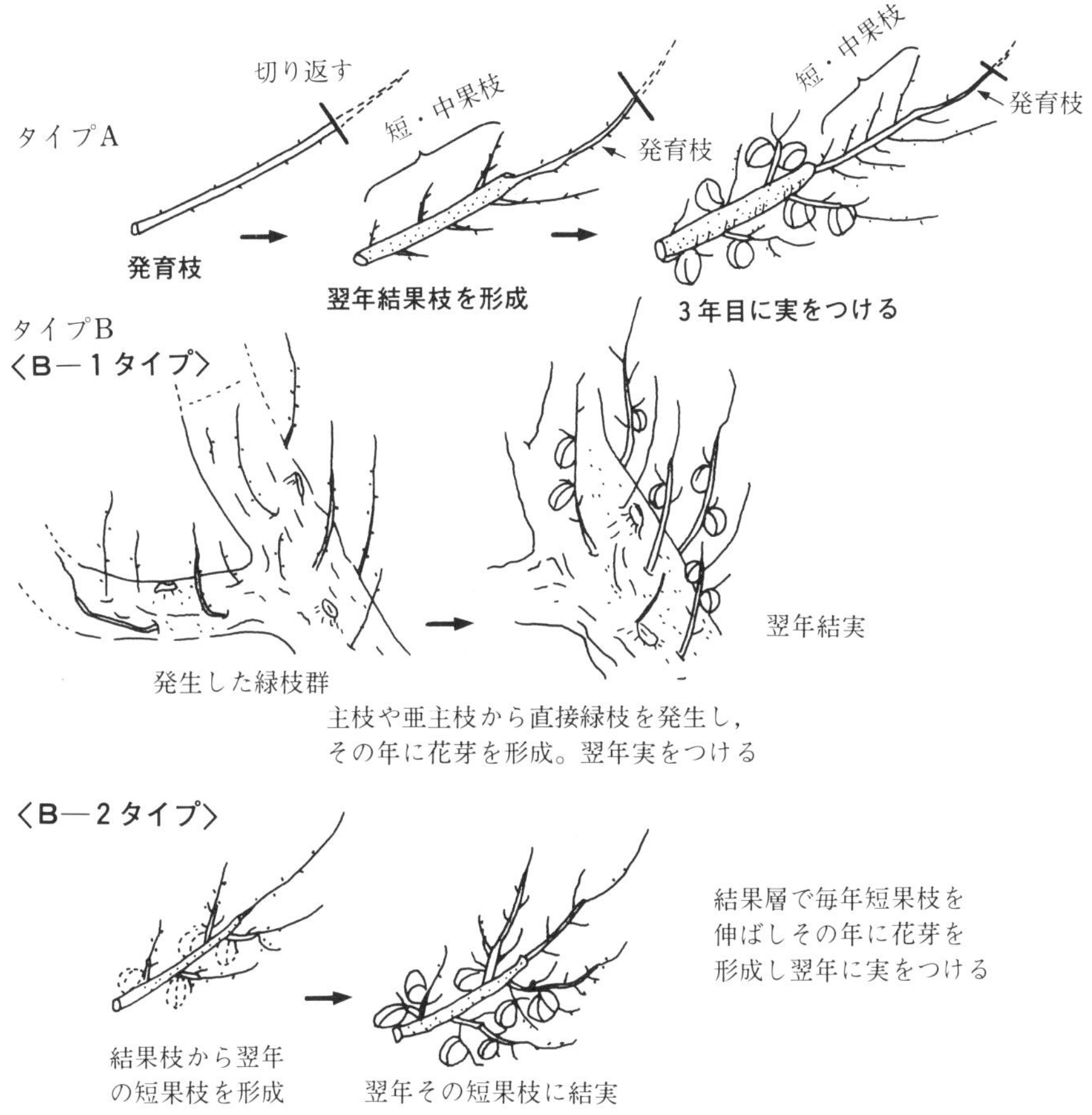
タイプA
切り返す
発育枝
短・中果枝
発育枝
翌年結果枝を形成
短・中果枝
発育枝
3年目に実をつける
タイプB
〈B—1タイプ〉
発生した緑枝群
翌年結実
主枝や亜主枝から直接緑枝を発生し，
その年に花芽を形成。翌年実をつける
〈B—2タイプ〉
結果層で毎年短果枝を
伸ばしその年に花芽を
形成し翌年に実をつける
結果枝から翌年
の短果枝を形成
翌年その短果枝に結実

れを支える骨格枝、すなわち主枝、亜主枝は毎年樹冠の拡大とともに強くまっすぐ、ガッチリと維持していくことが、安定多収の条件である。これらの条件を満足させる枝のコントロールこそが、整枝・せん定の重要な役割であるともいえる。

日陰に弱いので どの枝にも年中光を当てる

　果樹のなかでもウメは樹勢が強く、毎年強勢な徒長的な発育枝が樹冠内によく発生する。これらの枝を放任すると、この発育枝に優先的に養分が供給され、肝心の花を咲かせ実をつける結果枝には十分栄養が供給されないばかりか、発育枝の陰になる。こうなると、もともと耐陰性の弱いウメだけに、その年に衰弱するか枯死して結果層はすぐ樹冠上部に移行してくる。ところが、ウメは頂部優

第56図　上部の枝には花が咲いても生理落果を起こし実はつけない

勢が強いだけに、樹冠表面の枝はたとえ完全交配しても、栄養生長がまさり、生理落果を引き起こす。上部枝に花は咲いても実をつけないのはこのためである（第56図）。

ウメの結果層を厚くするためには、赤道部からふところ、そしてすそ枝まで、一年を通じ採光をよくして、新鮮で充実した結果枝をたくさんつけるようにすることが不可欠である。

枝の役割を明確にして配置する

昔から諺に「桜切るバカに梅切らぬバカ」とあるように、ウメは枝を上手に整理して、毎年充実した新鮮な枝を樹冠全体にバランスよく発生させることが大切である。

第57図に示すように、主枝から発生させる亜主枝は、外枝を選び、左右交互に間隔よく配置する。一方、樹冠内部の主枝背面から直上に発生する強勢

第57図　主枝，亜主枝のせん定

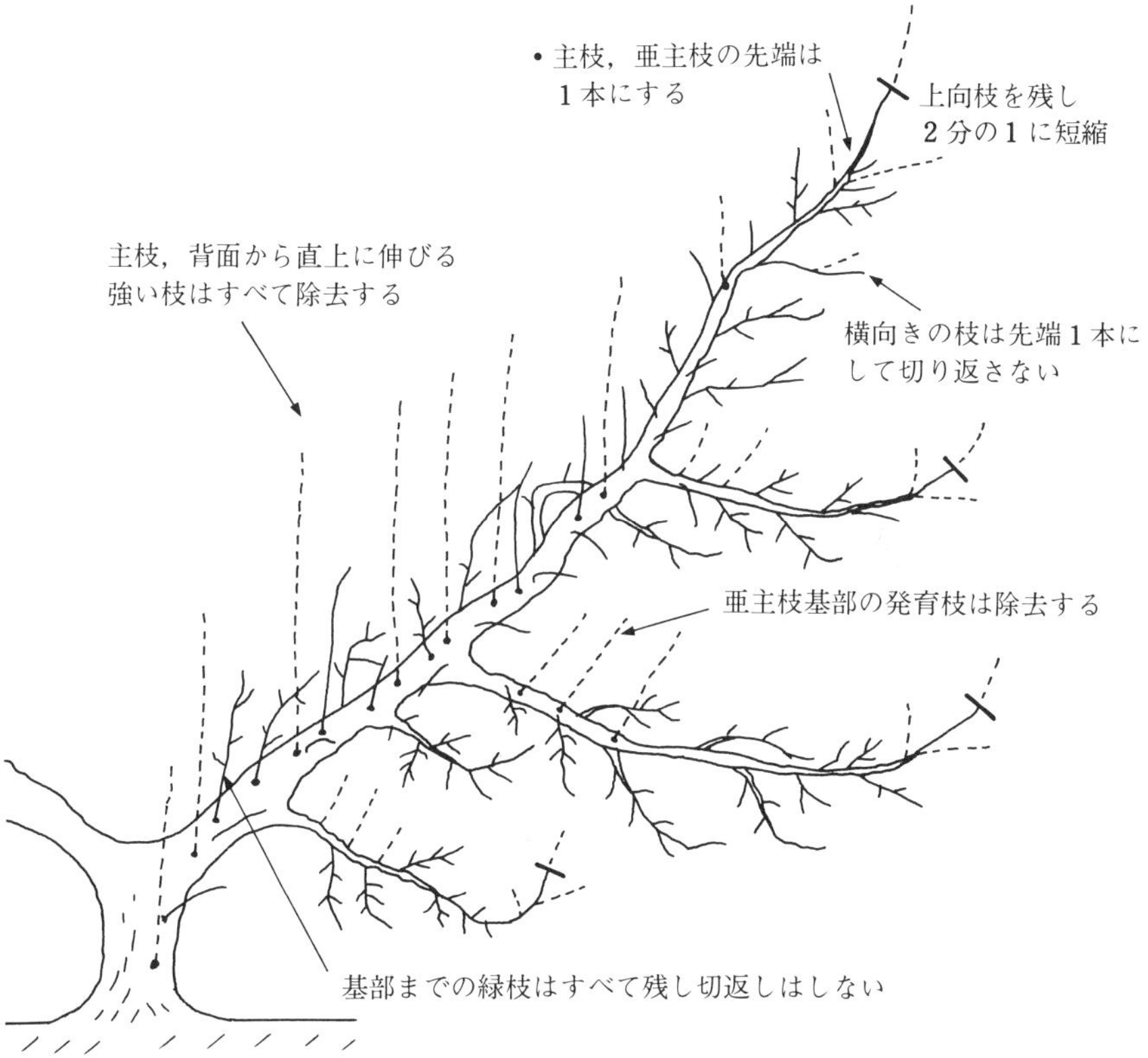
• 主枝，亜主枝の先端は
1本にする
上向枝を残し
2分の1に短縮
主枝，背面から直上に伸びる
強い枝はすべて除去する
横向きの枝は先端1本に
して切り返さない
亜主枝基部の発育枝は除去する
基部までの緑枝はすべて残し切返しはしない

な枝は除去する。しかし、結果層となる緑枝は、長くてもいっさい切らず残して結果させる。

亜主枝から発生させる側枝も、横枝や腹面から発生しているものから選ぶ。そして背面から発生する枝は強勢なものは除去し、緑枝だけを残す。

このように目的にかなった枝を残し、それぞれの枝の役割と特性を生かした配置が整枝・せん定のポイントで、寿命の長い樹相を維持していくうえで欠かせない。

先端は必ず一本にして切り返す

ウメの理想的な樹形を想定し、これを毎年維持するためには、骨格枝はもちろん、側枝先端まで、どの枝先も必ず一本にする。

そして、それぞれの先端枝は必ず切返しをするが、部位や枝の勢力、角度によって、切返し程度を加減する（第

第58図　主枝先端の切返し
（8年生）

枝の勢力，角度，伸長方向を見きわめ切返し程度を加減し，主枝はまっすぐガッチリ育てる

第59図　主枝先端は1本にし格差をつけ残す枝は緑枝が望ましい

第60図　切り返さなかった骨格枝の先端

短果枝が発生して弱ってしまう

第61図　枝の勢力，方向と先端枝の選び方，切返し程度

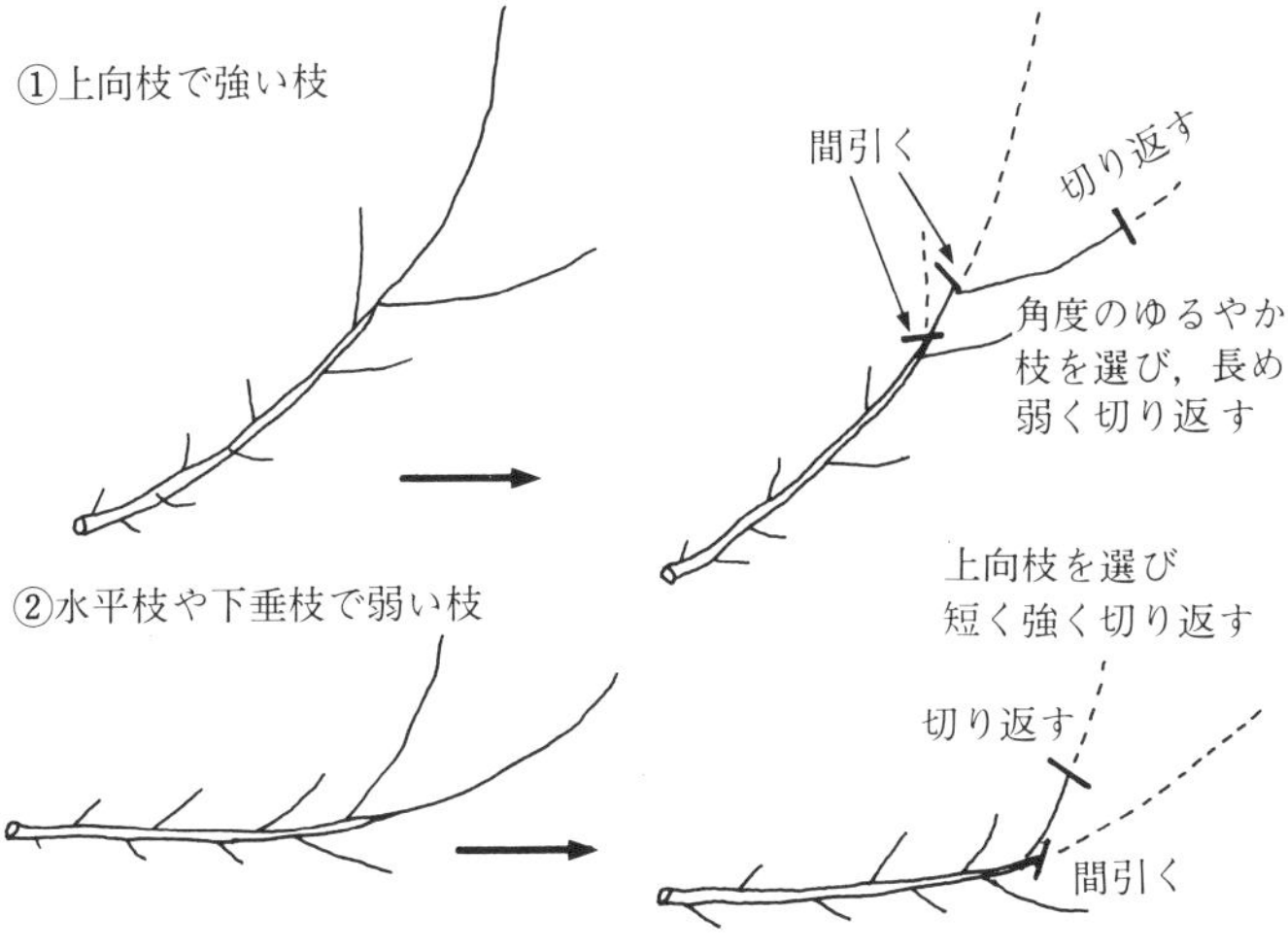

第62図　樹冠内部や主枝背面に発生する発育枝の扱い

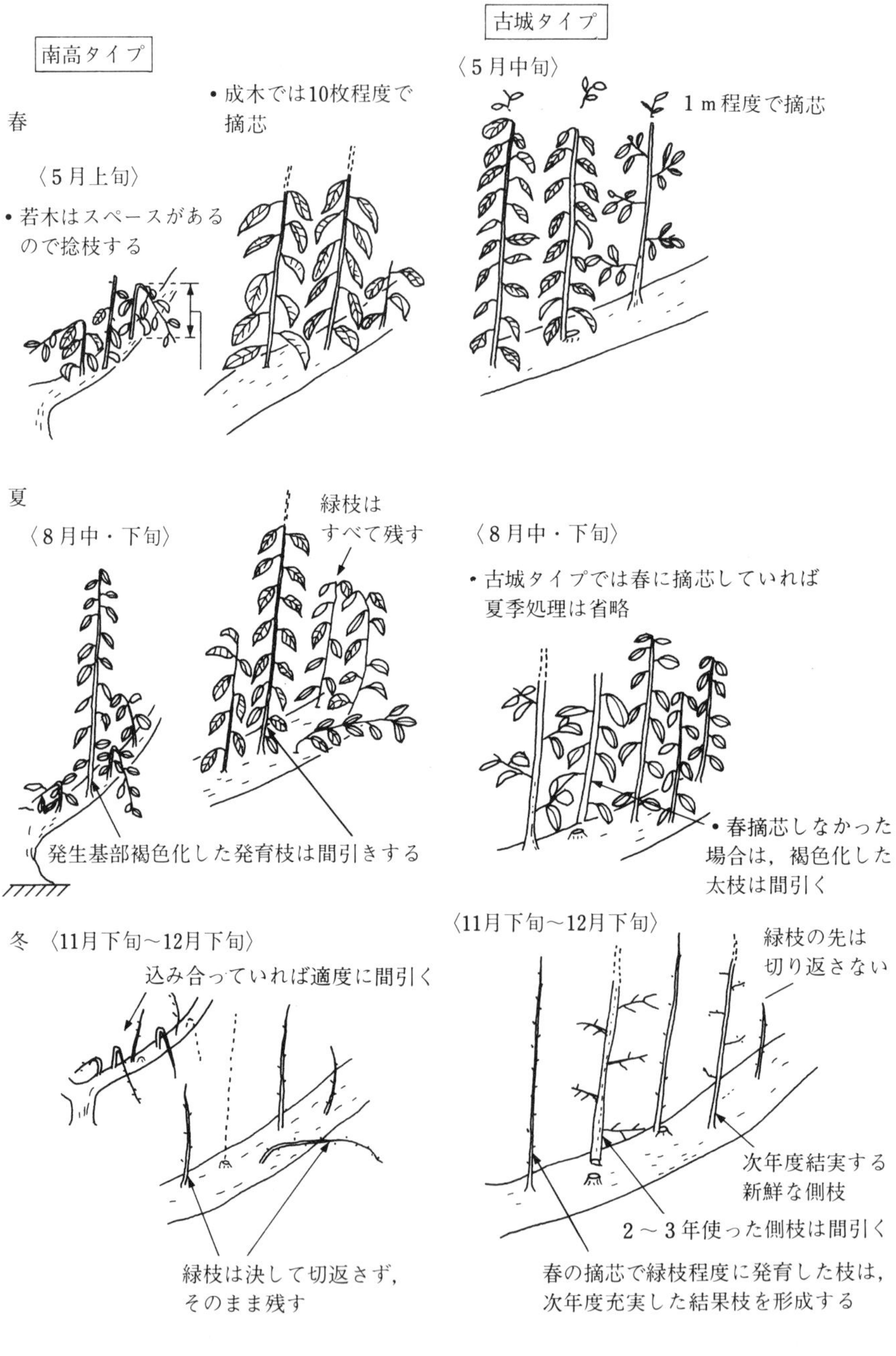
南高タイプ
春
〈5月上旬〉
・若木はスペースがあるので捻枝する
・成木では10枚程度で摘芯
古城タイプ
〈5月中旬〉
1m程度で摘芯
夏
〈8月中・下旬〉
緑枝はすべて残す
発生基部褐色化した発育枝は間引きする
〈8月中・下旬〉
・古城タイプでは春に摘芯していれば夏季処理は省略
・春摘芯しなかった場合は，褐色化した太枝は間引く
冬　〈11月下旬～12月下旬〉
込み合っていれば適度に間引く
緑枝は決して切返さず，そのまま残す
〈11月下旬～12月下旬〉
緑枝の先は切り返さない
次年度結実する新鮮な側枝
2～3年使った側枝は間引く
春の摘芯で緑枝程度に発育した枝は，次年度充実した結果枝を形成する

58・59図）。

特に、主枝は樹冠を構成する重要な骨格であるために、その先端は常に雄々しく、ガッチリ伸ばす配慮が必要だ。また各主枝のバランスがとれていることも必要で、角度がゆるやかで弱めの場合は上向枝を選び、やや強く切り返す。

逆に、立ちぎみの枝では外枝を選び、やや長めに切り返す。しかし、成木になれば、先端の強さが維持できにくくなるので常に立ち枝を選ばなければならない。亜主枝や側枝についても、主枝同様に扱ってよいが、水平枝では上向枝を選び、下垂枝では強めの切返しをかけ、上向枝まで戻って立てなおしておく配慮も大切になる。

ウメの場合、枝の伸長展開が早いので、こうした先端枝をすべて放任すると弱い緑枝を発生させ、これがすべて結果枝に変身してしまう。そうなると、骨格枝の先端も下垂して伸長方向を見失うとともに、これに続く亜主枝・側枝も中心的な推進枝を見失って衰弱させ、理想とする樹冠の構成がむずかしくなる。

発育枝（徒長枝）とすそ枝の扱い

発育枝は夏季せん定で抑制

樹冠内部に発生する強勢な発育枝は、主枝の分岐角度がゆるやかなほど徒長しやすく、普通樹勢樹でも親指大の太さまですぐ肥大し、二メートルに達することも少なくない。放置すると樹冠内部を日陰にし、養分を優先的に使われ、肝心の骨格枝は衰弱することになりかねない。

したがって、徒長枝になると予想される発育枝は、五月上旬に捻枝するか、展葉一〇枚前後、長さ二〇センチ程度のころ摘芯し、発育を抑制しておくと緑枝のまま冬季を迎えることができる。これらの処置ができなかった場合は、樹冠の結果層を枯らさない八月中・下旬、早めの夏季せん定で緑枝以外はすべて除去しておく。

この機会を逃がすと、結果層は枯死し、徒長枝はさらに太くなり、これに養分を奪われた結果、骨格枝はかなり衰弱し老化する。こうなると、翌春に肝心の主枝の肥大と先端部の伸長量はにぶく、どうしても樹冠内部の徒長枝を除去した周辺に養分が集中し、切り口周辺から徒長枝ばかり発生する悪循環の樹相に変化し、生産のあがらない樹になりかねない。

すそ枝は大切にし若々しく保つ

すそ枝は、第一亜主枝周辺空間を埋める、側枝的な枝である。これらの部分の枝は、一度衰弱させたり枯死させたりすると再生はむずかしい。独立樹では永く保つことができるが、密植に

第63図　地面に近いすそ枝ほど上向枝を選び１本にして強めに切り返す

第64図　すそ枝の扱い

すそ枝は背面からの直上枝は間引くが横枝および緑枝は残し，先端は１本にして強めに切り返す

第65図　樹冠部位による枝の切返し程度と発育枝の処理

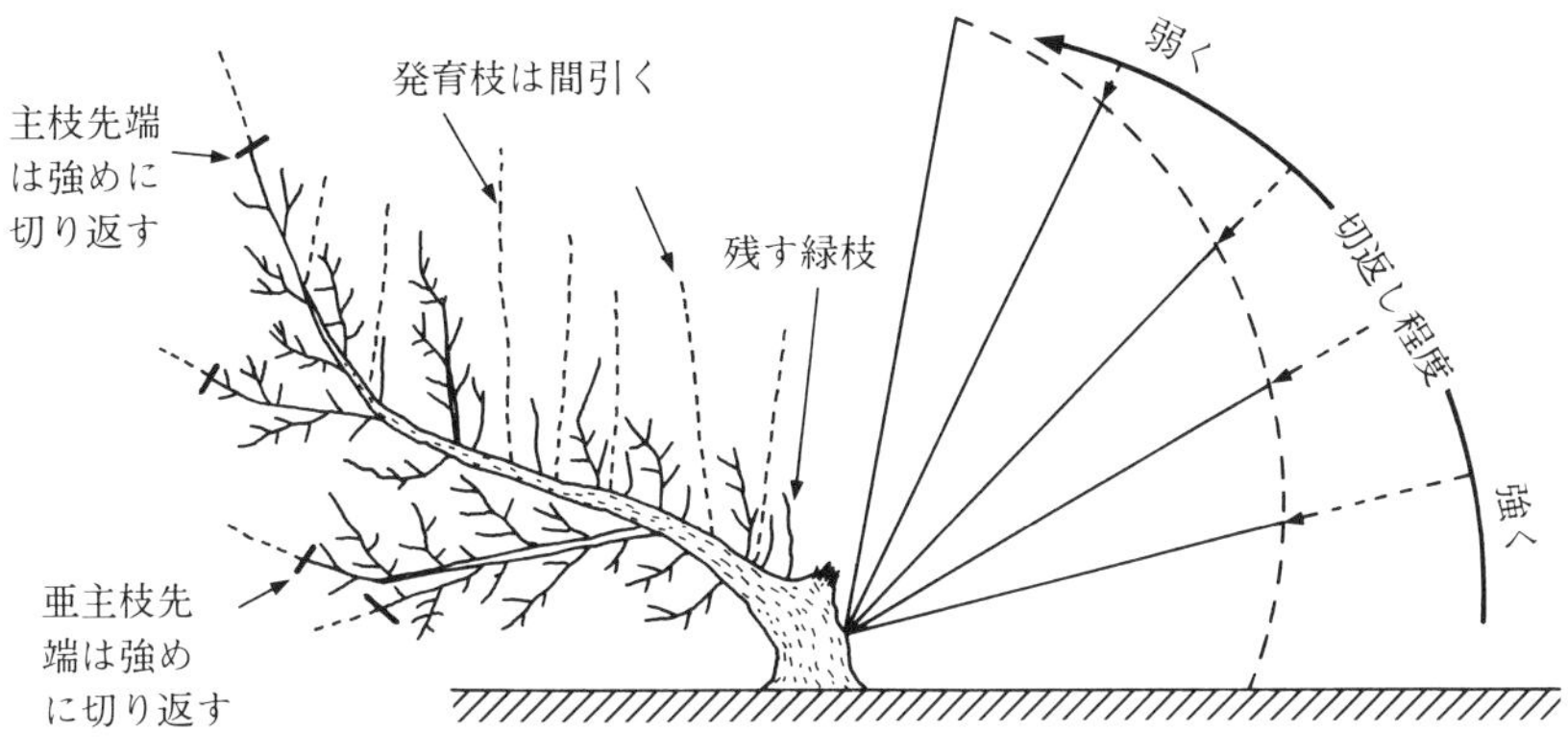

• 各主枝，亜主枝の先端は骨格づくりでやや強めに切り返す
• その他の枝は樹冠下部(角度の小さいほど)強めに切り返す
樹冠上部(角度の大きいほど)弱めに切り返す

なると、まっ先に衰弱する枝でもある。

すそ枝は、貧弱でどうしても果実の成熟が遅れがちだが、樹冠全体からみれば、光合成能力を高め、生理的に樹を落ち着かせる働きがあり、大切にしたい。

すそ枝の整枝は第63・64図に示すように、果重で地面に接触しない程度に上向枝の位置で切り返すが、勢力が弱いので、毎年強めに切り返して若返りをはかる。すそ枝も、背面からの直上に出る長く強い枝は間引くが、その他の緑枝は残す。枯れ枝の生じやすい部位だけに、黒星病の耕種的防除を兼ね、枯れ枝の除去は毎年確実に行なっておくことが大切である。

樹冠上部ほど弱く下部ほど強く切る

頂部優勢の強いウメは、樹冠上部ほど栄養が流れやすいので、下部の第一亜主枝など下部の枝を上部の枝と同様に扱うと衰弱しやすい。第65図に示すように、下部位の亜主枝や側枝ほど上向枝を先端枝に選び、強く切り返す。逆に上部位の枝ほど水平に近い先端枝を選び、弱めに切り返す。

このように、樹冠の位置で切返し程度を調節して勢力をコントロールし、すそ枝の衰弱をくい止め、ひいては樹冠全体の均衡を保つようにする。しかし、いずれの部位でも枝の勢力が強ければ、その枝の先端枝を長く残して、弱ければ短く切り返せば、枝の勢力をコントロールできる。

このようにして、樹冠全体の勢力をコントロールすれば、常に枝は落ち着

第66図　樹冠内部の緑枝（生産枝）は長くても切り返さない

き、結実性も安定させることができる。

生産枝は切り返さない

樹冠内部に発生した緑枝（生産枝）は、少々長くてもいっさい切り返さず、第66図に示すように、交差してあっても残し、結果層として扱う。切り返した場合は、たとえ花芽が着いていても、枝の生理は栄養生長型に傾き結実は望めない。また、長く伸びていても、その年は決して切返しをせず、そのままにして結実させる。そして、二年目にその枝の勢力に応じ、ある程度の切返しをかけ、衰弱を防ぎながら結実させ、二〜三年で更新していく。これが結果層の扱い方で、こうすることによって結果量が多くなり、徒長枝になる緑枝も少なくなる。

主枝・亜主枝の分岐点近くに強い枝を残さない

第67図や第68図に示すように、主枝や亜主枝の分岐点近くおよび背面には、直上に発生する強勢な枝は決して残さない。こんな枝を残したのでは養分を奪われ、肝心の主枝や亜主枝を弱めることになりかねない。

こうした部位は、発芽時期の芽かきや、新梢が強く伸び出す五月に摘芯や捻枝を行なう。それでも強勢な徒長枝になりそうであれば、夏季せん定で必ず間引く。

第67図　主枝・亜主枝の分岐点近くには強勢な枝は残さない

強勢な枝を間引き，緑枝だけが残っている

第68図　樹の活性と骨格の安定拡大をはかり，結実を安定させる枝の扱い

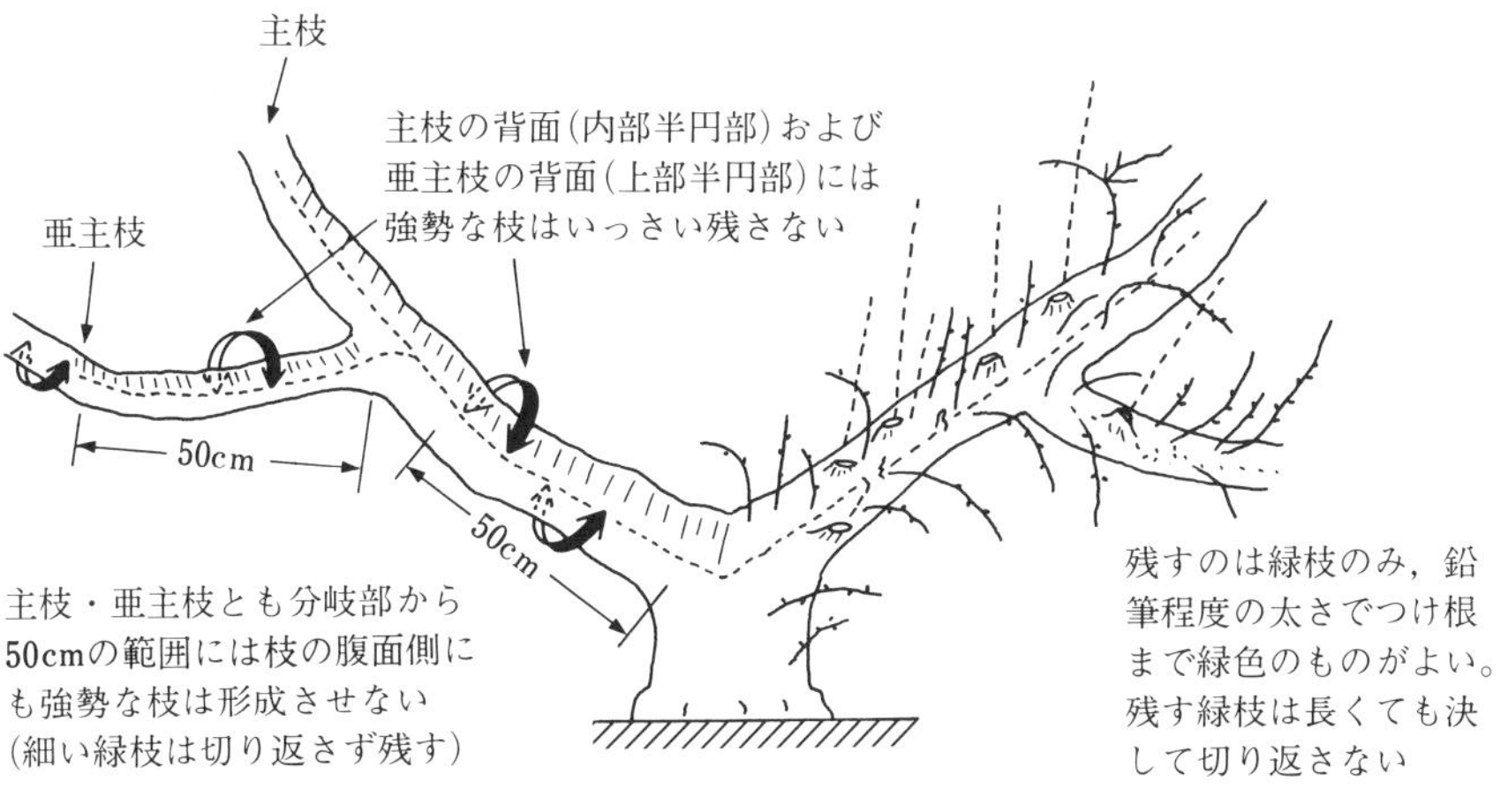
主枝
亜主枝
主枝の背面(内部半円部)および
亜主枝の背面(上部半円部)には
強勢な枝はいっさい残さない
50cm
50cm
主枝・亜主枝とも分岐部から
50cmの範囲には枝の腹面側に
も強勢な枝は形成させない
(細い緑枝は切り返さず残す)
残すのは緑枝のみ，鉛
筆程度の太さでつけ根
まで緑色のものがよい。
残す緑枝は長くても決
して切り返さない

第9表　品種のタイプと樹相の特徴，樹形と枝の扱い

タ イ プ	樹 相 の 特 徴	樹 形 と 枝 の 扱 い
南高タイプ （小粒南高 改良内田 皆平早生 小梅類）	・枝はやや開張性 ・小枝の発生多く，枝の寿命が割合長い ・骨格枝からも不定芽の発生が多く，緑枝（結果層）の形成が容易 ・成木になると骨格枝の先端は放物線状に下垂しやすい ・枝の発生が多いので内部は日陰になりやすく，結果層はすぐ上部に移行する ・枝の先端ほど掌を広げたように拡大しやすい	・枝の発生が多いので主枝は2本にして，亜主枝を3本程度配置し，内部まで光線の入るよう骨格枝の間隔を広く保つ ・枝の先端に数多く発育枝を形成するので，必ず1本にして強めに切り返す。そのほか強い枝は間引いて短い枝を残し，枝先ほど負担を軽くする ・樹冠内部からの徒長枝は早めに間引き，緑枝はいっさい切り返さず結実させる ・枝の分岐点近くには強い発育枝は残さない ・すそ枝ほど衰弱しやすいので，毎年強めに切返しをかけ，再生をはかり大切に維持する
古城タイプ （白加賀 月世界 鶯宿 梅郷）	・枝は立性が強い ・小枝の発生が少なく，長大な発育枝になりやすい ・枝は徒長しやすい反面，側枝の形成は小さい ・徒長枝（発育枝）のわき芽から発生する結果枝は割合短く，枝の横張りが小さい。また先端には2～3本の長い発育枝を形成するパターンの枝が多い ・発育枝に形成した結果枝に品質のよい大玉果をつける ・骨格の先端背面に直上枝を残すと，先端は極端に衰弱する	・主枝は3本程度にし，これに亜主枝を4～5本と南高より多めに配置する ・青年期までは骨格形成に主眼をおき，下部の骨格枝から順次結実させる ・徒長枝の発生は南高タイプより少ないが長大化しやすいので，これらの発育枝も5月に1m程度に伸長すると摘芯し，生育を抑制しておく ・摘芯した発育枝は太めでも，緑枝であれば翌年短果枝を形成し，充実して結実が安定し，大玉果をつける（長大化させると結実しない） ・側枝は結実して2～3年使えば結果部が上部に移行するので，間引き更新する ・発育枝の残す間隔は，横張りが小さいので40cm程度あれば十分光線がはいる

4 品種のタイプにあわせたせん定が必要

一般に緑枝の発生が多く、骨格枝からもよく結果枝を発生する南高タイプ（南高、小粒南高、改良内田、皆平早生、小梅類）と、発育枝の発生が多く、しかも立性で、緑枝的な枝の発生が割合少ない古城タイプ（古城、白加賀、月世界、鶯宿、梅郷）と、この二つのタイプに大別できる。

緑枝の発生が多い南高タイプ

南高タイプは、枝の発生が多いので、樹冠内部まで光線が入りにくく、結果層を厚くする樹形が理想である。主枝は二本にして、亜主枝を三～四本程度配置し、常に各骨格枝との間隔を広く保つことが大切になる。各骨格枝は毎年拡大をはかるために、まっすぐガッチリと育てる。先端は一本にして、しかも強く切り返すが、南高タイプは成木になると先端が放物線状に下垂しやすいので、必ず直上枝を選び下垂するのを立てなおしてやる。また、枝の発生が多いので、どの部位でも放置すると掌を広げたように先端が拡大するので、せん定のたびに、枝先ほど短い枝を残し、枝先の負担を軽くして枝の勢力を弱めない配慮が大切になる。

もう一つの配慮は第68図にも示したが、各骨格枝の発生基部から五〇センチくらいの範囲には決して強勢な枝を残さないことである。多収性品種であるために、ただでさえ結果期間中果重で先端部が下垂しやすいのに、これらの付近から強勢な枝が伸びたのでは、それらに養分を吸い取られ、ますます衰弱させることになりかねない。側枝群をガッチリ支える強さが維持できるような骨格に育てる整枝が要求されるわけである。

また、樹冠内部への採光を常によくするために、徒長枝の間引きと側枝の短縮とが必要で、これらは冬季せん定ばかりでなく、五月の捻枝や摘芯、さらに樹勢を見極め夏季せん定で処理しておく必要がある。

このほか、第一亜主枝など樹冠下部の枝は衰弱しやすく、第65図に示したように下部ほど強めの切返しに心がけ、衰弱させない配慮が、特にこのタイプの品種群には必要である。

太めの発育枝が伸びる古城タイプ

古城タイプでは、骨格枝の背面から比較的太めの発育枝が発生し、南高タイプのような、次の年に実を結ぶような細い緑枝の発生は少ない。この発育枝の先端をやや弱く切り返しておくと翌年わき芽から短果枝が出ると同時に、

第69図　品種のタイプと整枝・せん定のちがい

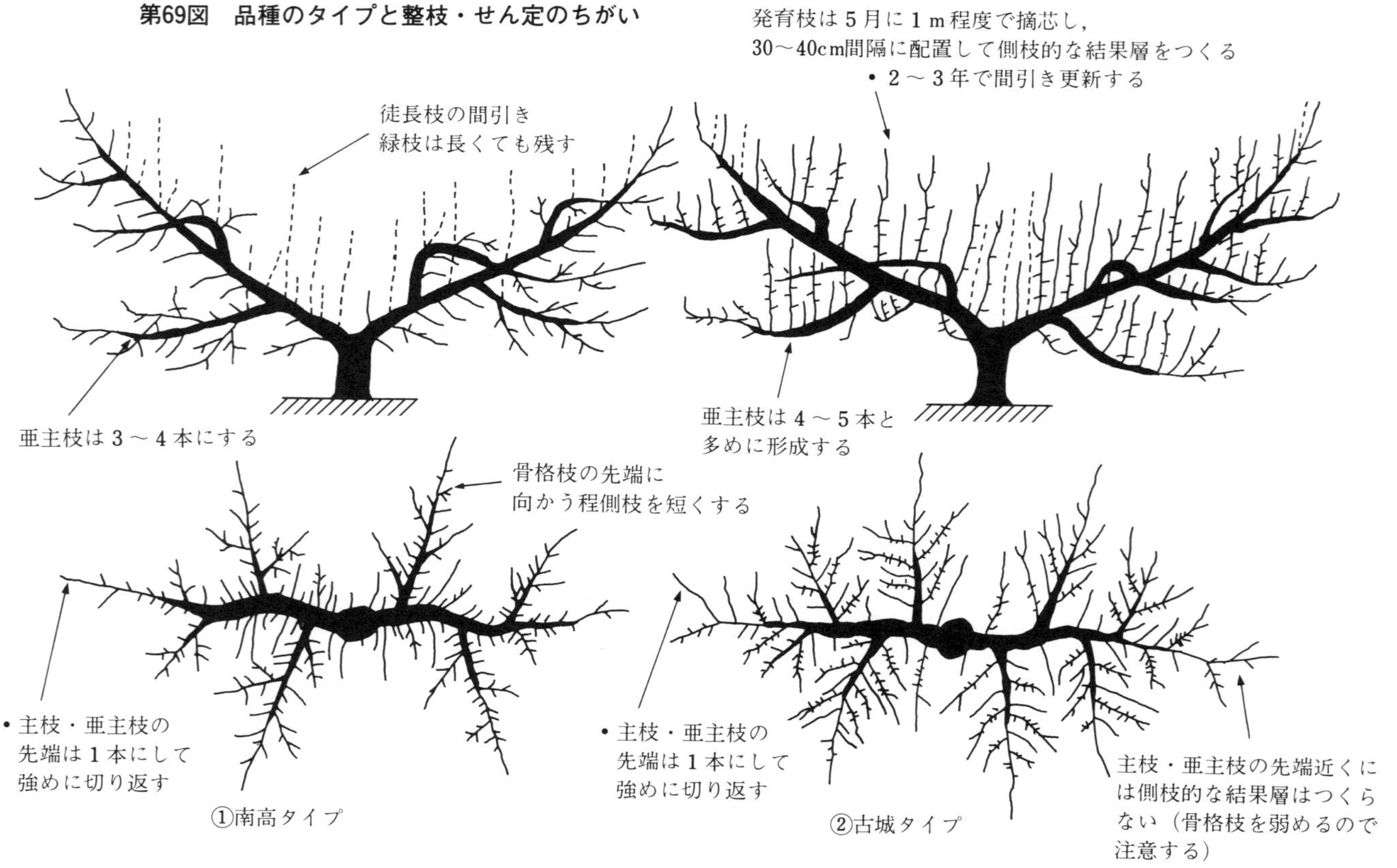
徒長枝の間引き
緑枝は長くても残す
亜主枝は3～4本にする
発育枝は5月に1m程度で摘芯し，
30～40cm間隔に配置して側枝的な結果層をつくる
• 2～3年で間引き更新する
亜主枝は4～5本と
多めに形成する
骨格枝の先端に
向かう程側枝を短くする
• 主枝・亜主枝の
先端は1本にして
強めに切り返す
①南高タイプ
• 主枝・亜主枝の
先端は1本にして
強めに切り返す
主枝・亜主枝の先端近くには側枝的な結果層はつくらない（骨格枝を弱めるので注意する）
②古城タイプ

先端二〜三芽から発育枝を伸ばす程度で、枝の横張りは割合小さい。主枝を二〜三本程度、亜主枝もやや多く四〜五本とり、これに立性の側枝を数多くつける樹形が合理的で、側枝には短果枝をたくさんつけるが、横張りが小さいので、側枝数もそれだけ多くおくことができる。

結果枝の横張りが短いので、樹冠内部への受光も十分確保できる。

側枝は二〜三年使うと長大化し、結果層が上部に移行するので、早めに間引き更新をかけ、充実した発育枝を毎年伸ばし、新鮮な側枝におきかえてやる整枝がよい。しかも、これらの品種群では、間引いた切り口周辺からの発芽数が少ないのが特徴で、充実した発育枝の確保が容易である。

このように、立性の側枝群をたくさんつけるので、これを支える主枝・亜主枝は幼木時代からガッチリ形成しておかないと、どれが主枝であるのか亜主枝であるのか、区別のつかない樹形になりかねない。それを防ぐには、南高タイプ同様、若木時代は骨格形成を主体に考え、発育枝の数を制限（間引く）し、骨格の形成を優先することが、樹形づくりのコツである。

毎年老化した側枝を更新するため、新鮮な発育枝を発生させるが、注意したいのは太く長大化することである。長大化した発育枝が多く出ると、樹全体が栄養生長型になり、花は咲いても結実がわるくなってしまう。五月中旬ごろになると発育枝は一メートル程度に伸びるので、このころ強い発育枝は摘芯して長大化を防ぎ栄養生長をコントロールすることが必要である。こうすることによって、適度な強さにそろった発育枝が確保でき、翌年には充実した結果枝をつけた側枝になる。こうして毎年結実性の優れた側枝群を維持していくのである。発育枝を長大なままにしておいたのでは、樹相が乱れるし、結実の少ない強勢樹に変身してしまう。

5 合理的なせん定のすすめ方

せん定は順序に従って行なう

せん定の手順は次のように行なうのが合理的である（第70図）。

①樹形を乱す徒長枝の除去

まず、骨格枝を弱め衰弱させる徒長枝、主枝背面や亜主枝の分岐点近くに発生した強勢な枝はすべて除去する。次の作業もやりやすくなる。

②骨格枝の先端を一本にして強く切り返す

各主枝・亜主枝の均衡を考慮して伸

第70図　せん定の順序

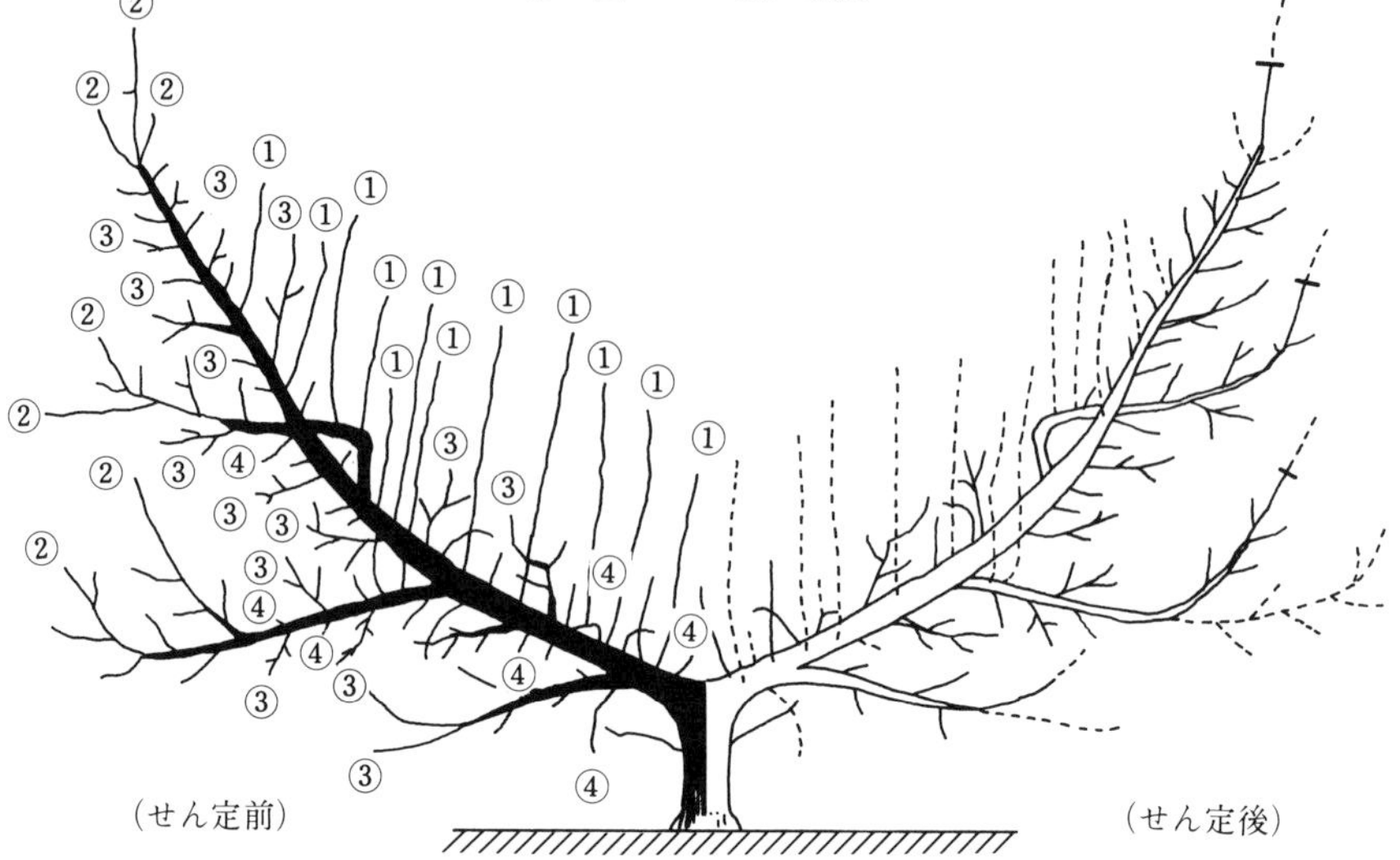

①……徒長枝（発育枝）の処理
②……主枝・亜主枝の先端の整理
③……すそ枝の処理
④……老化枝，枯れ枝の整理

長方向を判断する。先端枝が下垂ぎみであれば、上向枝を選んで（第71図）強めに切り返し、立性の方向であれば、ゆるやかな外枝を選び（第72図）やや弱く切り返す。

③側枝は亜主枝より強くしないよう整理

側枝は下垂ぎみで老化していれば上向枝のところで切り返して若返りをはかる。

一方、側枝が拡大して亜主枝と競合していることもよく見かける。亜主枝の背面から上向枝として伸びていることが多く、亜主枝を負かす枝になりやすい。亜主枝が健全であれば早めに間引くが、亜主枝が下垂ぎみで衰弱傾向にあれば、これに切り換えて亜主枝を若返らせる。

また、下位の側枝で衰弱傾向にあればやや強めに切り返し、樹冠全体の勢力の均衡を保つようにする。

第71図　枝が下垂ぎみであれば上向枝を残す

第72図　枝が立性の方向であれば外枝で

第73図　亜主枝背面からの枝は放置しない

放置するとこのように大きくなり亜主枝を負かす。枝元から間引く

第74図　亜主枝を負かす側枝の扱い

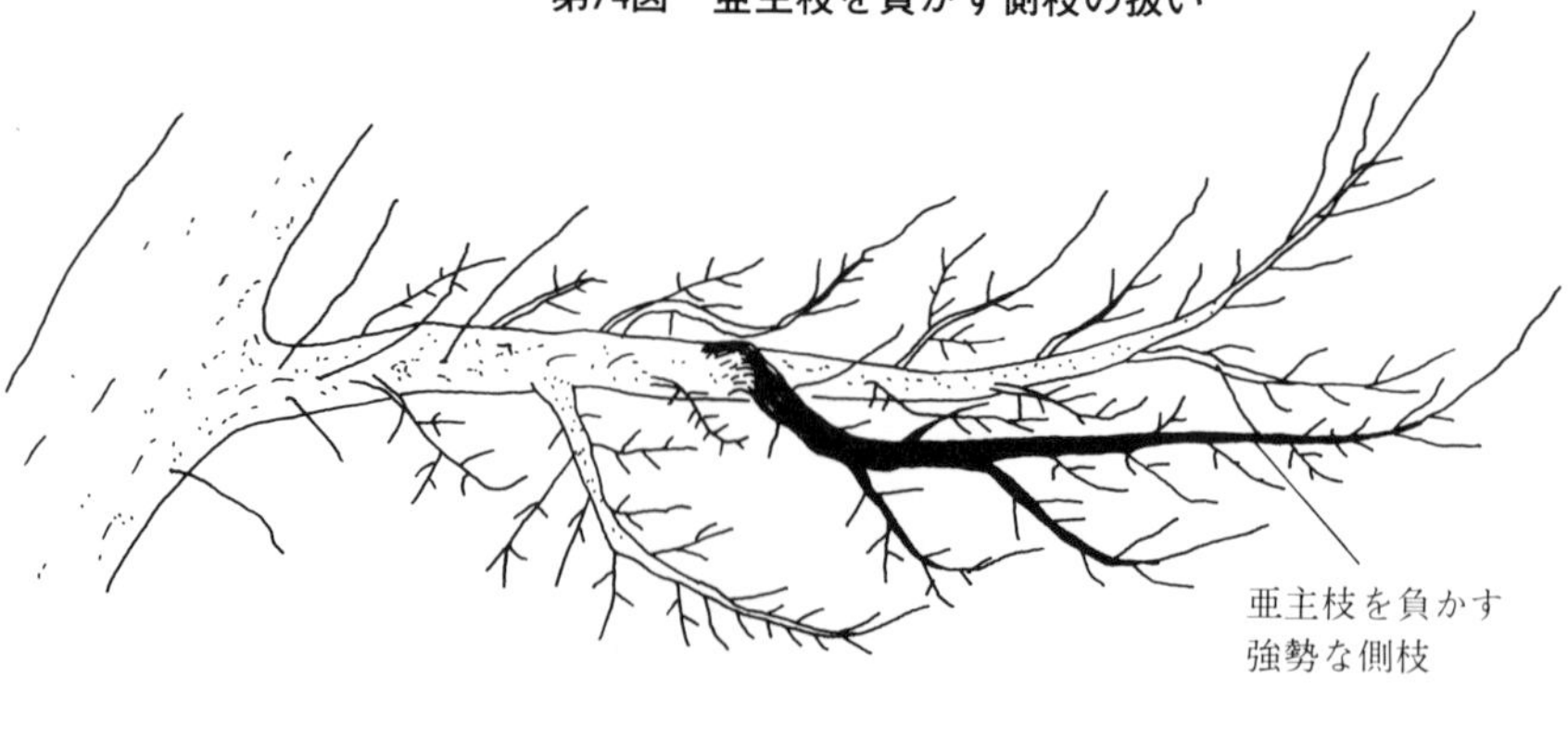

亜主枝の背面から伸びた亜主枝を負かす強勢な側枝は，早めに
間引くか，元の亜主枝が衰弱ぎみであればこれに切り換える

④結果層の老化枝の切返しと枯れ枝除去

側枝についている結果層で、結実とともに毎年短果枝を発生させるような弱いものは、灰黒褐色化して老化していれば第75図に示すように切り返して

第75図　側枝から発生している下垂ぎみの結果層の切返し

毎年短果枝を発生させる弱い枝は切返して若返りをはかる

第76図　間伐の必要な密植園

枝が重なりあって，下部が日陰になり結果部が樹冠上部だけになり，収量が上がらないだけでなく作業性がわるいし，樹の老化も早い

第77図　間伐のやり方

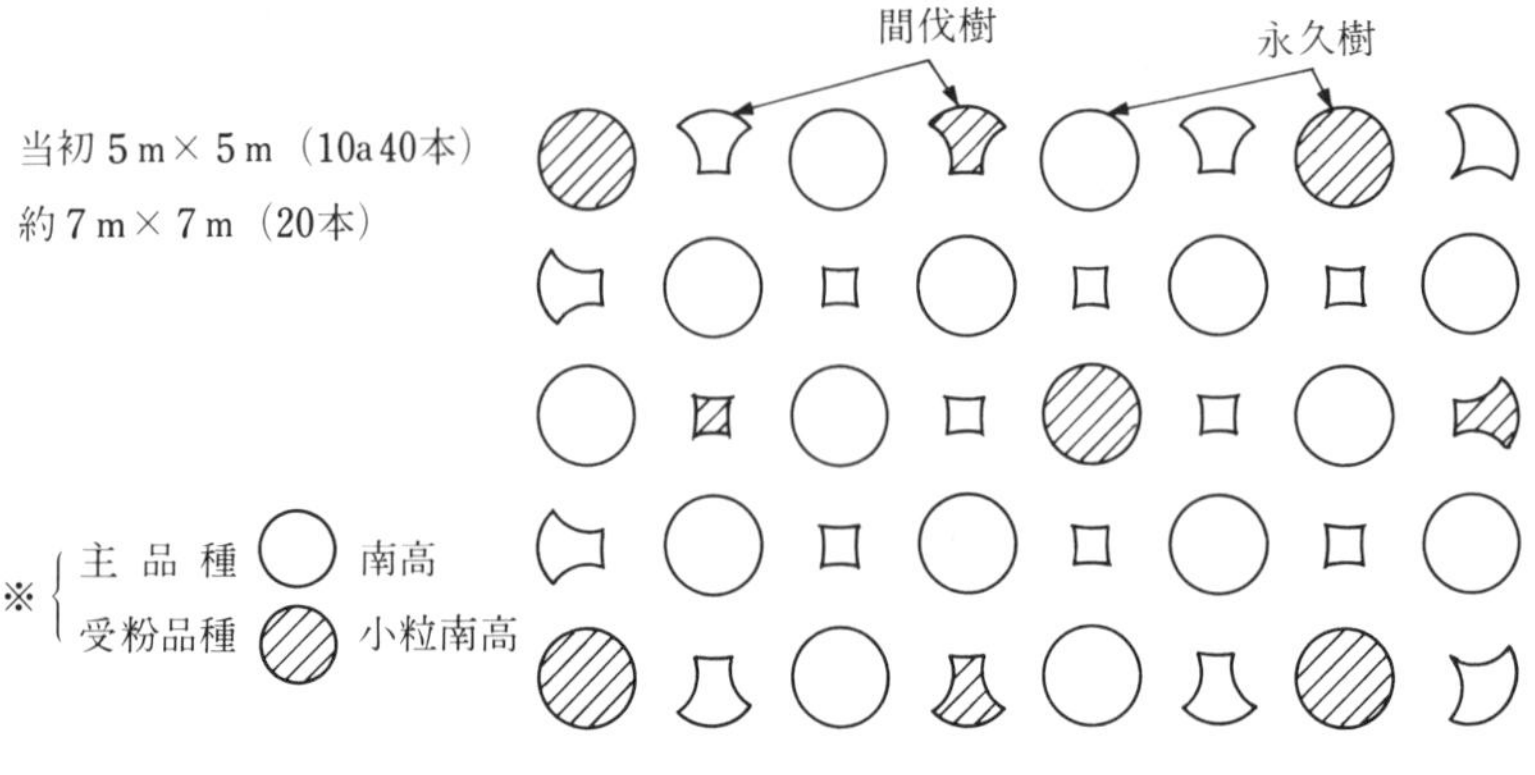

若返らせる。

また、樹冠内部やすそ枝など日陰になりやすい部位では、どうしても枯れ枝が多く、黒星病の発生源になるので必ず除去しておく。

密植園や込み合った園ではまず間伐

当初地力に応じた樹冠距離を想定し、定植しても、予想より樹冠の拡大が大きく密植になっている園地が意外に多い。

密植園は、樹間距離が五メートル×五メートル（二五平方メートルに一本）前後の場合が多い。まだまだ樹齢が若く将来見込みのあるウメ園では第77図に示すように縮伐してから、二～三年で間伐し七メートルくらいに広げる。

残された永久樹は周囲からの採光が改善されるので、樹冠外部、すそ枝部は徒長枝の誘引など工夫すれば数年で再生し、しだいに収量も増加し、品質も向上してくる。

耐陰性の弱いウメだけに、せん定以前の課題として、密植園では縮伐・間伐を優先し、思い切った処置を講じたい。ただし、樹齢が二〇年生に近い場合は、思い切って改植するのがよい。

上手な切り方と切り口の保護

癒合を早める切り方と切り口の保護

太枝や徒長枝の間引きでは、切り口の基部を残さないよう、第78図のように切除して、太枝には必ず癒合剤か水性ボンドを塗布する。

また、主枝や亜主枝の先端を切るときは、第79図に示すように〇・五～一センチ程度基部を残すと、残した枝の折損を防止することができる。しかし、それ以外の間引きせん定などでは、決して基部を残さない。

ノコギリ、ハサミの正しい使い方

第79図　主枝，亜主枝の先端は0.5〜1.0 cm基部を残し枝さけを防ぐ

第78図　太枝や徒長枝は基部を残さないよう切る

第80図　ハサミとノコギリの正しい使い方

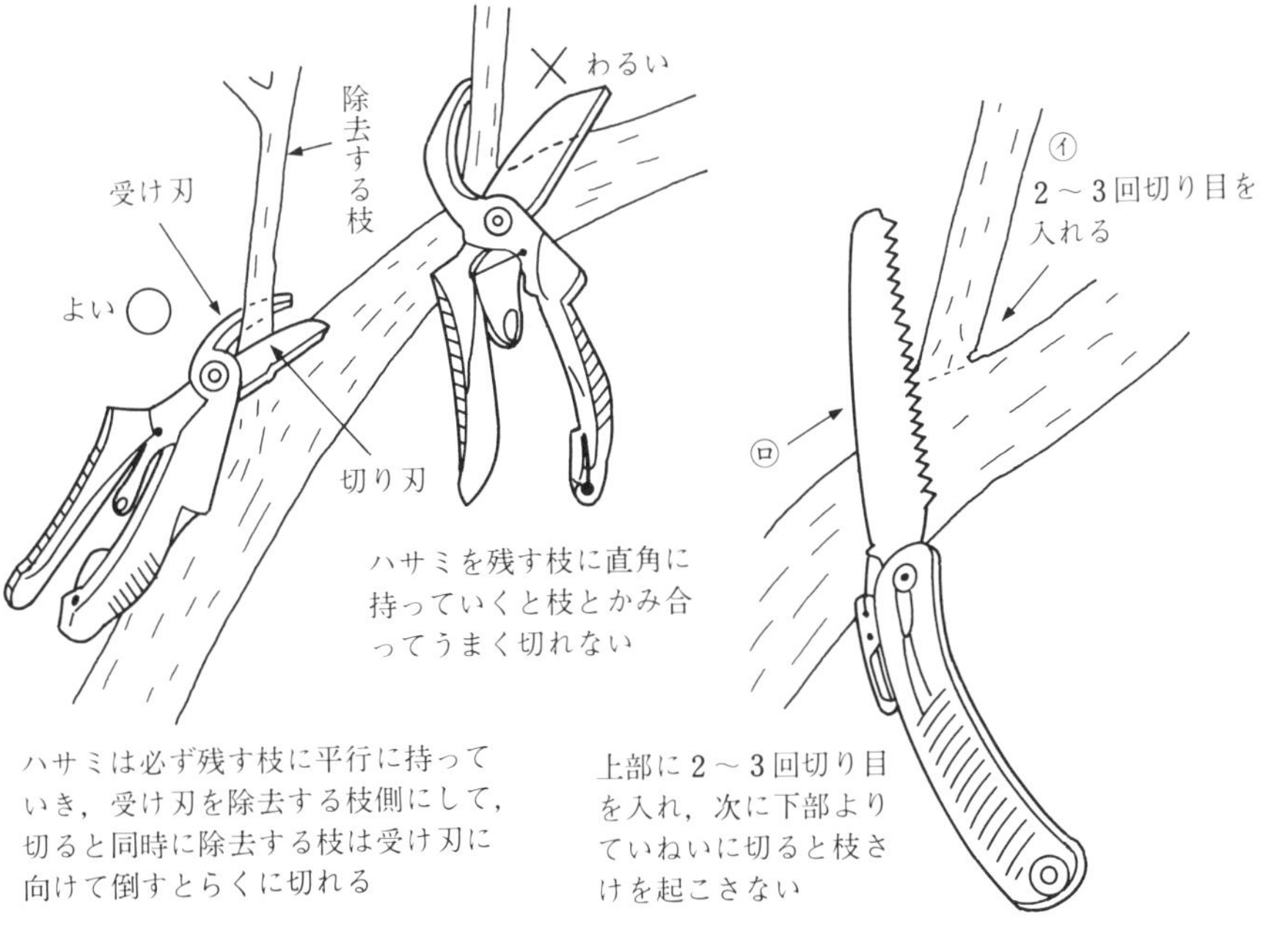

除去する枝
受け刃
よい ○
切り刃
× わるい
ハサミを残す枝に直角に持っていくと枝とかみ合ってうまく切れない
ハサミは必ず残す枝に平行に持っていき，受け刃を除去する枝側にして，切ると同時に除去する枝は受け刃に向けて倒すとらくに切れる
㋑
2〜3回切り目を入れる
㋺
上部に2〜3回切り目を入れ，次に下部よりていねいに切ると枝さけを起こさない

第81図　２本主枝開心自然形の仕立て方

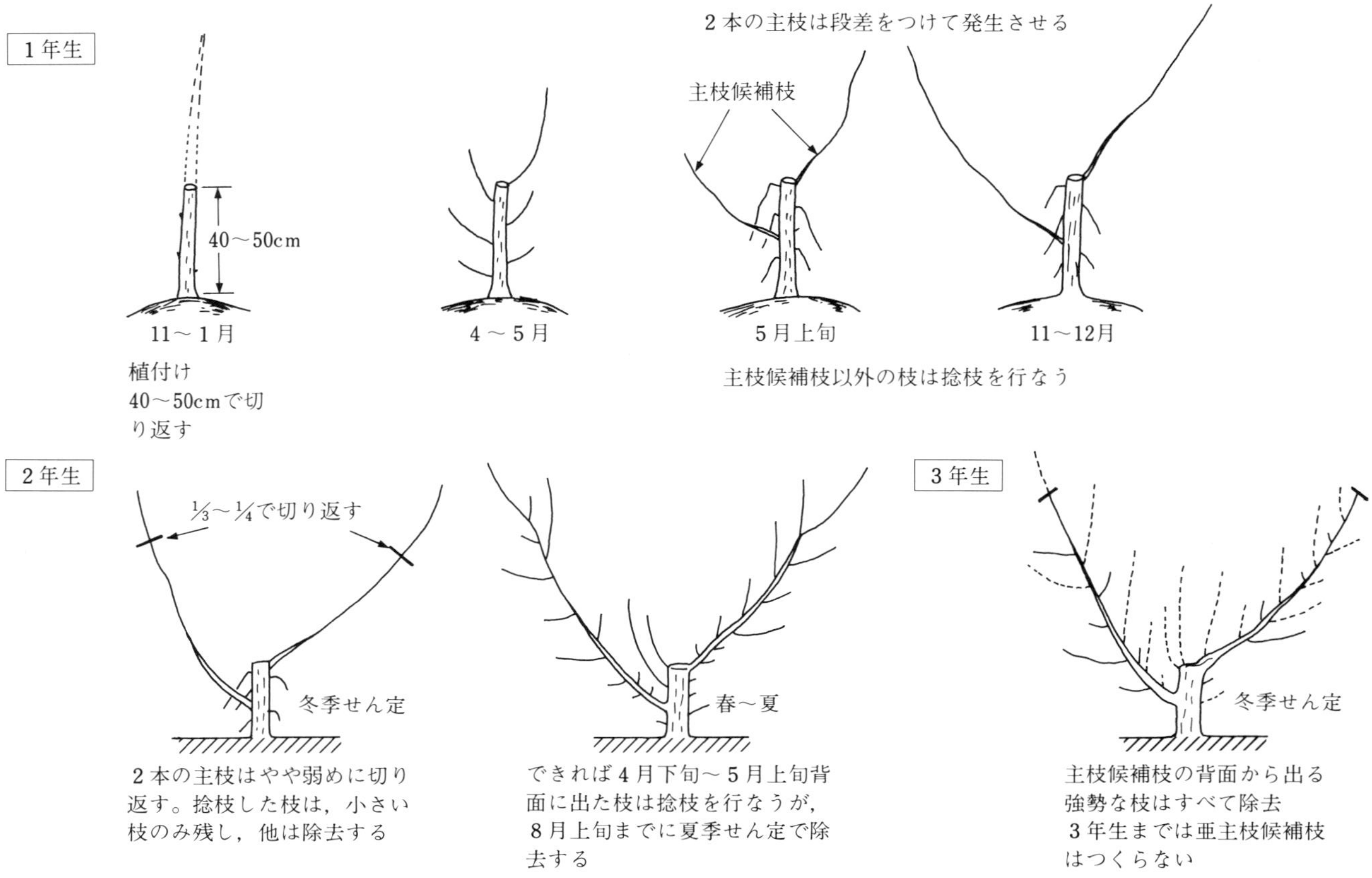

１年生
40～50cm
11～１月
植付け
40～50cmで切り返す
４～５月
２本の主枝は段差をつけて発生させる
主枝候補枝
５月上旬
11～12月
主枝候補枝以外の枝は捻枝を行なう
２年生
⅓～¼で切り返す
冬季せん定
２本の主枝はやや弱めに切り返す。捻枝した枝は，小さい枝のみ残し，他は除去する
春～夏
できれば４月下旬～５月上旬背面に出た枝は捻枝を行なうが，８月上旬までに夏季せん定で除去する
３年生
冬季せん定
主枝候補枝の背面から出る強勢な枝はすべて除去
３年生までは亜主枝候補枝はつくらない

第1亜主枝候補枝は4年目に出芽した側枝〜外側枝から選び，主枝と格差をつける

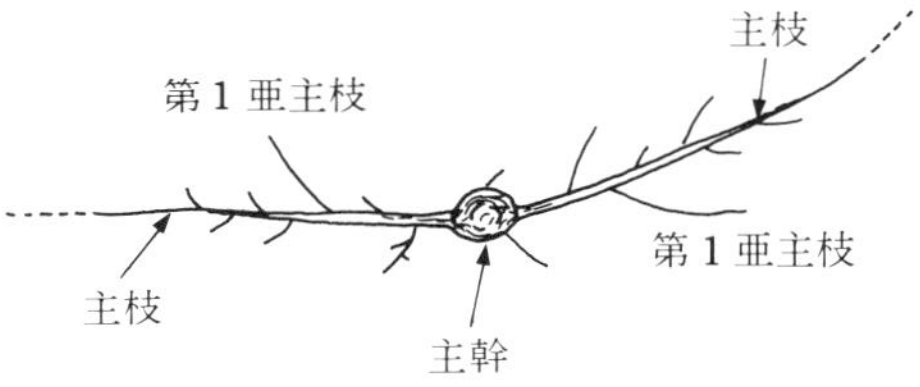

〈樹齢と亜主枝数の目標〉

4年目………1本目（第1亜主枝）
5年目………2本目
6年目………3本目
7〜8年目……4本目

4年生

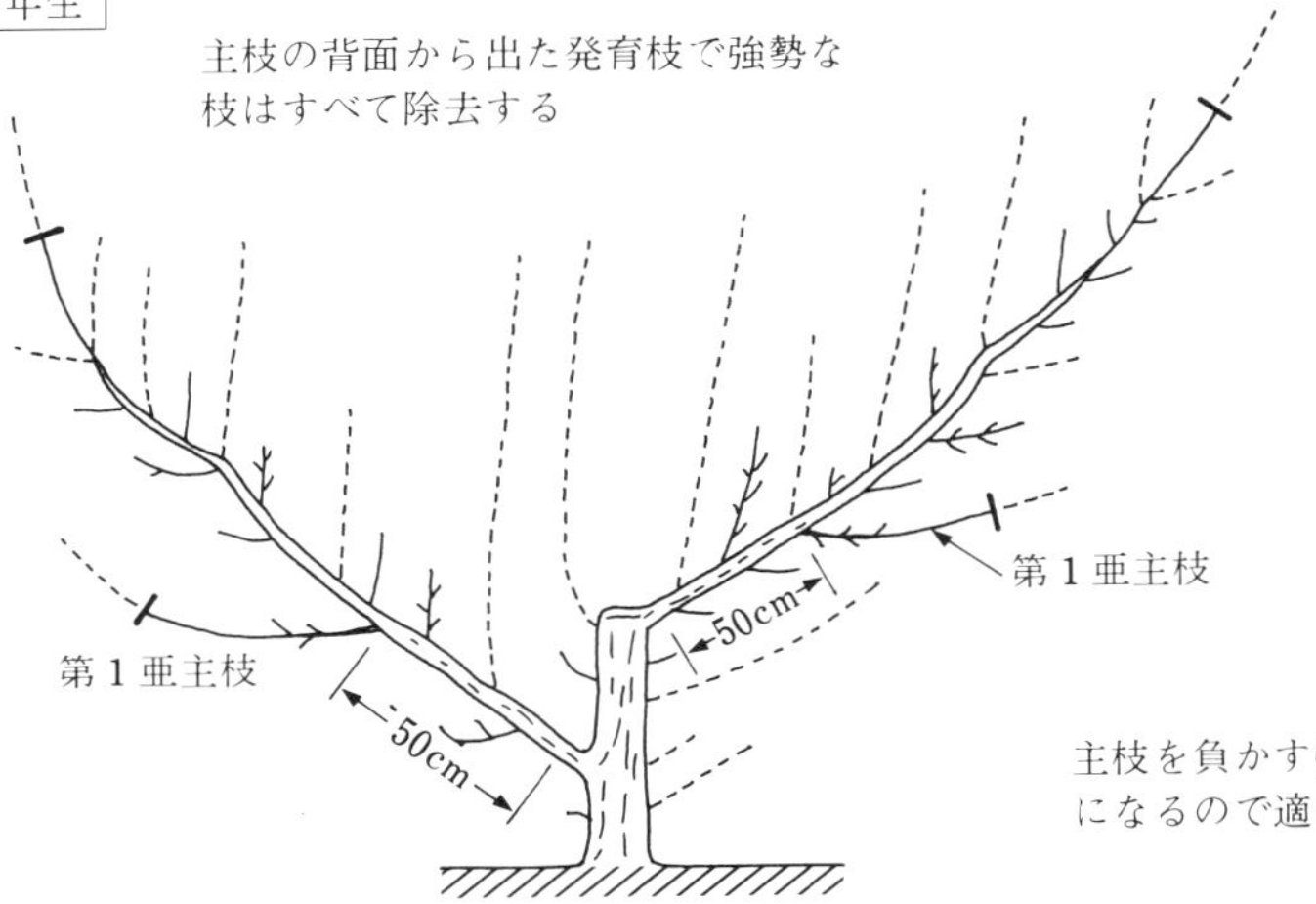
冬季せん定
--------枝は除去枝

亜主枝の発生位置

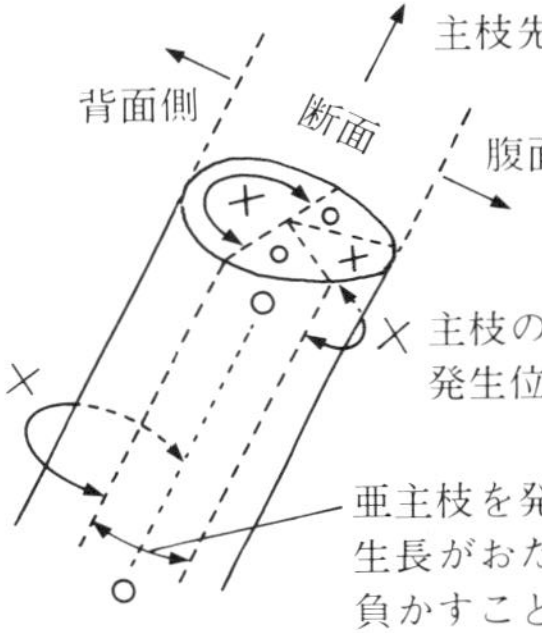
主枝先端
腹面側
主枝の陰になり亜主枝の
発生位置として適さない
主枝を負かす強い枝
になるので適さない
亜主枝を発生させる位置
生長がおだやかで主枝を
負かすことなく生産性が高い

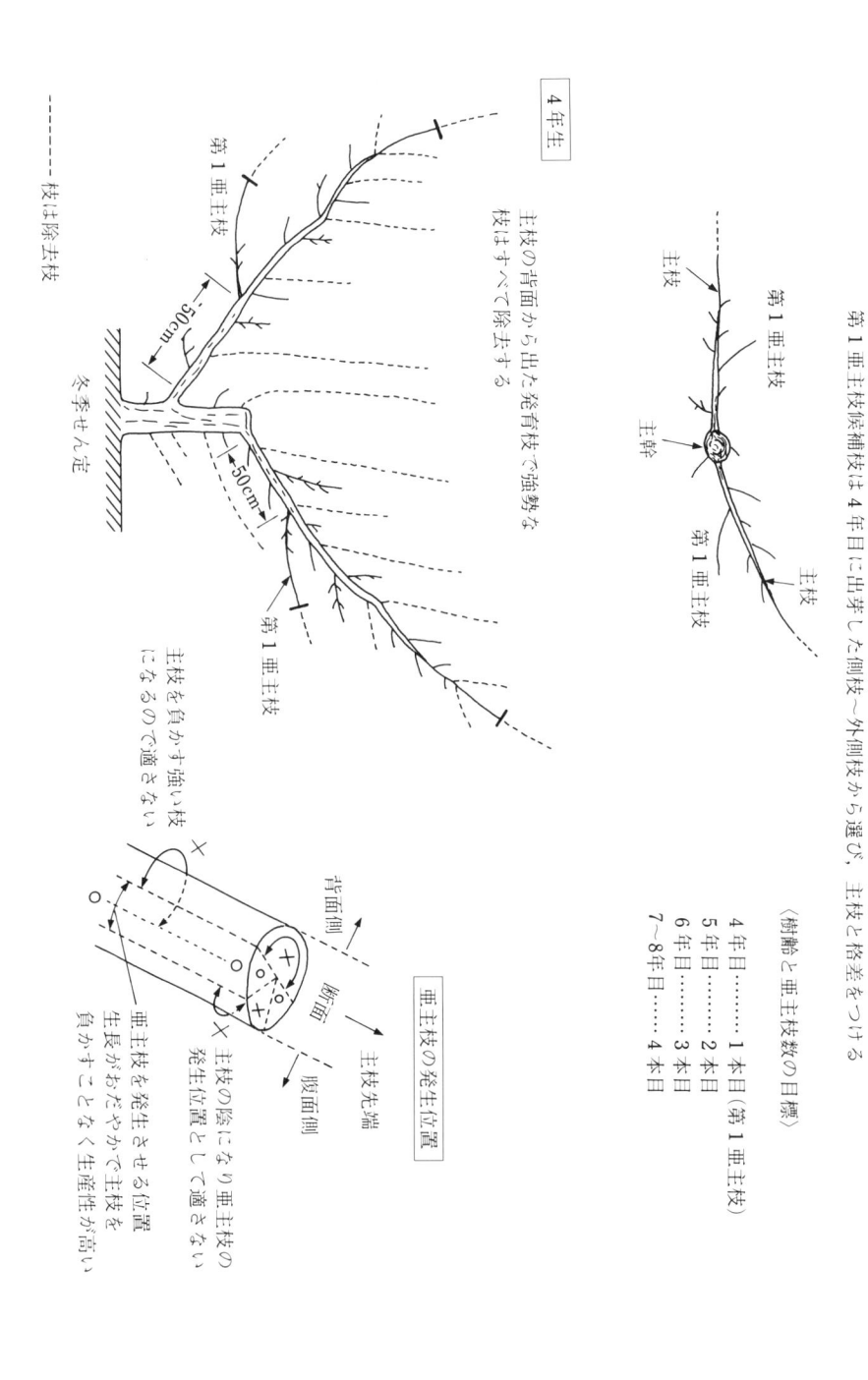

ノコギリ　必ず枝の上部に二～三回切り目を入れてから、下部よりていねいに切りとる。太枝の切除には、あらかじめ小枝を先に整理するか、五〇センチ程度先の位置で仮切りしてから切ると折損を防げる。

ハサミ　ハサミは残す枝に平行にもっていき、必ず受刃が除去する枝側にくるようにする。切ると同時に受刃に向けて枝を倒すとらくに切れ、かつ切り口がきれいで、ハサミの刃をいためない。

6 新植からの仕立て方とせん定

幼木の仕立て方（四年生まで）

一年目　第81図に示すように、四〇～五〇センチ程度に切り返して定植する。新梢の発育が旺盛になる五月上旬には、勢力の強い新梢から主枝候補枝二本を一五センチ以上離して選び、他の新梢は晴天日の午後、枝がしなやかになったころ捻枝する。朝夕や雨後に捻枝するのは、新梢がみずみずしく折損するので避ける。葉が一五枚程度ついていれば捻枝に十分耐えられるが、これ以下の枝は後日にまわす。

肥培管理がよければ、秋には二本の主枝候補枝はともに一メートル以上に伸長する。冬季のせん定で、二本の主枝候補枝とも強ければ四分の一、弱ければやや強く三分の一程度に切り返す。また、五月に捻枝した枝は、長いものは基部から間引き、短い枝だけ残す。

二年目　五月上旬になると主枝背面から出芽した枝は勢力が強くなるので、放置せずに五月に捻枝する。この処理が遅れた場合は早めに夏季せん定を行なう。また、その年の冬季せん定では、主枝背面に残った強い発育枝、および主枝から樹冠外側に向けて伸びる枝でも強い枝はせん除する。主枝先端は四五～五〇度にまっすぐ伸ばす方向の枝を選び、一年目の冬季よりやや強めに、伸長量の三分の一～二分の一程度切り返す。

三年目　二年目同様、樹冠内部の主枝背面より直上に伸びる内部枝および樹冠外に向けて伸びる外部枝ともに、強い枝は間引き、主枝も先端は必ず一本にしてやや強めに切り返しガッチリ育てる。

四年目　樹冠内部の背面から伸びている枝は、これまで同様に五月に捻枝か摘芯するが、冬季には主枝分岐部より五〇センチくらいのところから第一亜主枝候補枝を、第22図に示すように斜め外方向に選び、伸長枝の三分の一～二分の一程度のやや強めに切り返しておく。伸ばしたい位置に候補枝がな

第10表　樹齢別整枝・せん定の目標と方法

樹齢／せん定	幼　木（4年生まで）	青　年（5～10年生）	成　木（11～20年生）	老　木（20年生以上）
目　標	・主枝の確立 ・樹冠の拡大 ・結果枝の確保	・亜主枝の配置と形成 ・結果枝の確保 ・成りぐせをつける ・収量を徐々に増加	・主枝・亜主枝の先端は強く伸ばす ・側枝の更新	・主枝・亜主枝の先端を強く保つ ・側枝の更新
程　度	弱め	やや強め	中	強く
方　法	・捻枝(4/下～5/上) ・誘　引 ・徒長枝の間引き(7/下～8/下) ・冬季せん定	・骨格枝の切返しでガッチリ育てる ・老化した枝の間引き ・捻枝(4/下～5/上) ・強勢樹の夏季せん定	・切返しと間引きを適度に組み合わせる ・強勢樹の夏季せん定 ・枯れ枝の除去	・切返しを主体に，樹冠内部で大きくなった枝は間引く ・冬季せん定を主体に行なう

ければ翌年まで待ち、決して目標にかなった部位以外からは枝を選ばない。一～二年遅れても待ってつくる気持が、理想的な樹形づくりのポイントである。

青年期の仕立て方とせん定（五～一〇年生）

二本の主枝をガッチリと拡大をはかりながら、この年代から毎年亜主枝をつくる。そして、つくった主枝・亜主枝の背面から伸びる発育枝は、五月に展葉一〇～一五枚前後になったら摘芯か捻枝を行ない、大切な骨格枝を弱めず、また養分の浪費を最少限にくいとめるよう配慮する。

第一亜主枝では、左右に側枝をつけるが、弱勢な側枝は切り返して拡大をはかる。緑枝であっても側枝の背面から直上する枝は、短果枝や極細い緑枝以外は間引く。こうして、亜主枝を軸に両側の側枝のバランスをとりながら育てる。また、側枝・亜主枝の先端は必ず一本にして、上向枝で三分の二～二分の一に短縮して強めに切り返すことも忘れてはならない。

この樹齢にはいると、骨格の拡大とともに、ふところ枝や樹冠下部の側枝群を中心に結実させる。太めの側枝は間引くが成りぐせをつけるために箸程度の細い緑枝は長くても切返しをせず、成らせてから冬季せん定で適度に切り返し、二～三年で新鮮な緑枝に更新しながら、毎年収量を高めていく。また、そのためには主幹部まで周年光線のは

第82図① 放任樹の改造

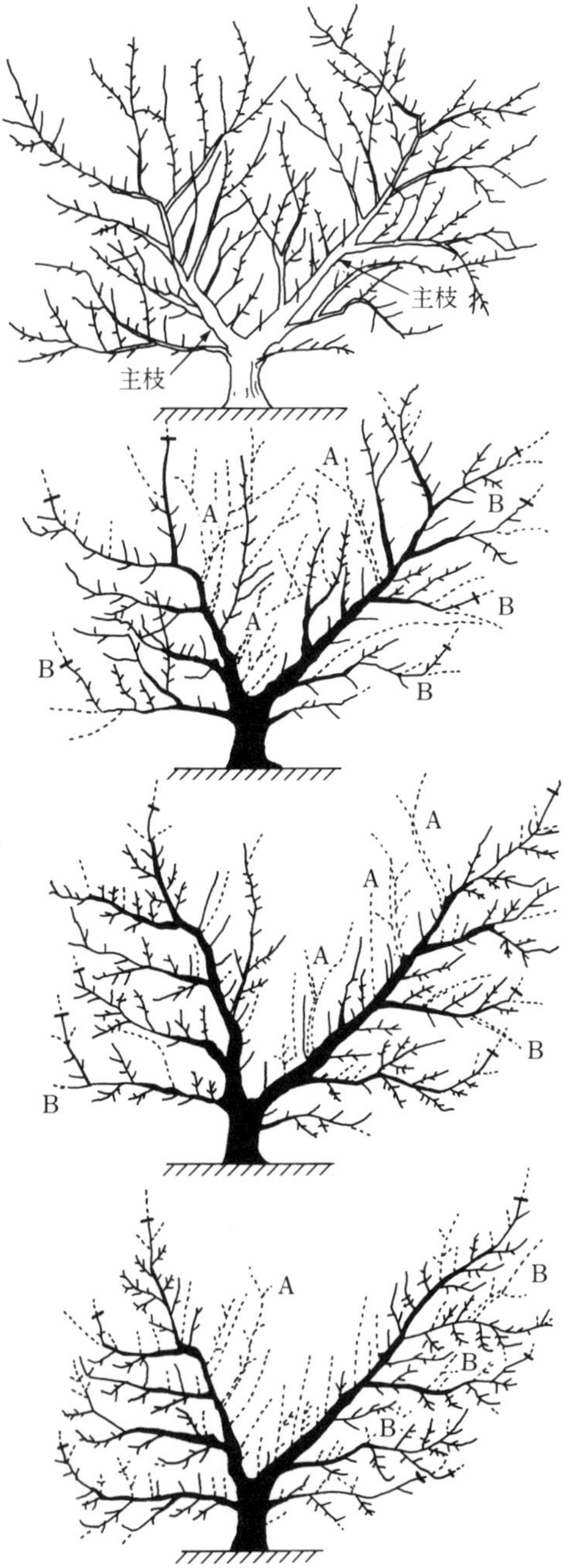

〈放任樹(せん定前)〉

○内部枝が乱立してふところ部が陰になり，枯れ枝が多く結果層は上部に移行している

○主枝先端は同年枝で競合してどれが先端か区別がつかなくなっている

〈樹形改造１年目〉

○まず樹冠内部を陰にしている内向枝の間引き（一度に間引かず３～４年かけて）を行なう(A)

○亜主枝候補枝を決め，先端を１本にして切り返す程度にとどめる(B)

○枯れ枝は残さずていねいに除去する

〈樹形改造２年目〉

○段階的に間引く内向枝を除去し，ふところ部への採光をはかる(A)

○骨格(主枝，亜主枝)の先端から強い発育枝がみられるので，上向枝を１本残しやや強めに切り返す

○内部の採光がよくなり内向枝の間引き跡および主枝背面から枝が多数出るが，直上に伸びる太枝のみ除去し，緑枝は長くても切り返さずすべて残す

○長く伸びすぎた亜主枝やすそ枝は切返しをかけ短縮しておく(B)

〈樹形改造３年目〉

○段階的に間引く長大な内向枝の間引き(A)

○亜主枝を負かす長大化した側枝の間引き(B)

○主枝背面から直上に伸びる徒長枝は除去する。樹冠内部に発生した緑枝は長くても切らず残し，結果層の充実をはかる

○主枝，亜主枝の先端は上向枝を１本残し，やや強めに切り返しておく

○すそ回りの側枝の切返しと枯れ枝の除去を行なう

○改造３年目になると収量も増加し，理想的な樹形に近づいてくる

第82図② 放任樹の改造

1) 放任樹（せん定前）

2) 樹形改造１年目

いる空間を確保することも大切になる。

古城タイプの品種も、青年期は南高タイプに準じ、骨格形成を主眼におくが、第一亜主枝では背面から直上に伸びる枝は五月に摘芯して、緑枝程度に生育を制限した発育枝を三〇～四〇センチくらいの間隔をおきながら残す。そして結実させては交代させるというように、短年度で更新しながら成りぐせをつけていく。亜主枝を弱めない配慮は南高タイプと同様に行なう。

成木以降は、第10表の目標と方法でせん定するが、具体的にはこれまでに述べたように品種のタイプや樹勢にあわせながら行なう。

放任樹の樹形改造は三～四年計画で

一年目　放任樹は骨格の区別のつかない樹が多いので、まず樹冠内部を陰にしている内向枝の間引き作業から始め、三～四年計画で再生をはかる。内向枝も一度に間引くと強せん定になり、逆に骨格枝先端の勢力を弱めるので、一年目は第82図②―2)のように内部に光線を入れる程度にしておく。

次に骨格らしい枝を、主枝、亜主枝候補に選択し、その先端は強めに切り返しておく。これらの枝の内部にも光線が入るよう、背面の上向枝を間引いて切り口周辺から不定芽を出させ、新鮮な緑枝を発生させる。また、内部の枯れ枝も整理し、太枝の切り口には接ぎロウを塗布しておくことも忘れない。肥培管理面では、やや増肥して栄養生長を盛んにして、目的にかなう各部位の新梢の発生をうながす。

二年目　段階的に間引く予定で残しておいた日陰にしている枝を間引く。採光が改善されると不定芽から発育枝が伸長してくるので、五月に一五葉程度で摘芯や捻枝をして、緑枝程度の強さの発育にとどめ、翌年には結果層として再生をはかるようにする。

一方、一年目に切り返した骨格候補枝の先端から強い新梢の発生がみられるので、上向枝を選び、先端は一本にしてやや強めに切り返し、骨格枝をガッチリつくる。

これ以外の新梢は、この段階では背面の直上枝以外は間引かず、強いものは摘芯、捻枝などを加えて生かしていく。そして、少々乱れても冬季せん定ではいっさい切り返さず、翌年の結果枝や側枝として結果層の拡大に活用することがポイントになる。

三年目　亜主枝を負かす長大化した側枝の間引きや、切返しを行ない、亜主枝より強くならないよう調整して、側枝らしく内部結果層の充実再生をはかる。

このように三～四年計画で主枝数を二～三本に制限し、その拡大を中心に、ふところ部に光線を入れ、長大化した側枝群の間引きと切返しによって、主枝は主枝らしく亜主枝は亜主枝らしくランクのある枝構成にしてやれば、しだいに樹は落ち着き、結実量も増加してくる。

　このように、放任樹は決して急がず、強せん定にならないよう、三～四年をかけ、整枝することが大切である。

太枝の切り口には必ず癒合促進剤を塗布

　放任樹では、樹冠内に発生した側枝は太くなっている場合が多く、これらの太枝は三～四年かけて間引くことになる。樹齢がすすんでいるだけに、間引き枝の切り口が大きく、そのまま放置すると、樹冠内部の採光が改善された分、骨格枝に直射日光が当たり、乾燥して切り口周辺の樹皮部をいためやすい。

　第83図の左に示すように、放置すると癒合が遅れ、樹液流動もわるくして樹勢を弱める場合が多い。

　太枝の間引き箇所には、必ず木工ボンド等を塗布し、切り口の癒合を促進することが大切である。

　第83図の右は、木工ボンド塗布一年後の状態であるが、カルス形成も旺盛で、早くも切り口周辺から不定芽の発生もみられ、樹冠内部の結果層の再生を容易にしてくれる。

　このように放任樹のせん定では、切り口には必ず癒合促進剤を塗布しておきたい。

第83図　放任樹の切り口には必ず癒合剤を塗布

放置した場合は切り口の癒合がわるく日焼けで樹皮をいためることになる

木工ボンド等の塗布で切り口の癒合が促進され周辺には不定芽が発生して内部枝（結果層）の再生も早い

第5章 開花期から結実期の作業

1 この時期の生育と作業のポイント

第11表①、②参照

2 確実に受粉させる

ミツバチを上手に使う

ウメの安定生産に欠かすことのできないポイントの一つに、交配の立て役者ミツバチの活躍がある。

寒いウメの開花期に効率よく交配活動のできるものは、ミツバチ以外にはほとんどいない。

栽培面積に対する巣箱の数や、置く場所が適切でないと効果が十分発揮できないので、ミツバチの特性を生かした巣箱の設置が必要である。ミツバチの活動には、晴天から薄日のさす明るい日で、気温一二～一四℃程度以上、風速四メートル以下でむしろ無風の日が望ましい。こうした条件のうち一つでも欠けると、ミツバチは活動してくれない。

しかし開花期間中、このようにミツバチの活動に恵まれた日は限定される。そのため、特にウメでは、巣箱の数や置く場所について十分な配慮が必要になる。

巣箱は園地の最下段に置く

巣箱は一〇アール当たり二箱程度が一般的だが、多いほど効果的なのはいうまでもない。

設置場所は、平地の場合、北風を受けない日だまり的な場所を選ぶ。巣箱の出入り口を南向きにして、二箱以上、しかも隣接させ、できれば地域で話し合って集団で設置するほうが、より効果的である。これは、巣箱ごとのライバル意識が働き、テレパシーでお互いに競い合って蜜を集める習性があるからだといわれている。

第11表①　ウメの生理生態からみた管理ポイント

管理ポイント		1月（上・中・下）	2月（上・中・下）
生育と生理	・貯蔵養分消費		
	・花器の充実開花	蕾期  ゆっくり完成したい	
	・暖冬で開花期前進	・7～ 8.5℃が7～10日積算すると開花（開花が早いと不完全花増加）	
	・根の伸長期	パイオニアルート発根（白根）	細根伸長開始
	・養水分の吸収		養水分吸収活発化
管理のポイント	・開花はおそいほうがよい		・開花がおそいと活動根の確保が十分できる
	・弱せん定は発根量を少なくする	・せん定は適度か，もう一度見回ること	
	・早期開花は根の伸長を抑制	・開花が始まれば発根はストップ（栄養生長から生殖生長に切り換えられる）	
	・ゆっくり花器を形成したいので寒い日が続いてほしい		・開花が始まれば雨は少ないほうがよい
	・蕾期は定期的に水分ほしい	・1月上旬は降雨が少ないと灌水（完全花率向上）	・開花中はせめて4～5日晴天無風の日がほしい（受粉のチャンス）
重点作業とその留意点	○急いで整枝・せん定を	・未せん定園では早急にせん定をすませる（親指大以上の太い枝の切り口には癒合剤を塗布） ・開花中でも必ずせん定は行なう（切らないより切るほうがまし） ・特に弱勢樹は切り返しせん定。衰弱樹は枯れ枝処理のみにする	
	○病害虫防除	・枝枯病を発生樹，正常なところまで切除（殺菌効果の高いトップジンMペーストを必ず塗布しておく）	
	・ウメかいよう病	・12月までにすませていない園は花蕾小さいうちに早めに散布	・ICボルドー66D50倍－／－かZボルドー500倍－／－
	・黒星病 ・こうやく病 ・ハナムシ（ノコメトガリキリガ） ・アブラムシ類（多発園のみ）	・ランベック乳剤 1,000倍 45/2（アブラムシ同時防除，暖地ウメで多発園あり） ・マブリック水和剤20　4000倍 21/2 ・モスピラン水和剤　4000倍 7/2 ・蕾期までで開花始めると中止（ミツバチ保護）	
	○土壌管理 ・土つくり（1／中旬まで）	・完熟堆肥，敷ワラの施用（労力に余裕ある時期に実施）（晩霜常襲地は裸地化で中止） ・この時期になると全面深耕中止（根をいためないホーレかボーリング深耕で）	
	・土壌pH矯正（pHを測定し加減）	・ウメの適正pH6.5～6.8。好石灰果樹でこのシーズンにも施用する。すぐ利用できる水溶性石灰が望ましい（苦土石灰 150kg/10a，消石灰 100kg/10a）	
	・日焼け，ヤニ果，シコリ果対策	・古城，白加賀に多発。発生の多い園は必ず施用する（ホウ酸またはホウ砂3kg/10a，乾燥土，砂土で増量し，的確に施用，過剰に注意）	
	・受粉対策	・交配樹少ない園は，生花方式で（親和性のよい異品種をポリバケツに生ける。1樹ごとに設置）	
	・ミツバチ巣箱の手配	・早めに巣箱借用の手配をする（傾斜地では日当たりのよい最下段に集団で置く）	

注　農薬安全使用基準　日/回（収穫前何日まで/何回以内）を示す

第11表②　ウメの生理生態からみた管理ポイント

	管理ポイント	3月	4月
		上／中／下	上／中／下
生育と生理	・貯蔵養分消費期	━━━━━━━━━━━━	━━━━ 光合成にバトンタッチ
	・発芽・展葉	発芽→	南高・小梅→　古城→
	・光合成始動		━━━━▶
	・開花終了幼果期	―――落弁 ―ガク片脱皮	
	・硬核期		硬核開始
	・生理落果期	第一次生理落果	第一次生理落果　第二次生理落果
	・細根群伸長成熟		養水分吸収活動活発化
管理のポイント	・幼果は低温に弱い		・晩霜対策に万全を
	・結実と生理落果	・樹勢が強すぎても弱くても第一次生理落果助長	・早期開花樹と連年結果樹は発根量が少なく，第二次生理落下が多い
	・病気は雨滴で感染	・多雨で灰色かび病，かいよう病多発に注意	
	・ウメは銅剤に弱い	・開花早く，幼果見えれば，銅剤は使わない	
	・結果量に応じた施肥		・結果量の少ない樹は肥料をひかえめに
	・新細根をいためない		・土つくりのできていない園は根群が浅く根をいためるので，カリを控えめにする
	・摘果してほしい品種		・青梅専用種（古城，白加賀タイプ）は大玉果づくりのために，摘果する
重点作業とその留意点	・ミツバチの保護	・花が咲いている間は殺虫剤は使わない	
	・幼果期の定期防除 ・灰色かび病 ・かいよう病 ・うどんこ病 ・黒星病 ・アブラムシ類 ・ハナムシ（ノコメトガリキリガ） ・ケムシ類 ・コスカシバ ・ハダニ類 ・土壌病害	・小梅，古城，白加賀に多い 防除はP114第12表参照	・ハダニ類　4／下～5／下に発生あれば ニッソラン水和剤　3000倍　7/2 オサダン水和剤25　1000倍　21/1 ・土壌病害＝生存樹対象…微生物資材か農薬処理 ・微生物資材…休眠期～5月の期間処理 キレーゲンまたはVSトリコを1樹当たり5～10kg，主幹部～1mの範囲に深めに混和する ・農　薬…休眠期～発芽期の処理 ①フロンサイドSC500倍　60/1 1樹100リットル…患部処置後灌注 ②フジワン粒剤1樹3kg患部削り取り後こすりつけ，残り埋めもどし土に混和
	・晩霜対策	・シモカット，ロックマットなど防霜資材準備，（10a 50～60カ所）	・気象情報に注意（防霜ファンの設置が望ましい）
	・土壌管理	・この時期（3／上）…牧草・雑草繁茂…地温上がらず霜害助長（霜害常襲地は早めにプリグロックスL散布。牧草播種園では樹冠下のみ散布）	
	・実肥第1回施用	｛N　P　K／3.5　2.2　2.8｝N　P　K／8　5　6　程度の配合2.2袋（20kg入り）（年間施用量の20%） （10a当たり成分kg）（4／上・中　残りは…5／上施用予定） （10a当たり2500kgの生梅生産量を想定した場合）…結実予想量に応じ加減する （施肥の基礎…生梅100kg生産するに窒素成分で0.7kgを乗じて予想計算する）	
	・次代の苗木づくり	・切接ぎ。発芽の早い小枝の多い実生を選ぶ	
	・強い新梢の処理		・主枝背面の太枝切り口周辺の強い新梢は，捻枝か15cm程度で摘芯
	・省力施肥	・4／上，10a当たりエコロング（16-9-8）10kg入り11袋施用P127，164参照）	

注　農薬安全使用基準　日/回　（収穫前何日まで/何回以内）を示す

第84図　巣箱は日だまり的な場所を選び最下段に置く

また、傾斜地では園地最下段の北風を受けない日当たりのよい場所を選ぶ。とかく日当たりや見はらしを気にして、斜面地の中腹などに設置するのがよいと思いがちだが、ミツバチにはこの気持は通じない。実際、巣箱より下の園地への飛来が極端にわるくなってしまう。これは、ミツバチの立場になってみればわかる。蜜でいっぱいの重いお腹をかかえ高い巣箱まで戻るのは、かなりのエネルギーの消耗になるからである。巣箱への帰りがらくな場所を選んで蜜を集めるので、よほどのことでもないかぎり、巣箱より低いところには飛来しないのが普通である。

晴天無風日が三～四日あれば交配はできる

ウメの開花期間中は、割合寒い日が多く曇天が続くのが一般的で、晴天の日といえば大陸からの高気圧が強まって風が強く、ミツバチの飛しょう条件に恵まれた日は少ない。条件のそろった日には「この日」とばかり活動するわけだから、巣箱の設置場所によって、花の交配効率は大きく左右されることはいうまでもない。しかし、こうしたよい条件の日でも、ミツバチは午前一一時ごろから午後二時ごろまで、一日三時間程度の活動しかできない。

これまでの経験では、開花期間中にミツバチの飛しょう日が最低二・五〜四日程度あれば、ほぼ交配できるといってよい。

花の寿命は案外長いが受精できる期間は短い

花の受精能力は、晴天続きの天候で最長七〜九日であり、降雨にあうとこれよりはるかに短くなる。花弁が健全に見えても、柱頭の受精能力が低下している場合が多い。条件のわるいところでは、巣箱の数をふやし、短期間で効率よく交配させる配慮が大切になる。

巣箱の重さで結実を占う

巣箱は設置前に重さを測定しておき、開花後の返却日にもう一度測定し、重量の増加程度から交配活動のよしあしが判断でき、重いほど結実がよいと考えられる。ただし、豊作年でも巣箱によっては減量している場合もあり、一箱だけでも少し増加していれば結実は十二分行なわれたものと判断できる。

この時期は、ミツバチの活動日が少なく、巣箱の貯蔵蜜を消費するので、養蜂家は人工蜜を与えている。借用した交配用ミツバチは、空腹にすることによって、一二℃程度の低めの気温でも晴天無風であれば飛しょうする。ミツバチにはこうした厳しい環境のなかで活動するだけに、減量した巣箱ができるのが普通で、減量が極端でないかぎり交配はできていると考えてよい。

開花期は薬剤散布は絶対しない

ミツバチの導入期間中の薬剤散布は厳禁である。ハナムシ（ノコメトガリキリガ）などの防除は、ミツバチの導入前にすませておき、開花終了直後、巣箱を返却して、次の防除（灰色かび病、かいよう病、アブラムシなど）を行なう。

特に注意したいのは、開花時期が合致した他の作物で薬剤散布が行なわれている場合である（たとえば西南暖地ではウスイエンドウ、花卉用菜の花など）。ミツバチはウメにかぎらず飛来するので、その作物の防除を中止してもらわなければミツバチを死滅させてしまう。肝心の交配効率もわるくなるし、養蜂家はミツバチの貸出しを中止せざるをえなくなる。ウメの開花期間中は防除をひかえてもらうなど、栽培者相

第85図　生花方式により交配効率を高める

互の協力体制の確立が必要である。

受粉樹がないときは生花方式で

受粉樹の混植割合が低いと、結実が不安定になることが多い。このような園地では、とりあえず、異品種で相性のよい開花盛期の枝をポリバケツなどに生けて樹冠下においておく生花方式（第85図）で交配率を高めてやるとよい。ただこの方式では、開花期間が長いと生花の枝が弱るので、新鮮な枝と差し替えてやらなければならない。

長期的にみると、混植率を高めるか、第2章60ページでも解説したように、樹冠赤道部よりやや高いところの横枝に受粉枝を高接ぎしてやるのが効果的である。南高に対しては、小粒南高や改良内田、小梅など、一樹当たり南北に二カ所程度接ぎ、側枝くらいの太さの枝にしておくとよい。

第86図　結実良好樹（5年生南高）

結実良好で発芽が早くよくそろう

3　結実不良樹の判断

結実不良樹は、結実量が増加してくる、四～五年生の青年期に入るとよくわかる。

結実良好樹（第86図）は幼果の肥大と並行して、葉芽の出芽が早くよくそろうが、結実不良樹（第87図）は、同一品種でも発芽がおそく不ぞろいで、たとえ交配されていたとしてもひどい生理落果を起こしてしまうことが多い。こうした樹は、第1章（22ページ）で述べたように、優秀なヘテロの実生台木苗か、自根苗に改植したほうがよい。

第87図　結実不良樹（5年生南高）

生理落果が多く，発芽おそく不ぞろい

4　この時期の病害虫防除

開花直前の害虫防除

　暖冬で開花が早ければ防除の必要性は少ないが、二月下旬〜三月上旬と開花がおそい場合は、気温の上昇とともに害虫の活動も活発となり、特に南面向きの温暖な園地や雑木林に隣接するところでは、ハナムシ（ノコメトガリキリガ）の加害があり、花蕾の時期から幼果期まで続く。また気温が高くなると花蕾へのアブラムシ類の加害もみられる。ただ、この時期はミツバチへの影響があるので、多発園のみ開花までに防除する程度にとどめたい。

　使用薬剤は、第12表および付録2の防除暦を参照。

第12表　開花・幼果期の防除例　（谷口案）

	3月			4月		
	上	中	下	上	中	下
	①	②	③	④	⑤	⑥
（開花終了後） ・灰色かび病 （古城・白加賀・小梅類　南高は発生しやすい園地）	ロブラール 1500倍45/2	ストロビーＤＦ 2000倍7/3				
・かいよう病		＋ 銅剤（Ｚボルドー）500倍 （クレフノン200倍加用） （銅剤を使用しない場合はマイシン剤を使用）		マイコシールド1500倍	アグリーマイシン1000倍	ストレプトマイシン1000倍
・うどん粉 ・黒星病			水和硫黄フロアブル500倍 -/-	＋ 水和硫黄フロアブル500倍 -/4	＋ ストロビーＤＦ 2000倍7/3	＋ バイコラール 2000倍21/2またはスコアー3000倍7/3
・アブラムシ類		＋ モスピラン水和剤 4000倍7/2　または アドマイヤー水和剤 2000倍21/2		＋ （古城・白加賀アブラムシ防除剤加用）	※ストロビーＤＦを使うと4/下省ける	ストレプトマイシンは，下旬気温が高ければ谷間など常襲地以外は省ける
・ハナムシ （ノコメトガリキリガ）	＋ ランベック 1000倍45/2					
・ケムシ類	多発園はマブリック4000倍60/2に代える（アブラムシも同時防除できる）					
・コスカシバ	・虫ふんが見えたらガットキラー50倍またはラビキラー乳剤200倍幹・主枝に散布			・４月下旬からスカシバコン吊す（10a当たり50本…１樹１～２本　木陰に吊す）		

防除パターン例（①～⑥はその時期の防除の組み合わせを示す。○数字の後にある薬剤を組み合わせるが，○数字のみの場合はその時期の薬剤全てを組み合わせる）

(1)　②銅剤＋モスピラン－⑤（減農薬栽培にはこのパターンで充分対応できる。ていねいに防除する）

(2)　灰色かび多発園＋ハナムシがあると…①ロブラール＋ランベック－②銅剤＋モスピラン（3/下でも可）－⑤

(3)　小梅・古城・白加賀・その他灰色かび病に弱い品種群導入の場合…①ロブラール－②銅剤＋アブラムシ製剤－④－⑤マイコシールド＋ストロビー

(4)　うどん粉病多発園…②銅剤＋アブラムシ製剤－③ストロビーまたは水和硫黄＋モスピラン－⑤

(5)　露切れの悪い黒星病・かいよう病多発園…②－③－④－⑤－⑥

注　1)　農薬安全使用基準　日／回（収穫前何日まで／何回以内）…を示す

2)　＋は加用することを示す

3)　かいよう病防除にはマイシン製剤（抗生物質製剤）を連用すると耐性菌を発生することがあるので，１シーズン２回以上使う場合，以下の製剤を毎回かえて使う
①マイコシールド水和剤1500倍21/4　②アグリマイシン100　1000倍14/4（複合マイシン）
③ストレプトマイシン1000倍14/5　④カスミン液剤500倍60/2

4)　３月中旬～下旬にストロビーＤＦを使うと４月上旬の黒星防除は省ける（持続性効果が期待できる）。なお，ストロビーＤＦを使う場合，かいよう病にはマイシン製剤で対応する。ストロビーＤＦはＺボルドーとの混用事例が少ないので薬害・効果減退などについては不明なので使わない

5)　３月中下旬のアブラムシ防除に，ネオニコチノイド剤であるモスピラン水和剤またはアドマイヤー水和剤を使うと残効性が長いので，通常１回で１シーズン対応できる場合が多い

6)　マイシン製剤

開花終期から発芽前の病害虫防除

防除は必ずミツバチを返却してから行なう。

灰色かび病

灰色かび病の胞子は割合低温でも活発に活動するので、開花終期の花殻が離脱し始めるころから加害する。

降雨が多く、花殻が湿って離脱できないと多発する。

多発園では、第89図に示すころに必ず防除する。花殻やガク片と幼果が接触する部分に加害されて傷害果となり、著しく品質を低下させる。また、被害は品種により差があり、小梅や古城、白加賀は弱く防除が必要で、南高はやや強いが、露切れのわるい谷間の園などで要注意。

かいよう病

病原菌は主に前年の緑枝（第91図）に病斑を形成し、比較的低温に強く、西南暖地では二月ごろから活動を始める。

第88図　ハナムシ(ノコメトガリキリガ)
蕾期から幼果期まで加害

第89図　灰色かび病防除適期

第90図　灰色かび病被害幼果

開花期から病斑が拡大し始め、ひと雨ごとにバクテリアが増殖して雨滴や風によって飛散し、幼果や新梢、新葉の傷口から侵入、針で突いたように割合深い病斑を形成する。かいよう病に感染した果実は、商品価値を失うことになる。

第91図　緑枝・結果枝に形成された越冬病斑

第92図　感染して病斑を形成した幼果(南高)

品種では、古城や白加賀、小梅で割合抵抗性が強く、南高は弱い。

春一番など、強風をともなう雨で発病が多くなるので、風当たりの強い園では防風垣や防風ネット（第31図）により風よけする、耕種的防除対策を行なうとともに、休眠期から感染期の防除が重要になる。

薬剤は、三月中旬には銅水和剤を用いるが、下旬以降はマイシン剤が一般的である。発芽期から展葉期にまん延しやすく、被害の多い園では、一週間おき程度の防除が必要である。マイシン剤の残効が五～七日程度であることも考えれば、防除回数も多くならざるをえない。

注意したい銅剤の薬害

ウメの幼果は銅剤に弱い。しかし、かいよう病防除のため三月中旬の発芽前にZボルドーやICボルドー66Dなど、銅剤を使用する場合が多い。

発芽はおそいが開花期が早く、幼果の肥大が先行した年や、幼果期に雨が多い年には、幼果に薬害が出る。こうしたことが予想される年は、あらかじめクレフノン二〇〇倍を加用し、銅の溶出を抑制してやるようにする。また、銅剤をマイシン剤に代えるとか、かいよう病の多発園では、次項で詳述するように十二月に石灰ボルドー液を散布しておくのも一つの方法である。

第93図　銅剤による幼果の薬害斑

かいよう病の多発園では休眠期散布を加える

ウメはもともと銅剤に弱いことや、かいよう病は割合低温時期から活動を始めていることを考えると、休眠期の基本防除が効果的である場合が多い。

ＩＣボルドー６６Ｄや銅水和剤の十二月散布は、銅剤の影響も少なく、低温でしかも降水量が少ない季節でもあり、薬剤の溶解度も低く長持ちする。そして、降雨のたびにゆっくり銅が溶出して越冬病斑に少しずつ浸透し、活動力を封じ込むように殺菌効果を発揮し、越冬病斑からの増殖率をうんと低くできる。

近年、産地では、抗生物質製剤（マイシン剤）の連用で耐性菌が出現し、防除回数を重ねても効果が上がらない経験をしている園も出てきている。こんな園では、耐性菌に対する防除効果の安定したＩＣボルドー６６Ｄや銅水和剤の休眠期散布を基本に、感染初期の三月中旬には銅水和剤にマイシン剤を加用し、幼果期にはストレプトマイシン単製剤と複合マイシン製剤の交互散布という組合わせ散布をすすめたい。同一製剤の連用を避け、耐性菌の出現を最小限度にくい止めながら防除効果も高まるはずである。

後期感染型の黒星病も要注意

三月下旬になると気温の上昇とともに、早くも枯れ枝や越冬病斑（第94図）からは雨滴で黒星病菌の分生胞子が噴

第94図　黒星病の越冬病斑

出し、この時点では病斑は見られないが潜伏的に感染するので防除しておく必要がある。黒星病の防除は、薬を枝幹に十分のせる気持ちでていねいに散布したい。この時期の薬は、水和硫黄フロアブル五〇〇倍が一般的で、マイシン剤やアブラムシ防除薬剤とも混用できる。

発芽直前から発芽初期の防除に工夫を

西南暖地では、三月下旬から発芽直前～初期の防除になるが、展葉直前から初生葉が開いたころと、その約一週間後、展葉五～六枚のころの、二回防除を行ないたい。この時期は、ひと雨ごとに気温が上昇して生育が急速にすすむので、防除がおくれないよう生育ステージに合わせた防除時期の設定が大切になる。

黒星病とアブラムシ類の防除が主体になるが、三月中旬のかいよう病防除の薬剤を銅水和剤からマイシン剤に換えた場合は、残効が短いので、かいよう病も対象になる。

また注意したいのは、薬剤の調製時に加用する展着剤の使用をひかえたいことである。二種または三種の薬剤を混用すると、それぞれの薬剤に含まれている展着剤が重複されることもあって、展着剤をさらに加用すると、植物表面のパラフィン層を破壊して耐病性を逆に弱めてしまうためである。それを避けたいので展着剤は使用しないか、葉面散布剤（微量要素の補給）で代用しておく。

この時期の散布は、特にていねいに行なうように心がけ、幼果や枝幹に薬剤の付着量を多くすることが、防除効果を高める秘訣になる。

早期開花樹の防除の工夫

暖冬で二月上・中旬までに早期開花すると、葉芽がまだ発芽していない三月上・中旬に、幼果の肥大がすすみ始めることがある。このような年は、霜害も心配だが、通常の防除暦どおりの防除を行なうと、前述したように、かいよう病対象の銅水和剤（Zボルドー）で、幼果が思わぬ薬害を受けることがある。したがって、銅水和剤には必ず、クレクノン二〇〇倍を加用するか、ストレプトマイシン剤にかえるのが賢明である。

　また、アブラムシ類の加害時期も早くなっている場合もあり、幼果や小さい芽に群がるように加害しているのを見かけることがある。よく観察して、発生がみられたら、防除薬剤を加用する。アブラムシの対応が遅れると、展葉時に縮葉して健全な葉にならないばかりか、生理落果を助長したり、第95図のように、幼果まで奇形にする。

第95図　早期開花で発芽までの期間が長い場合，油断すると幼果にまで加害し奇形果にする

枝幹をおかす害虫

　枝幹害虫で、最も注意が必要なのはコスカシバである。コスカシバは、年一回の発生で幼虫で越冬し、三月下旬ごろから蛹になり、四月から十月にかけて発生加害する。五～六月と九～十月に発生のピークがあり、枝幹の樹皮割れ目やせん定の切り口周辺に好んで産卵する。

　樹皮の粗皮間隙の多い品種に被害が多く、南高や小梅類、小粒南高、改良内田に多く、古城や白加賀には割合少ない。

　ふ化幼虫は、樹皮下に食入して、冬季から翌春にかけて形成層を食害し、著しく樹勢を弱めたり、油断すると主枝、亜主枝を枯らしたりして取り返しのつかないことになる。

　園内を見回って、主枝、亜主枝の分岐部や側枝のつけ根などにヤニや虫ふんがみられたら、ナイフなどで剥皮して捕殺するか、枝幹散布剤のガットキラー乳剤の五〇倍、ラビキラー二〇〇倍のいずれかを、肩掛け噴霧器などで緑枝にかからないよう、主幹から主枝部分にていねいに散布する。

　こうして防除を行なった後、合成性フェロモン（スカシバコン）を樹ごとに二カ所つるし、交信撹乱による交尾阻害を行ない、無精卵のまま産卵させる。卵はふ化しないので生息密度が下がる。この方法は集団産地では効果をあげているが、散在園でも、毎年四月に樹ごとに吊し効果をあげている例もある。スカシバコンは、五～六カ月の持続効果があるが、発生が多い場合には、八～九月に再度つるすと効果が高まる。一〇アール当たり五〇本程度必要で、つるす場所を、第一亜主枝から第二亜主枝の分岐点近くで、直射日光を避けてつるすと持続性が高い。

5 凍霜害対策

開花が早い年ほど、寒害や凍霜害を受ける危険性が高い。蕾期よりも開花期、そして幼果期と果実が大きくなるにつれ、耐寒性は弱くなる。品種にも

第96図　コスカシバに食害され枯死した主枝

第97図　交信撹乱「スカシバコン」をつるす

よるが、マイナス四℃で低温障害を受け、マイナス三℃で幼果はかなり霜害を受ける。これより高めのマイナス二℃でも、低温時間が四時間程度になると危険性が高い。特に内陸部の谷間やくぼ地では、晴天無風の日は放射冷却現象で予想外に気温が下がる場合があり、凍霜害対策が必要になる（第98図）。気象情報には十分注意し、対策に万全を期したい。

防除方法

防風樹がすそ枝まで繁茂していると、冷気が流れにくいので、株元から地上一メートルくらいまで枝を整理して、幹だけにし、冷気の流れをよくする。

園内に冬・春草が繁茂していると、日中に地温が上がらないので、夜間の冷却が早く、それだけ低温時間が長く

第98図　霜害による被害は場所によりちがう
—低地ほど被害にかかりやすい—

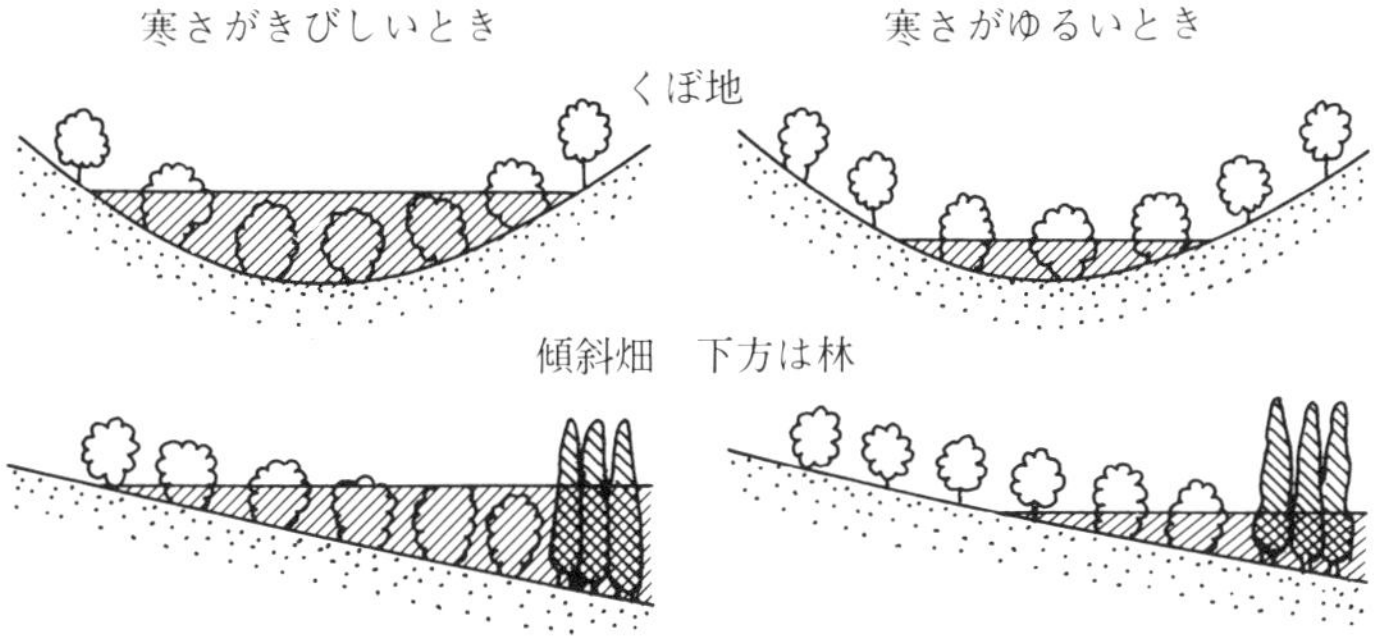

第99図　正しい点火時刻
—おそすぎては失敗，早すぎてはむだ—

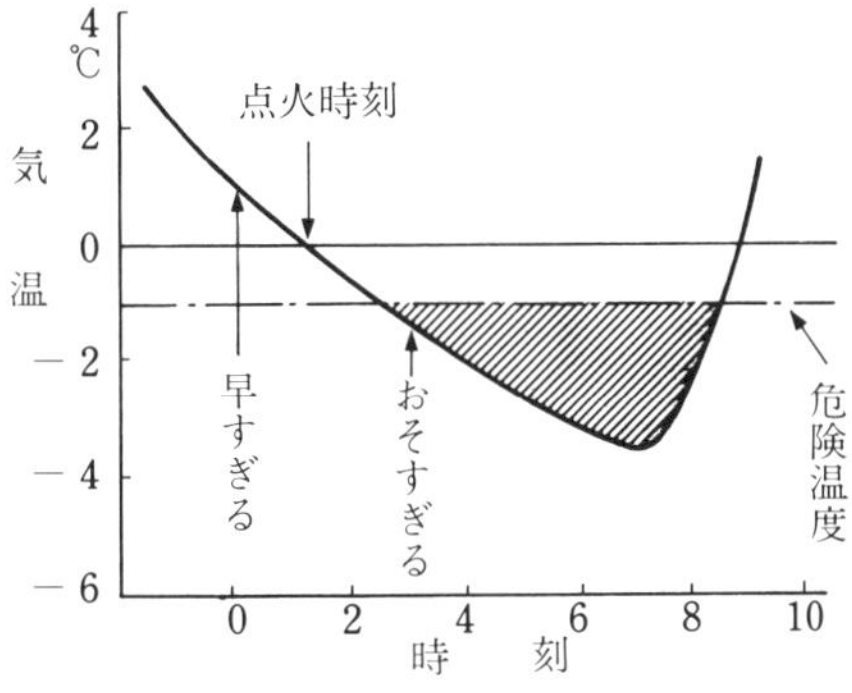

第100図　防霜ロック使用方法

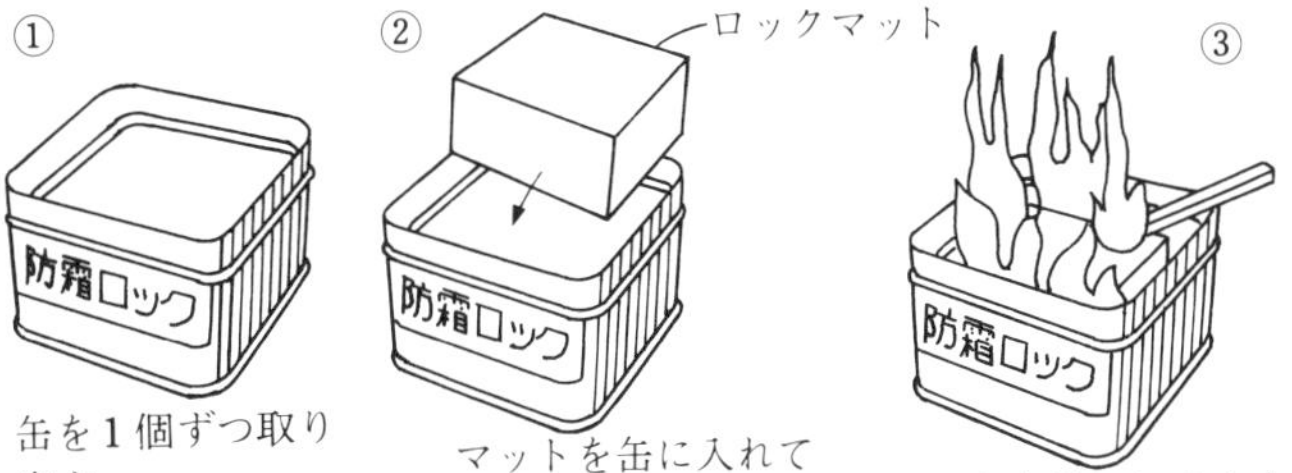

缶を1個ずつ取り出す

マットを缶に入れて燃焼。4～5 ℓ をマットにしみこませる

マットを芯にして火をつけ，長時間燃焼させる

10a当たり20缶

- 燃焼時間 3～4時間
- 防霜ロックはくり返し使用可能

なり、凍霜害を助長する。早めに除草剤を散布し、裸地化しておくと、かなり被害を軽減できる。

また、常襲地では、防霜ファンの設置が望ましいが、設備のないところではあらかじめ燃焼資材の準備をして、万全を期したい。

降霜の危険日は、日中快晴で風がなく、夕方から冷え込み、夜空が澄んで底冷えする夜である。霜注意報があり、夕刻から一時間に一℃近い調子で下がる日は、要注意である。

燃焼法による対策では、第99図に示すように、午前一時から三時ごろに○℃近くまで下がっていれば危険域に入ると判断して、この時点で燃焼を開始する。

燃焼資材は、市販のシモカットや防霜ロック（第100図）を用い、一個の燃焼時間は三～四時間で、一〇アール当たり二〇個程度必要になる。また、簡易法として、オガクズにB重油を二対一の割合で混ぜ、ポリ袋に二キロ程度詰め（一個約一時間燃焼）、一〇アール五〇個以上配置してもよい。ただし、燃焼時間が長くなったら、追加が必要で、常時四時間程度分の燃焼材料を準備しておく必要がある。なお、この場合、地面に直接置くので、周辺の枯れ草などは除去し、火災への注意も怠らないようにする。

霜害に強い品種に切り換える

和歌山の主産地では、南高が七〇％以上を占めている。山間地の霜害常襲地における経験から、南高は受粉樹に導入してある小粒南高や雑種、古城にくらべ霜害にはやや弱い。この理由は、開花が早いので、根からの吸水活動も活発で生育ステージがかなりすすんでおり、樹液濃度（細胞液濃度）はすでに低くなっているためと考えられる。

第101図　霜害の常襲地では開花終期までに，土壌にやさしい除草剤（プリグロックスL）などを散布するか，除草鍬で削り，裸地化して地温の上昇をはかる

このように、品種間で霜害の軽重がみられることから、常襲地では小粒南高などを主品種にして、南高を受粉樹に導入してみるのも、一つの方法である。

第6章 幼果期から新梢伸長期の作業

1 この時期の生育と作業のポイント

ウメの結実を安定させるには、この時期の栄養生長と生殖生長のバランスが大切であるが、開花から四月下旬の硬核期に入るまでの生育は貯蔵養分によってまかなわれる。結実、幼果の肥大、発芽展葉がスムーズに行なわれるかどうかは、養分の蓄積量によって決まるといってよい。

第2表②（108ページ）の四月および第13表の五月、六月の管理ポイントを参考に、的確に対応したい。

2 実肥は樹勢と結実量で施用

栄養のバランスが結実性を左右するこの時期の肥料は、施しすぎても不足しても生理落果を助長するので、注意が必要である。

実肥は、樹勢と葉色、結実量から判断し、樹ごとに必要量だけ施せるよう二回に分施するのが普通である。

実肥のカリは窒素よりひかえめに

ウメの実肥は、いまだにカリが窒素より多くなっている場合がある。しかし、これは間違いで、窒素重点にかえなければ安定生産は望めない。

確かに第28図（36ページ）に示したように、この時期枝、葉のカリ含量は高い。しかし、三要素はN10－P6－K8の割合で施したい。これは、吸収利用率が窒素三分の一、リン酸二分の一、カリ三分の二で、これに流亡損失を加味して設定したものである。

カリは窒素に比べ流亡損失が少なく、吸収利用率も高いので、窒素の八割でよいのである。また、流亡が少ないということは、潜在地力として、土壌に保肥されているということでもある。

これに加えて、有機物に含まれているカリは水溶性で、処理した雑草が枯れ

第13表　ウメの生理生態からみた管理ポイント

	管理ポイント	5月（上・中・下）	6月（上・中・下）
生育と生理	・光合成最盛期		
	・果実肥大旺盛	後期肥大大きい	黄熟落下
	・硬核期		
	・第二次生理落果期	（結実量多く栄養補給不足で助長）	
	・細根群成熟，再伸長期	根の活動最盛期	細根二次伸長
	・新梢葉緑化自己摘芯		結果量の少ない樹は再伸長
	・不定芽（陰芽）の発芽伸長		自己摘芯 二次伸長
管理のポイント	・実肥は樹勢で判断（過不足に注意）	・結果多く葉色淡い（第二次生理落果助長）。Nを多めに補給 結果少なく発育枝多発。Nをひかえめにする	
	・果実肥大期には十分な水分を	・五月晴れ５日続くと灌水必要（乾燥でヤニ果，日焼果多発に注意）	
	・雑草との水分競合に注意	・早めに刈り取るか除草剤を散布	
	・下垂枝には支柱立て	・結実量多いと果重で枝が下垂するので枝折れ防止。養分の流動を図り，支柱立てを	
	・ウメは後期肥大が大きい	・南高は陽光面の紅と緑黄色が売り物	・果面毛じ２分の１脱落，光沢発すれば青梅の収穫時期
	・発育枝・徒長枝の処理	・養分は発育枝に優先的に消費される。捻枝，摘芯して果実に養分を回すように	
重点作業とその留意点	○施肥実肥１/２残量施用	・{N P K / 4.8 3.0 3.6}{N P K / 8 5 6} 程度の化成３袋(20kg入り) (10ａ当たり成分kg) （過剰にならないよう樹勢・結果量で加減）	
	○強い新梢の処理	・主枝背面の太枝切り口周辺の強い新梢は捻枝か，15cm程度に早めに摘芯する（N多いと発生量多く，N少ないと発生量少ないが生理落果助長）	
	○病害虫防除 ・黒星病 ・すす斑症	・ストロビーDF 2000倍 7/3またはスコアー水和剤 3000倍 7/3を散布する	・黒星病で収穫が迫っている場合，オーシャイン 3000倍 前日/3を散布する
	・ウメシロカイガラムシ	・上・中旬，第一世代１齢化出揃うと防除適期 ・スプラサイド乳剤 1500倍 14/2	
	・カメムシ類	・スカウトフロアブル 2000倍 21/2，忌避灯（黄色）有効。夜行性で日没後飛来注意	
	・微量要素の補給	・上記薬剤に葉面散布剤を展着剤代わりに加用（ヨーヒＢ５など）	
	○土壌管理 ・雑草の処理	・養水分競合防止（刈取りがベスト）プリグロックスＬまたはバスタ液剤	
	○収穫 ・青梅出荷塾度	小梅――→古城 ・果肉歩合88～90％（若どりに注意） ・降雨中収穫果は選果前によく乾燥（濡れ果はモミ傷生じ出荷後褐変。青梅の品質低下）	白加賀，雑種，南高――→ ・適熟果外観（果梗部光沢発し，果面２分の１毛じ脱落）
	・漬梅の熟度	・果皮歩合90％以上，樹上完熟果（黄熟果25～40％混在する時期）	・漬梅の収穫方法 ・ネット収穫（能率的・裂果少なく秀品率向上） ・拾い梅（毎日拾う。２日放置でケシキスイ食入） ・手どり（２回どり法が効率的）
	○礼肥（元肥）施用	・収穫後期から収穫後出来るだけ早く施す ・{N P K / 5.3 2.6 3.2}{N P K / 10 5 6} 程度の有機化成３袋(20kg入り) (10ａ当たり成分kg) …年間の30％ (目標収量2.500kg)	・豊作樹のみ２～３割増肥する
	・ロング肥料・被覆肥料施用園	・豊作樹のみ１樹当たり尿素で１kg（N成分量0.46kg），または硫安２kg（N成分量0.42kg）程度を追肥する	

て組織がこわれるとすぐ溶け出し、ウメが利用できる。それに対して窒素は、バクテリアやカビ類に分解され、アンモニアや硝酸となってはじめて吸収されるので、肥効がでるのに六カ月以上もかかる。カリは天然供給量も多いので、吸収量が多いからといって、とりたてて多く施用する必要はない。むしろ、カリの多い肥料を施すと、根をいためるなどの弊害が大きい。

また、カリと窒素は、お互いに吸収をさまたげあう拮抗作用があり、カリを多用すると窒素の吸収がさまたげられ、樹勢を弱めてしまう。

ウメはこの時期に石灰を窒素と同量要求しているが、カリと石灰の間にも拮抗作用があるので石灰の吸収もさまたげられてしまう。このほか、カリは苦土とも拮抗作用があるので、苦土欠乏を引き起こし、果実の発育をわるくさせ小玉化しやすい。

このように、カリの過剰は窒素や石灰、苦土の吸収を抑え、特に地力のない園地や耕土の浅いところでは、果実の発育がわるくなるばかりでなく、肉質の堅い粗剛な果実になりやすい。

第一回実肥は第一次生理落果終了直前に

第一回の実肥は四月上旬の第一次生理落果終了直前、すなわち幼果がガク片から離脱して結実がほぼ確認できるころ（第102図）に施す。和歌山県南部地方では四月上・中旬にあたり、年間施肥量の二〇％程度が基準量で、第11表②の管理ポイントに示した量を目安に施す。この時期の肥料のタイプは、速やかさと穏やかさとを兼ね備えた、有機入り化成が適している。

実肥は早く効きすぎても生理的落果を助長し、遅れたり不足したりしても生理落果を引き起こす。この時期は樹がデリケートに反応するので、樹ごとに結実量や発芽展葉状況と葉色を見て、樹勢にあわせて施用のタイミングと量を調節する。

極端に結果量が多く展葉が遅れている場合は、早めに基準の倍量程度施す。逆に結果量が少なく葉色が濃いときは、施さないか、基準量の半分程度に減量してやる。

なお、施用後は春草を刈り取り、刈草で肥料を覆ってやるとよい。肥料に湿り気が与えられ、溶解が保進しスムーズに吸収利用できる。それが逆になって、刈草の上に肥料が乗っているようでは、確実な肥効は望めない。

第二回実肥は五月上旬に樹勢と結実量にあわせて

二回目の実肥は、五月上旬の第103図に示すころに施す。施用量は第一回同様、年間施肥量の二〇％程度が基準。

第102図　第一次生理落果がほぼ終了したこの時期に第１回の実肥を施用

第103図　第２回の実肥は第二次生理落果期の５月上旬に施す

生理落果中であるが、この時期になると結実量もほぼ確定しているので、結実量と樹勢にあわせて的確に施すことが肝心である。これも一回目と同様に、結実量が極端に多い場合は施用期を早めると同時に基準量の倍量程度施し、生理落果を助長させるとよい。逆に結果量が少ないときは基準量の半分程度に減肥する。多肥になると、新梢の二次伸長からおそ伸びにつながり、樹は栄養生長型に変身して、すそ枝などの果実の成熟をうんと遅らせるので注意する。

一回目同様、雑草の刈取り前に施し、肥料の上を刈草が覆うようにしたい。

ロング肥料、被覆肥料で省力施肥

近年ロング肥料や被覆肥料がウメ用に開発され、産地ではかなり普及してきている。溶出タイプにより、三月に施肥するタイプと四月にはいって施すタイプがあるが、労力配分でタイプを選べばよい。発芽期から果実の肥大成長に合わせ、収穫終期の礼肥と九月の花肥まで、すべてのステージをカバーしてくれる。私の経験では施用五年目をむかえるが、すこぶる生育が順調である。土壌分析を重ねて監視しているが、主要要素のバランスがとれてきて調子がいいように感じる。

四月以降、気温の上昇とともにカプセルから溶出して気温の下がる雨天などはカプセルが閉じて溶出せず、流亡が防げるので合理的で、年間施用量の二五％は削減できる。これまで費やした肥料代の削減分を有機物施用にあてれば、同じ投資でもはるかに土壌改良につながり、生産安定がはかれる。お試しいただきたいおすすめメニューである（一六四ページ参照）。

この時期は決して乾燥させない

この時期に土壌水分が不足すると、相対的に樹体内のカリ含量が高まり、石灰や窒素の吸収をさまたげる結果、生育がわるくなり、ひいては生理落果を助長することになる。当然、果実肥大にも悪影響をもたらす。

ウメはこの時期、決して土壌を乾燥させてはならないことがわかっていただけると思う。

3 発育枝の処理

ねらいは樹勢の安定化と結果枝づくり

四月下旬から五月上旬にかけて、樹冠内部の主枝や亜主枝背面に、第104図のような強い新梢が伸長する。これを放任すると、徒長枝になり、樹冠内部を日陰にする。そして、枯れ枝を増加

第104図　樹冠内主枝背面より発生した強い新梢（5月上旬）

第105図　摘芯で強い新梢が緑枝に変身した（せん定前）

させ、肝心の骨格枝（主枝、亜主枝）を衰弱させるとともに、果実肥大にも大きく影響する。こんな枝は、冬のせん定でも切り落とすので、結果的に養分のむだ使いにもなってしまう。

　これらの新梢は、適期に捻枝か摘芯することによって緑枝程度に生育を抑制し、次年度結果枝として利用するの

第106図　捻枝のやり方

枝元から10～15㎝のところでねじる要領で捻枝する

第107図　摘芯のやり方

新梢10～15枚程度で先端の芽を摘むように摘芯する

第108図　作業性からみた上手な雑草の処理（10 a）

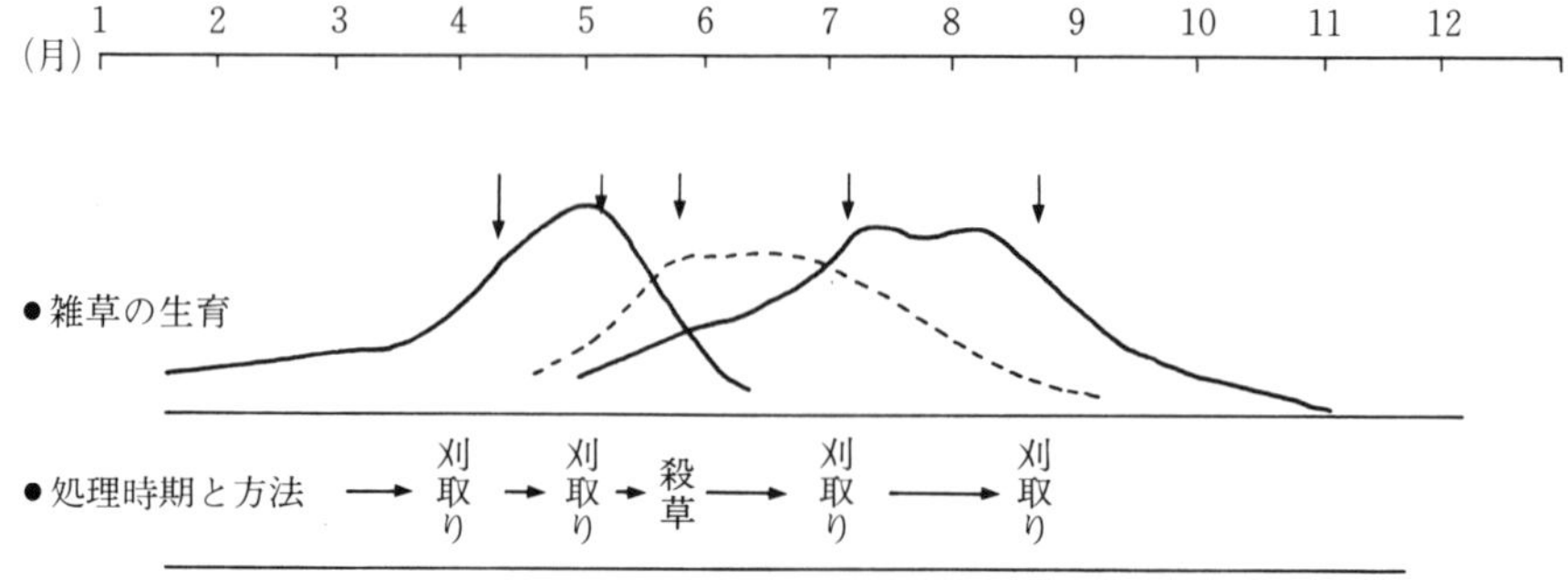

●ウメにやさしい除草剤

接触型	（ジグワット・パラコート混合剤）		
	・プリグロックスL	800～1,000ml	
	・マイゼット	800～1,000ml	
		（6～7月…1000ml　8月以降800ml）	
移行型	ハービー	500～750ml	
	バスタ液	300～500ml	

（スポット処理）

●宿根草，悪草専用

カソロン粒剤	$10g/m^2$	
ラウンドアップ	50～100倍（スポット散布のみ）	

展着剤代わりに調整液100 l 当たり尿素を500～1000 g 添加すると，浸透力を高め殺草効果が高い。その他，移行型のグリホサートおよびグリホシネート剤はウメには使わない。樹勢が低下，回復できず枯れる例が多い。

が合理的である。また、この処理によって、養分が果実に優先的にまわるとともに、骨格枝も充実し、樹は落ち着き、安定した樹相になる。そして、冬期せん定も、らくになり、労力もうんと節約できることにつながる。

捻枝と摘芯のやり方

主枝や亜主枝の背面に直上に発生する強い新梢は、展葉一〇～一五枚になったときに捻枝（第106図）か摘芯（第107図）する。

幼木から青年期の樹の場合、枝の背面から発生する強い新梢は捻枝を主体に、腹面から発生するものは摘芯を行なう。青年期までは、主枝もそう太くないし不定芽の発生本数も少ないが、発育が旺盛なので摘芯では二次伸長が多く出る。それに対して捻枝をしたものは二次伸長がなく、安定して新梢の抑制ができる。そのため、青年期までは捻枝が主体にならざるをえない。

成木では、樹も落ち着いてくるのと、不定芽の発生本数も多くなるので、発生部位にかかわらず摘芯を行なう。摘芯のほうが、枝が込みあわず樹冠内部への採光もよく、結果層が充実する。

また将来、老化ホルモン（エスレル）がウメに登録認可されれば、これらを発育枝に散布処理して発育を抑制し、緑枝に変身させるやり方も考えられる。これは省力的な方法として期待されている。

4 大切な雑草対策

雑草は刈取りがベスト

ウメは耐陰性が弱いので、すそ枝まで日の当たる独立樹にするのが理想である。だが、こうすると樹冠回りに空間ができ、そこには当然雑草もよく繁茂する。

この時期になると降雨量も多くなり雑草の繁茂も早い。ウメ園では、ウメと雑草との養水分競合を最小限にくいとめなければならないのはもちろんだが、雑草を利用することで土壌流亡を防止することができる。また、雑草は有機物の給源にもなる。そのためには、雑草はできるかぎり刈取りで対応したい。刈取り適期は、雑草の総生育量の八〇％程度繁茂し花蕾が見えたころがよい。このころは草量も有効成分量が最も多く、有機物の給源としてよい。また、組織がやわらかく、刈取り作業もらくで能率的である。

この時期に刈り取ると、宿根草や根株の残りやすい雑草も生理的にダメージが大きく、再生までの期間が長くなる。これは、雑草の刈取り作業をらくにさせる秘訣でもある。

浅根性であるウメは除草剤の影響を受けやすい。ウメに登録がある除草剤でも、ものによっては、二～三年の使用で明らかに障害と思われる衰弱症状が樹にあらわれる例が多い。ウメは他の果樹より除草剤に弱いとみるのが妥当である。特にこの樹の衰弱は、接触型より移行型の除草剤に多い。

また、影響が少ない除草剤でも連用は避けたい。なぜなら、除草剤に強い悪草ばかり残り、濃度を高めたり、強力な除草剤を使ったりすることになるからだ。最悪の場合、土壌に残留した除草剤のために、その年は平気でも翌春衰弱して枯死するといったとり返しのつかないことにもなりかねない。

このような理由から、ウメ園の雑草処理は刈取りがベストである。

第109図　収穫期前に除草剤を１回使い枯れ草のジュウタンを敷く

果実の汚れが防げ，収穫作業もしやすい

除草剤利用は年一回
収穫二〜三週間前に

雑草処理は刈取りを基本にしたいが、収穫の二〜三週間前の一回だけは除草剤を使用したい。これによって収穫作業を効率よくすすめることができる。

収穫時には、第109図のように枯れ草のジュウタンを敷きつめたようになっているのが理想である。湿潤な時期なだけに、落梅や集果用のコンテナは、直接地面に触れるとドロで汚れやすい。これが枯れ草によって防げる。枯れ草のジュウタンは収穫作業や集果・搬出などを容易にしてくれるのである。また、漬け梅果の収穫では、落梅の落下衝撃をやわらげるし、ネット収穫では樹冠下全面にネットを敷き込む作業と集果がスムーズにすすめられる。

また、落梅で最も注意しなければならない、表層土壌に生息するアカマダラケシキスイは地面に直接接触する部分から食害するので、枯れ草との間隙があると食害が軽減できる。雑草の茂みがないので、毒ヘビ（マムシ）対策にも通じることになる。

なお、傾斜園では、畦畔への散布は雑草の根を枯らすことで畦畔の崩壊につながり、危険である。テラス面だけの散布とし、土羽部分は必ず刈り取るようにする。

このように、ウメ園は刈取りがベストだが、収穫時のみウメにやさしい除草剤を使用し、収穫作業をスムーズにすすめたい。しかし、他の時期の使用はひかえ刈取りで対応したい。

5　幼果期から収穫期の病害虫防除

病害の防除

かいよう病、黒星病

幼果期からの防除は四月上旬からになるが、気温の上昇とともに病原菌の増殖も活発になる。

発芽の早い南高タイプの品種群では、幼果の肥大と新梢の展葉は同時進行で、降雨の度に緑化と幼果の肥大が目立ってくる。この場合、新たに展葉した部分や、果実の肥大した部分は無防備になるので、かいよう病、黒星病ともに加害が進行しやすい。発育にあわせ、降雨の合い間を縫って一週間間隔でタイミングよく防除する必要がある。

一方、古城タイプでは、発芽はおそく四月中旬からの展葉になるが、幼果は南高に負けず肥大するので、南高同様のタイミングで黒星病の防除をする必要がある。しかし、新芽・葉を加害するアブラムシ類の防除は、南高より一週間遅れの四月上旬に必要な場合が多い。

いずれの品種群も、黒星病やかいよう病は著しく商品価値を落とすので、確実に防除する。四月上旬には、黒星病、かいよう病ともに防除が必要で、水和硫黄フロアブル五〇〇倍にマイシン水和剤でも効果の高いマイコシールド一五〇〇倍を混用散布する。

四月中旬になると気温も上がり黒星病の感染力も強くなるうえ、うどんこ病や灰色かび病にも効き、残効性のあるストロビードライフロアブル二〇〇〇倍と、かいよう病にはストレプトマイシン水和剤一〇〇〇倍を混用散布する。合わせてアブラムシが心配な場合は、アクタラ顆粒水和剤三〇〇〇倍かアグロスリン水和剤の二〇〇〇倍を三種混合で散布する。

四月下旬には、成熟期の遅い南高タイプの品種群では、黒星病にはバイコ

第110図　成熟期の黒星病

第111図　成熟期のかいよう病斑

ラール二〇〇〇倍と、緑化を促進する葉面散布剤など混用散布する。しかし、地形的に風の強い園地や毎年のようにかいよう病の多発する園地では、ストレプトマイシン剤一〇〇〇倍を加用散布する。

一方、古城タイプや小梅では、四月下旬になればある程度のかいよう病耐性があり、果実のステージがすすんでいるので、ほとんど防除を必要としないが、多発園では残留毒性に十分注意しながら、南高タイプ同様に行なう。

なお、これらの品種では、かいよう病、黒星病ともに最終防除となる。

南高タイプの品種群でも、五月に入ると、かいよう病は多発園だけの防除となるが、黒星病は油断出来ない。

毎年六月にはいって黒星病の発病が

みられる園地では、五月下旬にオーシャイン水和剤三〇〇〇倍を散布しておくとよい。この製剤は収穫後期に発生する、灰色かび病にも効果がある。

この時期はまた、低気圧の通過による強風で風ズレなどが起きやすい。そんなときは、定期防除のほかに、かいよう病の追加防除が必要になる。

マイシン剤を連用すると、耐性菌も生じやすく、防除効果を減退させるので、ストレプトマイシン単剤と複合マイシン剤との交互散布が望ましい。

とにかく、この時期の防除は、ていねいに散布し、枝、葉、果実にタップリ薬をのせることが、防除効果を上げるポイントになる。

第112図　吸汁されヤニ状の汁液を噴出した果実

すす斑症

山間地園の露切れのわるい谷間や、豊作年で結実量が多く成熟が遅れたり、収穫期が六月の下旬から七月に入ったりした場合に、発生しやすい。発生の経験園では、五月下旬か六月上旬に、ストロビードライフロアブル二〇〇〇倍で防除する。収穫期が迫っているので、農薬安全使用基準を確認のうえ使用する。

この時期の散布は、高温による薬害を引き起こしやすいので、日中気温の高い時期を避け、朝夕の涼しい時間帯か、うす曇りの日を選んでていねいに散布する。

害虫の防除

カメムシ類

近年、多発傾向にあり、五月上旬から山間地を中心に発生がみられ、主に夜間集団加害する。

果実に集中吸汁されると、第112図のように、吸汁痕からヤニ状の汁液が噴出し、吸汁箇所が多いと落果し、たとえ残ったとしても、果肉にシコリ状の固い部分が残り商品価値を失う。

なかでもチャバネアオカメムシは、集合フェロモンで集まるので、局地的に多発する傾向がある。これまでに加害された園では、シーズンになったら日没後の飛来状況をチェックする。確認すれば、早めに予防防除することが大切で、密度が高まれば防除効果があがらない場合が多い、早めにスプラサイド乳剤の一五〇〇倍か、収穫までの期間に余裕があれば、スカウトフロア

第113図　ウメシロカイガラムシとその排泄物に二次寄生したこうやく病

第114図　ヒトミヒメサルハムシ

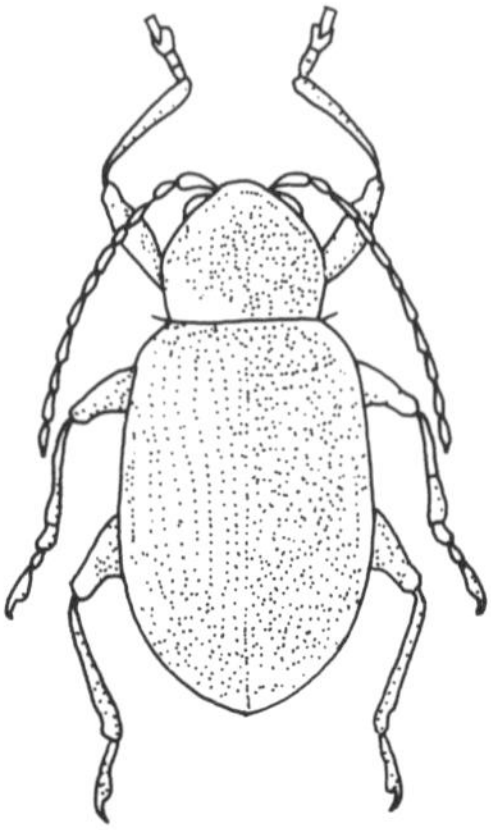

体長2.75～3.25mm

最近全域で，6月中旬ころより，ウメの果実の上部の表皮のみ食害され，青梅，梅干の商品価値がなくなる

ブル二〇〇〇倍で防除する。

ウメシロカイガラムシ

五月中旬には、第一世代の幼虫が出そろい、防除適期に入る。発生が多いと、樹勢を衰弱させるとともに、排泄物にこうやく病菌が二次寄生（第113図）するので、早めの防除がよい。発生が少ない場合は、今回は行なわず、第二羽化期の七月上旬の状態をみて発生が多ければ防除する。防除は、スプラサイド乳剤一五〇〇倍（収穫前一四日）で行なう。

ヒトミヒメサルハムシ

体長二・五ミリ程度の黒っぽい甲虫で（第114図）、六月中・下旬から発生し、葉肉と果実の果梗上部表皮を食害する。

多発すると光合成力を低下させ、樹勢を弱めるとともに早期落葉につながる、七月上旬にウメシロカイガラムシの二化期と同時防除ができる。

展着剤を使わず、葉面散布剤を使う

一般に防除薬に展着剤を加用することが多いが、ウメの場合、二種混合以上では製剤にはいっている展着剤で充分で、単剤散布でも規定希釈倍数の二分の一程度に薄めて使うことが、防除効果と残効性を高める秘訣である。

ウメでは果面や葉の表裏面に気孔の数が多いうえ、保護膜であるパラフィン層が薄く破壊されやすい。展着剤によって薬液の表面張力が弱まり、薬剤の絶対付着量も減少して防除効果を減退させるばかりか、残効性も短くなるので注意したい。

この時期は、定期防除のたびに展着剤代わりに葉面散布剤（主要要素と微量要素入りのもの。旭化学のプラムエース、日液化学のヨーヒB5などが一般的で、通常五〇〇倍から八〇〇倍で使用）を加用するとよい。新葉の充実や果実肥大、生理落果の軽減に役立ち、特に白加賀、古城タイプの品種群では、ヤニ果防止に効果的である。

この時期は、定期防除のたびに展着剤代わりに葉面散布剤（主要要素と微量要素入りのもの。旭化学のプラムエース、日液化学のヨーヒB5などが一般的で、通常五〇〇倍から八〇〇倍で使用）を加用するとよい。新葉の充実や果実肥大、生理落果の軽減に役立ち、特に白加賀、古城タイプの品種群では、ヤニ果防止に効果的である。

農薬安全使用基準は厳守

ウメはまるごと加工利用されるので、特に収穫期の農薬散布では、安全使用基準を守り、消費者に安心して利用してもらえるウメづくりに徹したい。

各章の管理のポイントの表中、農薬使用倍数の後に、たとえば21／3と示してあるのは、収穫予定日の二一日前までの使用で、年間三回以内の使用に制限されていることを示す。ウメに使用できる農薬が限定され、使用基準は年々厳しくなっている。また、残留農薬の基準値の設定はいちだんと厳しい方向にある。

厚生省や都道府県、消費者団体では、市場出荷された農産物の安全性を常にチェックしている。心ない生産者一人が安全使用基準を守らなかったばかりに、その人だけでなく、関係農協の出荷停止、さらには産地の崩壊という事態につながるかもしれない。適正な農薬の使用につとめなければならない。

薬害の出やすい農薬の組み合わせ

主要品種の南高や改良内田、小粒南高、古城などでは、防除暦に設定された農薬であれば、高温時を除いて薬害は少ない。

五月上・中旬の殺虫剤と殺菌剤の組み合わせの中で注意したいのは、スプラサイド乳剤とスコアー水和剤の組み合わせで、薬害に強い南高や小粒南高などでも発生を経験しているので注意したい。

この組み合わせは薬剤の相性が悪く、さらに葉面散布剤など、展着剤がわりに三種以上混合すると落葉を助長する。曇天や涼しい朝夕の散布でもこの組み合わせには注意したい。

この時期にウメシロカイガラムシなどを対象にスプラサイド乳剤を使う場合、黒星病や灰色かび病、スス斑症対象にストロビードライフロアブルを選んで混用散布するのが、薬害が少なく効果的である。

なお、この時期の薬害の特徴は、緑化のすすんだつやのない葉に薬害を引き起こしやすく、新梢の先端などの若葉はパラフィン層も厚く、保護されているので落葉は少ない。なお、晴天無風の日には新葉の葉温が高温になり、夕立などの降雨があった場合、水滴がレンズ状になり集光して、高温障害で落葉を引き起こす場合もある。

特に五月以降は、予想以上に高温になりやすく、主要品種においても、朝夕の涼しい時間帯やうす曇の日を選ぶなど、農薬散布には注意が必要である。

「手ノズル散布のコツのコツ」

毎年、黒星病になやまされているウメ農家の方が案外多い。

効果的な新薬を使うのに、どうも効果がもうひとつ…と言われる方は、散布手法のポイントがはずれている。

病原菌は枯れ枝に胞子孔をつくり潜伏越冬しているので、まずせん定時期に小さい枯れ枝などもせん除しておく。四月にはいり、幼果が肥大する時期にも意外に小枝が枯れることを見受けるが、わかりやすいこの時期に一まわりしてせん除し、耕種的防除を徹底して病原菌の密度を下げておくのが第一ポイント。

黒星病は後期発症型の病害であるが、すでに三月下旬から潜伏感染し始め、発病は一ヶ月後の四月下旬からになる。また、病原菌は果実の病斑から、さらに胞子が出て、二次感染するやっかいな病害である。

近年、産地では干害と防除をかねた、スプリンクラー防除施設が充実してきているが、雨滴感染部分に散水液がよくかかり、防除効果をあげている。

しかし、手ノズル散布の場合、樹冠外周から周囲を一回りしてていねいに散布しても、薬剤が付着していない部分がどうしてもできる。そこで、一樹ごとにていねいに散布することは同じであるが、まず主幹部位にわが身を移し、放射状に一周ていねいに散布する。その後樹冠外側から、これまでどおり一周ていねいに散布すれば、かなり完璧に近い付着率になり、防除効果が発揮できるのでおためしいただきたい。

この方法では少し薬液も多くなるが、毎回このような方法をとれば、発芽期からの散布を通算三回程度に削減でき、減農薬栽培が可能になる。

第7章 収穫期の作業

1 この時期の生育と作業のポイント

ウメは後期肥大に優れ、黄熟しても落果する直前まで肥大する。結実が多いと、果重による骨格枝への負担が大きく、亜主枝は下垂する。そのため養分の流動がわるくなり、果実の成熟を遅らせるうえ、枝の折損なども心配である。これを防ぐには、プラスチック製の支柱（サポット）などを使って第115図のように支えてやる。

果面の毛じが脱落して、果梗部から赤道部まで光沢を発すると、青梅の収穫期にはいる。青梅では、黄色ぎみの過熟果の混入に特に注意する。青梅・漬梅それぞれに適した熟度と鮮度が大切で、適熟果の採果に努める。

この時期、朝早くから収穫作業に追われ、午前中に青梅出荷、午後は漬梅の収穫、拾い梅の集果、階級選別、漬込み、といった一連の作業があり、連日多忙な日が続く。雨の多い時期だけに、つらい雨中での収穫作業も多く、過労にならないよう健康管理に十分注意したい。

第11表（107ページ）の管理ポイントを参考に、段取りよく作業をすすめてほしい。

2 収穫適期の判定

品種別に収穫時期を見定める

ウメの熟期は、同一品種でも樹勢や土壌、気象条件などによる差が大きい。海岸線沿いと山間地とでは、二週間以上も熟期差がある。また、結実量によっても差が大きいうえ、一樹でも樹冠上部は早いが、赤道部より下部では遅れ、一週間以上の差がある。

また、品種により黄熟化するとすぐ離層を形成して落果する品種と、黄熟

第115図　成熟期に近づくと果重で下垂する。サポット(受け具)を使って支えてやると養分の流れがよく成熟が遅れない

化しても、しばらく樹上にとどまり落果しにくい品種とがある。

前者には、改良内田、皆平早生、小粒南高、古城などがある。なお、改良内田は品質はよいが、黄熟化と落果の進行が急激に起こるので、青梅出荷ではやや若どりが必要になる。

後者には、代表品種の南高をはじめ、養青、地蔵、薬師、玉英などがある。しかし、地域差や成熟期の気象条件によって変動が大きく、早期に落果する場合もある。

品種別の収穫時期は、小梅類が最も成熟が早く五月中旬からの収穫で、次いで古城、白加賀が六月上旬、改良内田や雑種の早生系、小粒南高が六月上・中旬となり中旬以降は南高、養青、鶯宿、白王、薬師、地蔵、雑種の晩生種と続く。ただし、いずれの品種も結果量が多ければ、当然収穫期が遅れる。

また、同一品種でも樹勢が強く、栄

第116図　「紅南高」

南高の着色果。紅の鮮やかさで市場評価が高く「紅南高」としてブランド化されている

養生長が盛んな樹は収穫期が遅れ、樹勢が弱い樹では果実が小玉傾向で、早熟になりやすい。

着色で収穫の判定はできない

ウメには着色しやすい品種と、ほとんど着色しない品種とがある。着色しやすい代表的な品種には南高や小粒南高、小梅では紅王などがあり、成熟期に陽光面が着色する。着色しにくい品種でも、開花期が早く、長い期間果実に陽差しを受ける年では、鮮やかさはないが着色をみるものが多い。

着色果は、梅酒や梅シロップなどにすると色素が溶け出し梅のエキスを褐色にしたり、白干し梅にすると着色部分が黒褐色になったりするので、市場評価は低い。しかし近年、南高にかぎり、この鮮やかな紅を生かして「紅南高」としてブランド化し、今では市場評価も高い。これは、南高の真価が認

第117図　青梅の収穫適期

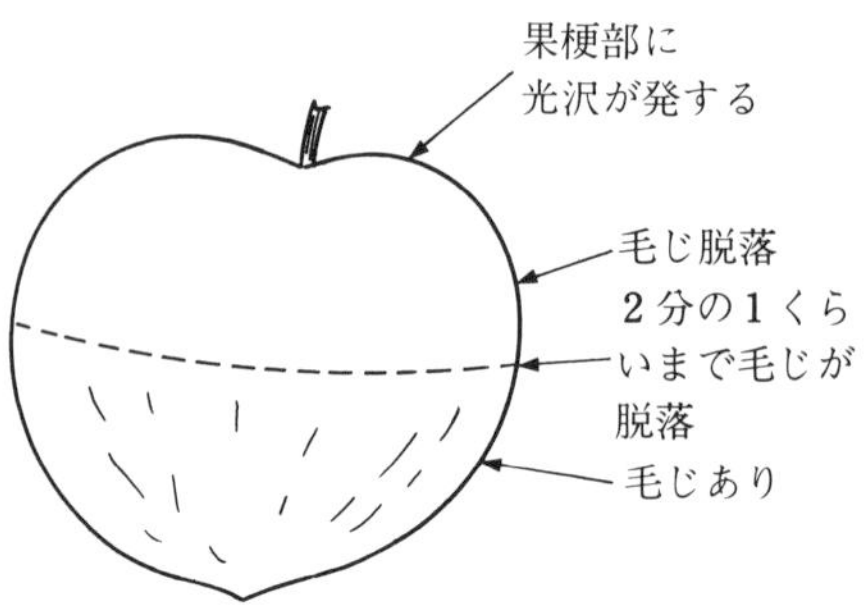

められたうえで、紅の鮮やかさこそが南高の特性と評価され、購買力を高めるようになったからである。

ただし、樹上でよく陽の当たる果実は光沢を発し成熟してくると紅の鮮やかさがいっそう増すが、樹冠内部の日陰果は登熟しても着色しない果実もある。ウメでは着色は収穫期の判定にはならないのである。

青梅の収穫適期

八八〜九〇%の熟度が適期

青梅は適熟と鮮度が売りもので、八八〜九〇%程度に熟した果実が収穫の適期とされている。果実の外観から判断する場合、果梗部から果頂部に向かって果面の半分程度まで毛じが脱落し、光沢を発しているのを目安に採果するのがポイントである。ただし、地方品種のなかには果面から光沢を発してこないものもあるので、注意する。

この程度の時期になると、果実はほぼ成熟しているので、第118図の※印の時期に当たり、糖度七%前後、酸度五%以上に達している。気温の高い時期ではあるが、この程度の熟度であればそれなりに日持ち性もあり、市場から小売店・消費者の手元に届くまで商品価値を保つ。

若どりに注意

青梅の場合、ややもすると若どりしがちである。若どりすると、後期肥大に優れているウメだけに収量が少なく、そのうえ果肉のわりに種子が大きい果実になる。

しかも、出荷時に緑が濃くても、果肉細胞が登熟していないので日持ち性がわるい。小売店に届くころには果実に張りがなく、ひどい場合は、果面がしおれる。したがって、熟度判定には十分注意しなければならない。

このような未熟果が混入すると、加工製品の品質にも大きく影響して果肉の硬い梅干に仕上がり、品種固有の特性を発揮できないばかりか、次回から消費者にソッポを向かれる。当然、出荷果実の評価にも大きく影響して、市場価格にはね返ってくることになる。

なお、古城タイプの品種は青梅専用

第118図　樹冠部位別糖・酸分の変化の推移

（南高梅10年生）（昭52年，南部高校）

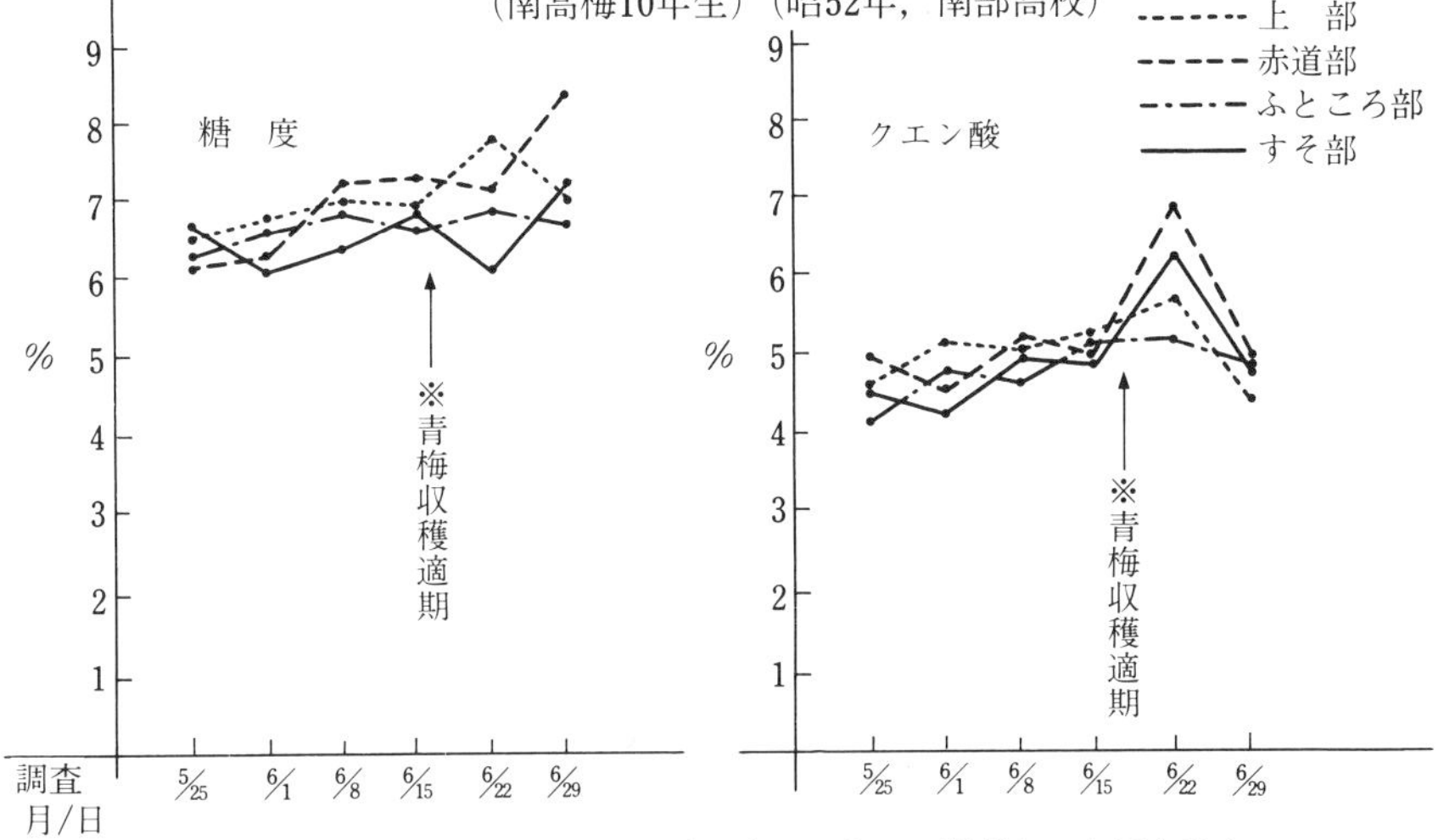

※印の時期が88〜90%程度に登熟，果面の毛じ2分の1脱落して光沢を発す

第119図　成熟果と未熟果

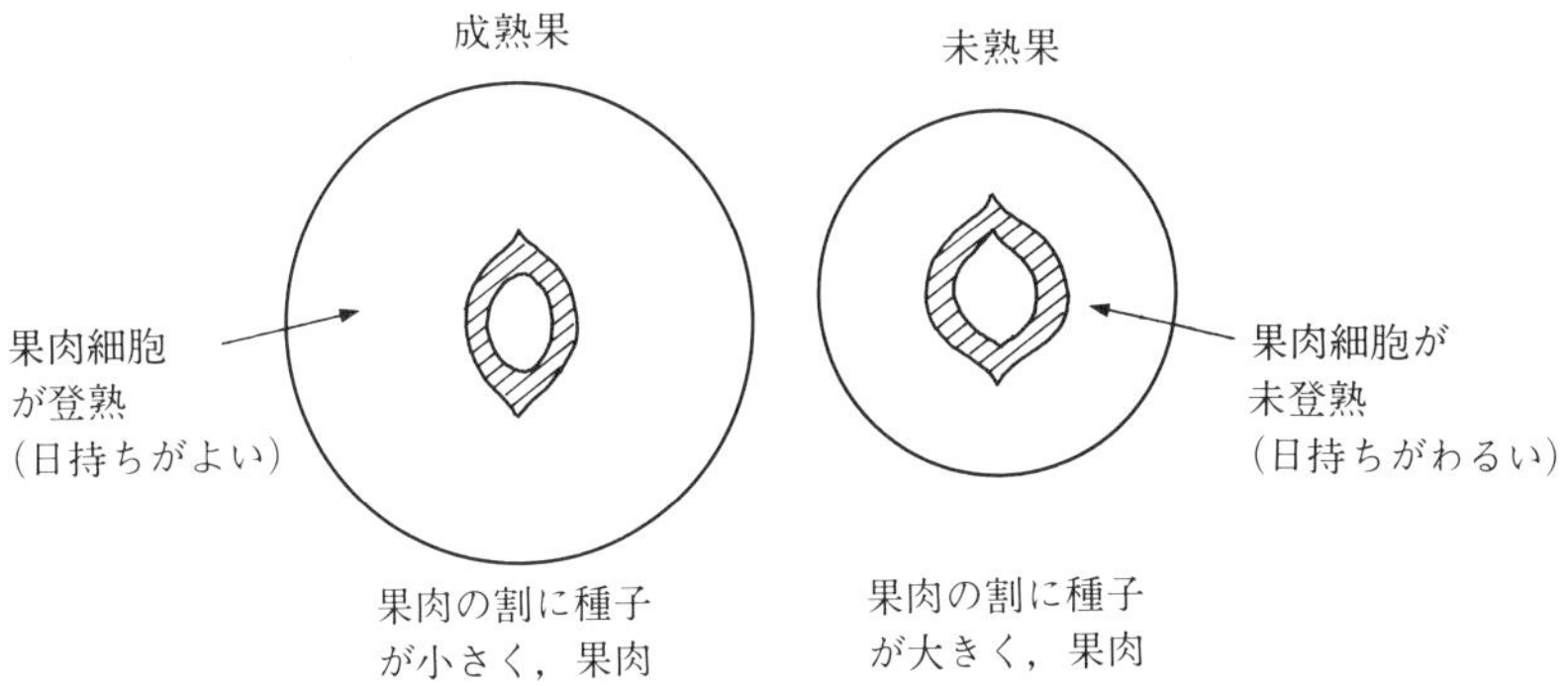

に、南高は青梅、漬梅の両方に利用されている。

傷果は追熟して漬け梅用に

青梅として出荷する場合は、無傷でないと秀品として通用しないので傷果は取り除くが、この選外果は加工用として利用できる。風ズレなど傷の程度が軽いものは、青梅として秀品に仕上がるものもかなり多い。

しかし、青梅として採果してあるために、やや若どりになっており、漬け込む場合追熟して漬ける必要がある。第14表に示すように、収穫後二〜三日追熟して、黄変梅が三〇〜五〇%混在する時

第14表　青梅収穫後の追熟日数と白干し梅歩留り（61．62試験より）

年度	ウメの大小	保管中の室温	適熟保管日数	同左黄変梅の混在程度	同左白干し梅の歩留り
61	2L	24℃	2日	45％	52.6％
		(22～26)	3	80	52.9
62	3L	22.5	3	40～50	56.0
			4	80～90	53.0
	L	(20～25)	4	60～65	51.2
			5	85～95	49.5

（みなべ町うめ21研究センター）

期が、白干し梅としての歩留りも高く、品質外観ともに優れている。この場合も、L以下の小果はもう一日余分に追熟すれば、いっそう熟度がそろい、品質のそろった白干し梅に仕上がる。

漬け梅は完熟果が最高

落果時が収穫期

漬け梅は、完熟して落果したものをネット収穫など〃拾い梅〃で収穫することが多い。

ウメは、樹上で黄熟化して落下直前まで肥大を続け果実重を増す。果汁中の酸含量は六％前後からやや下がるものの、糖度は上昇して八％にも達し、灰分、カルシウム、ミネラルなども最高の含量になるといわれている。漬け梅はこの時点が収穫適期で、落下前二日、落下後一日の範囲である（第120図）。

和歌山県の「みなべ町うめ21研究センター」の調査でも、落果一日後には品質の低下が証明されている（第121図）。

また、落梅は、その日に必ず拾わないと、一晩で地面に生息するアカマダラケシキスイに食害される。果実内に入り除去できないので、これをそのまま漬け込むと果実中に虫の死がいを封じ込むことになり加工業者を困らせるばかりか、産地のイメージを失墜させるので、特に注意したい（第122図）。

小果は追熟して漬け込む

ネット収穫など〃拾い梅〃で対応する場合、毎日集果・選別して漬け込むが、2L級以上はその日のうちに漬け、L級以下の小さい果実は、一日追熟して翌日漬け込むのがよい。

こうすると、熟度がそろい、果皮や肉質の固いものが少なくなり、白干し梅の歩留り率も高くなる。そして、干し上がったウメは、硬さも良好で小ジワが多く、薄皮で果肉率が高く秀品率も高い、最高の梅干に仕上がる。

第120図　最高の梅干を漬けるために（梅干組合青年部・若梅会）

◎梅は完熟がよい

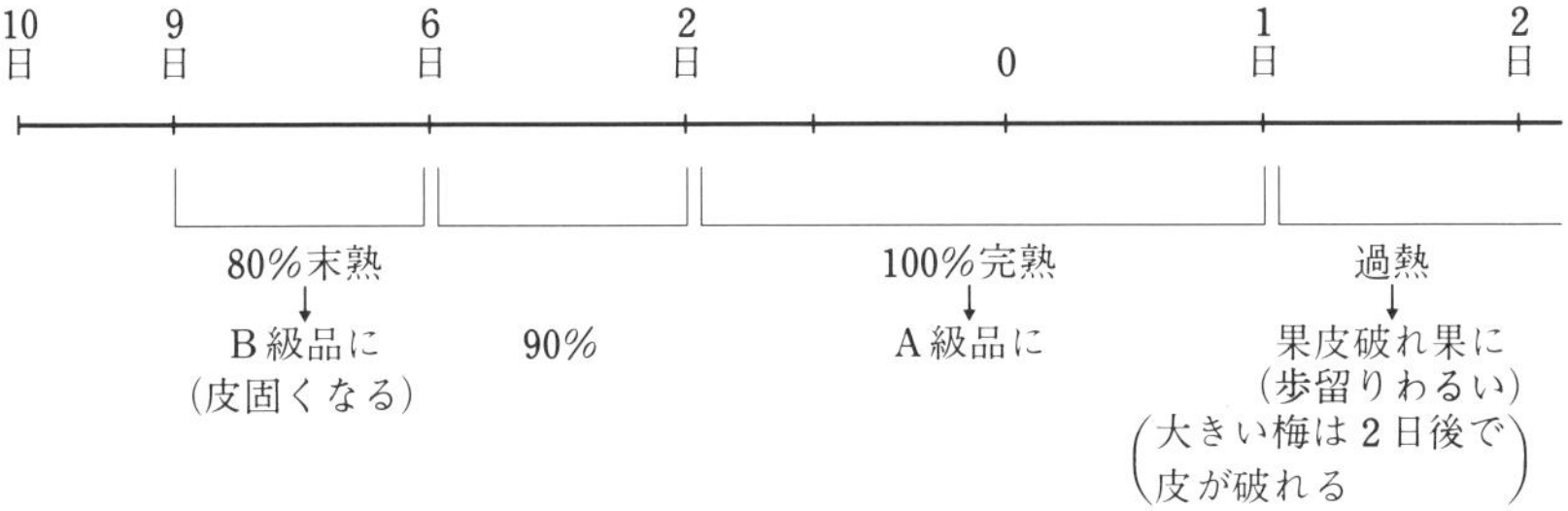

第121図　拾い梅の落果後漬込みまでの日数と白干し梅の歩留り（63試験より）

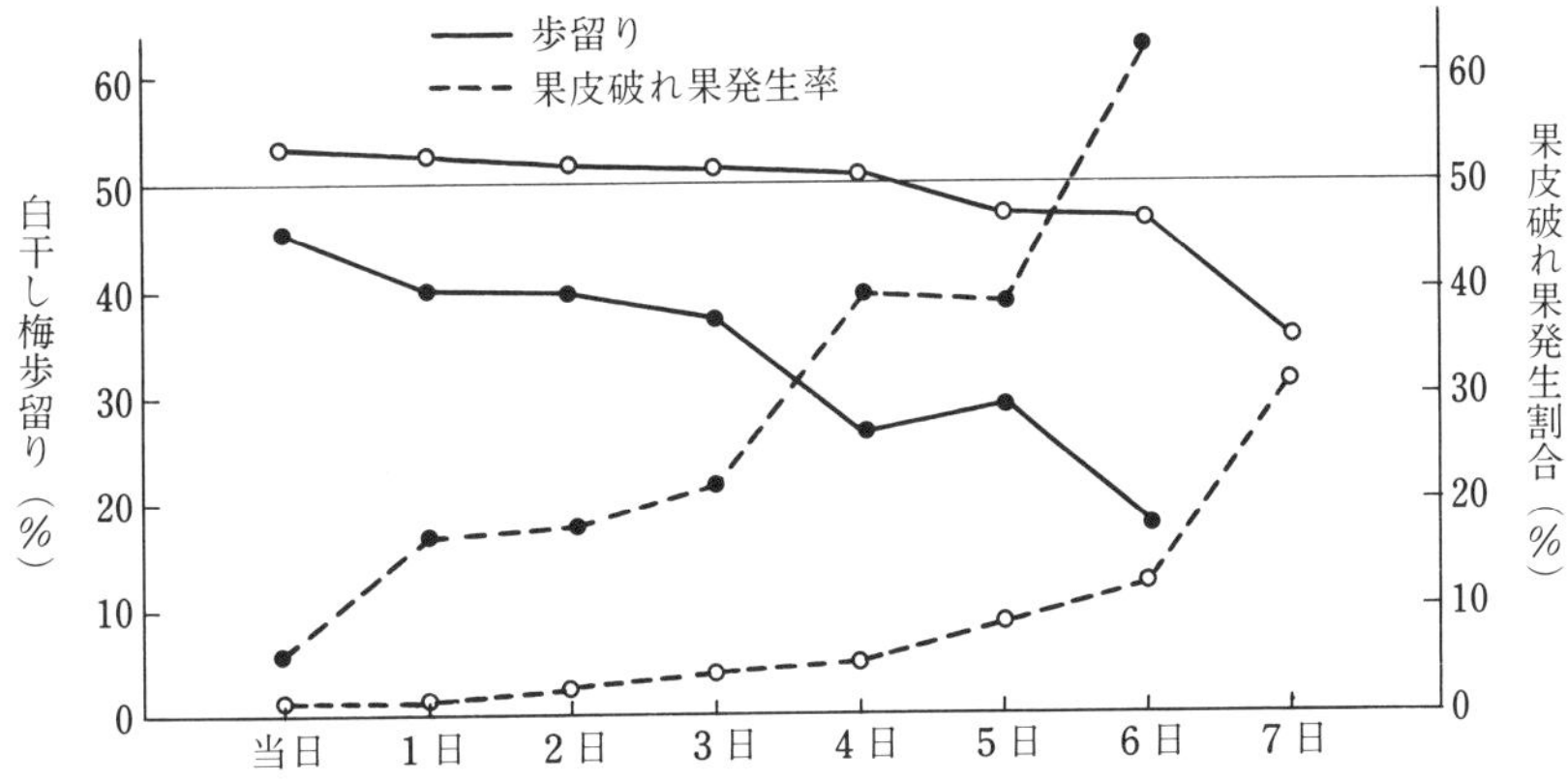

（みなべ町うめ21研究センター）

生梅に対する白干し梅の仕上がり歩留りは50%が目安

第122図　アカマダラケシキスイ

甲虫の仲間，体長7.5mm内外，体色暗褐色，有機物の多い土壌中に生息し，落ちた梅を食害し浸入する。

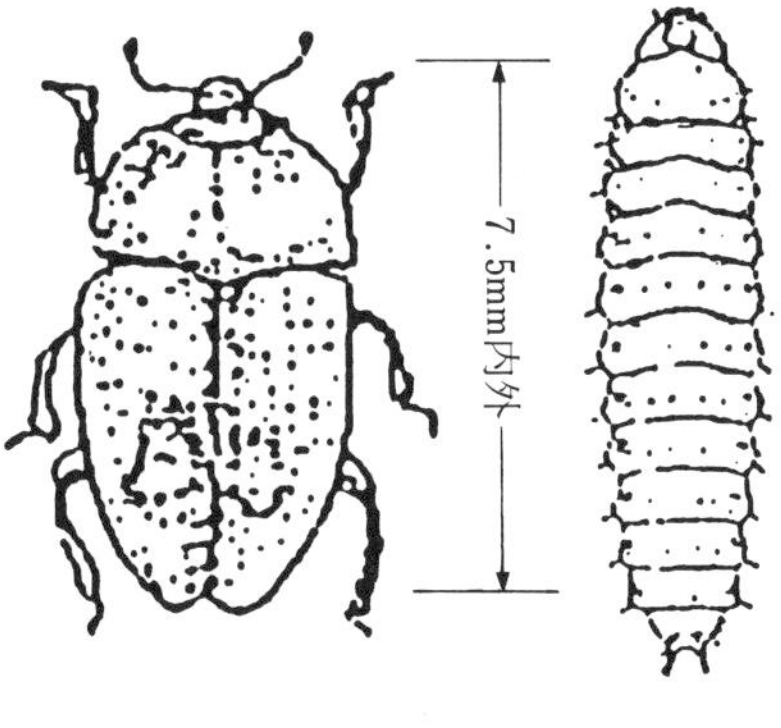

左：成虫，右：幼虫

追熟せずに早く漬け込むと、干し上がり果の果面のシワがやや太く果皮の固いものが混じり品質がわるくなる。

また、この時期より漬込みが遅れると過熟になり、漬込み中に果皮が破れ、ツブレ果が多く出て、品質は低下し、歩留り率もうんと低下してしまう。

このように、白干し梅加工用の収穫・漬込み適期は、自然落下当日から翌日の範囲にある。とにかく毎日拾い、選別して、大きさ別に漬け込む時期を調節することで最高の白干し梅に仕上げたい。

3 漬け梅の能率的な収穫法

ネット収穫

平地では、樹冠下に破風ネットの五ミリ目程度のものを、第123図のように敷き込み、うね間に集まる〝落梅〟をコンテナに集荷するのがよい。この場合、ネットを持ち上げながら落梅をところどころに集果すれば能率が上がる。

傾斜地では、畦畔より下段に落ちないように、ネットの端を第124図のように支柱などで持ち上げて、ころげ落ちてくる果実を受け止めるようにすると能率よく集果できる。この場合、落梅があまりころげないよう、ところどころネットをつり上げ溜まり場をつくり、果実をいためないよう工夫して敷くとよい。

また、樹冠の大きさにあわせた一樹ごとの収穫ネットが考案され、市販されている。これを第125図の要領で樹冠下に盃状に張り、株元のコンテナに集める。この場合も毎日コンテナを取り換え集果するが、一部ネット外にはみ出した枝の果実は、拾い梅で対応することになる。

ネット収穫は近年の労力不足も手伝って産地ではかなり普及し、栽培面積の大きいほとんどの農家でこの方法を導入し、能率を上げている。

しかし、拾い梅では、落果してから集果するまでの間放置されるので、空梅雨など、日照の強い日が多いと、日焼け果がある程度発生するのは避けられない。これが、拾い梅の短所ともいえる。だが工夫次第では軽減できる。平地の場合、空き地や幼木があって日光が当たりやすい部分は、ネットを支柱で高くするか、ヒモでつるすなどして、陰地に向けて傾斜をつける。また、傾斜地では斜面をうまく利用して、日陰にころがるように支柱でネットを持ち上げたりつるしたりするなど、集果場所を日陰に誘導すれば、日焼け果は最小限にくい止めることができる。

注意したいのは、ネットを地面に敷

第123図　平地園におけるネット収穫

第124図　傾斜地園のネット収穫

畦畔端に支柱を立て，下段に落ちないようにして集果

第125図　樹ごとの収穫ネット

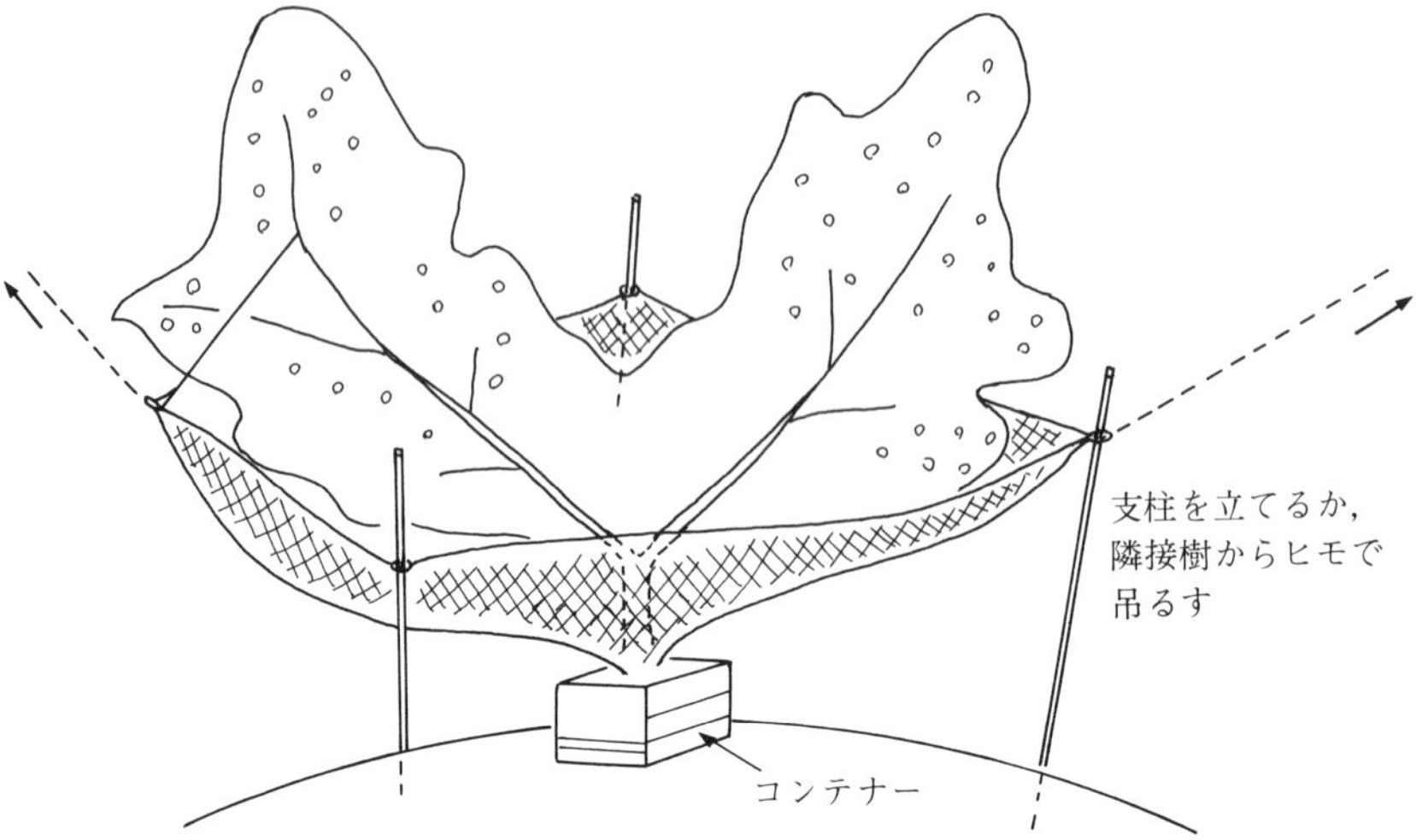
支柱を立てるか，
隣接樹からヒモで
吊るす
コンテナー

樹ごとの収穫ネットも考案されている。株元に受けてある
コンテナは毎日取り替え集果する

くだけでは、どうしてもアカマダラケシキスイの食害は避けられないことだ。なんとか毎日夕刻までに集果して、できるだけ被害を軽減したい。これは熟度を一定にすることに、ひいては高品質の白干し梅を生産することに連動しているともいえよう。

秀品率の高い〝二回皆どり法〟

一回目の収穫

樹冠上部の天成り果が落下し始める時期を目安に、赤道部より上部を皆どりする。選果機で選別後、３Ｌ～４Ｌ（黄変果率二五～四〇%）はすぐ漬け込み、２Ｌは一～二日室内で追熟して、黄変果率四〇～五五%にして漬ける。Ｌ以下の小果はもう少し長く二～三日追熟し、黄変果率が四〇～六五%に増加してから漬け込む。

二回目の収穫

一回目の樹冠上部の収穫から四～五日すると、大玉果が黄熟して落果し始める（樹上での黄変果率二五～四〇%のころ）。この時期が二回目の収穫適期であり、樹冠下部の果実を皆どりする。

一回目と同様、３Ｌ～４Ｌの果実はすぐ、２Ｌ以下は室内で追熟して四〇～六五%黄変したころを見はからって、順次漬け込む。

このように〝二回皆どり法〟は、サイズ別に漬け込む要領が大切になるが、収穫能率もよく、日焼け果の心配もないので、品質の高い白干し梅に仕上げることができる。

第126図　漬けて秀品率の高い“2回皆どり法”

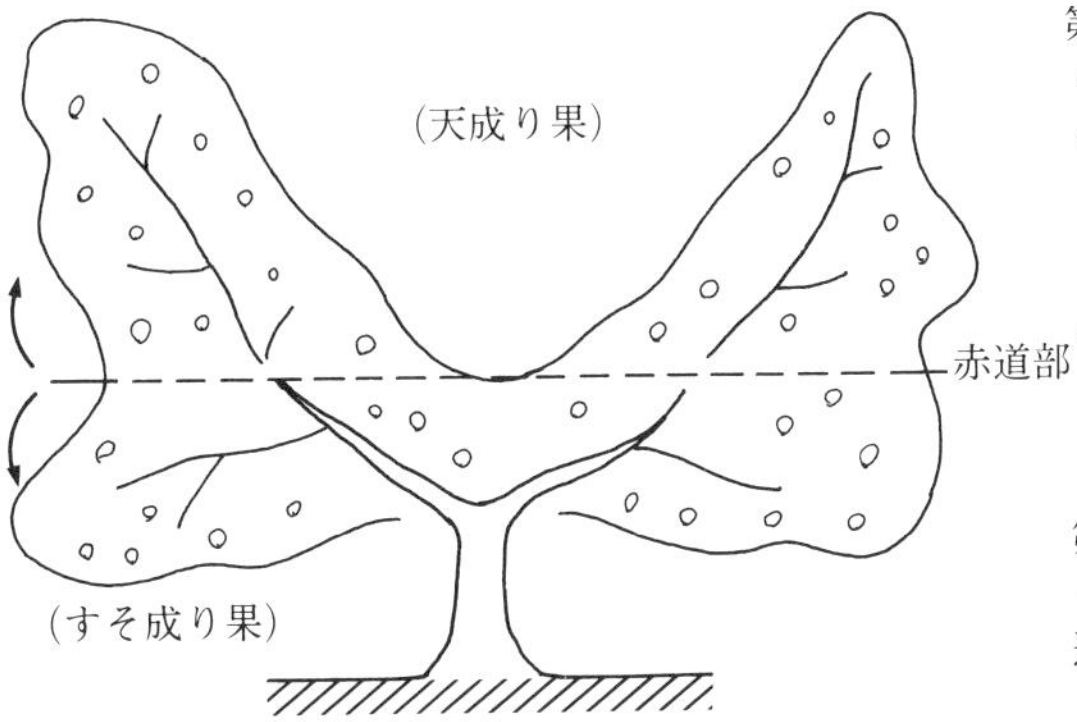

第1回収穫は天成り果落下始めごろ
- 赤道部より上を皆どり
- 選別と漬込み

3L～4L	(黄変果率25～40%) すぐ漬ける
2L	1～2日追熟後 (黄変果率40～55%)
L～M	2～3日追熟後 (黄変果率40～65%)

第2回収穫は第1回の4～5日後
- 赤道部より下を皆どり

選別と漬込みは第1回と同じ

4　収穫果の取扱い

直射日光を当てない

青梅の収穫作業中、コンテナに集果した果実は、常に樹の下など日陰に置き、上に空コンテナをのせるか麻袋などで覆い、決して直射日光にさらさない。

樹上の果実は蒸散作用が働いて通常では日焼けは起きにくいが、収穫果を直射日光にさらすと、すぐ日焼けを起こす。集果から選果階段では気づかないが、市場出荷の翌日に日焼け部分が淡褐色に変色、軟化して、著しく商品価値を落とす。

漬梅も同様で、追熟中に日焼け部分が変色し、その細胞が破壊されて肉くずれの原因になり、他の梅の品質をも低下させてしまう。

このシーズンの太陽光線は、真夏とかわらないほど強いので、品温の上昇には十分留意して早めに集果し、倉庫の涼しい場所に移すことが大切である。

雨中収穫果はよく水を切りていねいに扱う

ウメの収穫期は梅雨時期で、雨が多い。雨天でもウメは熟度がすすむので、適熟果の採収には雨中収穫もやむをえない場合が多い。

濡れ果は果肉にも十分水分を含み、そのうえ、果皮が軟弱化しているので、手袋（軍手など）を着用して収穫すると、晴天時の収穫とは逆にかえって果皮を傷めるので素手で収穫する。

また、収穫時の取扱いはていねいに、収穫カゴからコンテナに移すときも衝撃を与えないよう注意する。集果した

第127図　雨中収穫など濡れ果は大型扇風機などでよく乾かして選果

濡れ果はいったん薄くひろげ、大型扇風機や除湿機などで十分乾燥させてから、選果機にかける（第127図）。湿ったまま選果するとモミ傷を生じ、出荷後に果面が褐変して著しく品質を低下させ、市場評価を落とすので、十分な注意が必要である。

次代を担う完全交配種子の確保

自家育成用種子は、漬梅の収穫時期に、受粉樹と隣接する枝から必要量採果して確保しておく（20ページ参照）。

紀州のウメ栽培の歴史

紀州のウメ栽培の歴史は古く、江戸時代の『名所図絵』に埴田《はねた》（みなべ町）の梅林が見え、当時すでにウメはこの地方の特産品となっていた。田辺藩主安藤直次は梅干を江戸に送り、篠竹の生えるやせ地は耕作不能地として免租とし、これに生える藪梅は領民の食用にしていた。重税にあえぐ農民は少しでも税を免れようと、他の土地にもウメを植えて免租地を増やしていった。産業振興のための資産税減免策は領民の生活を守り、活力をあたえた。

明治にはいり、流行した赤痢の予防や治療に梅干が高い効果を発揮してから、副食として一般家庭に定着した。また、日清・日露戦争を機に需要が拡大し、梅林は埴田のほか南部川村の熊岡や晩稲、東本庄にかけて開畑されていった。内中源蔵（一八六五〜一九四六年）はウメの将来に着目、明治三十四年、篠竹雑木林を自力開墾し、四町歩に当時の優秀品種内本梅を植え、その後も品種改良に努めた。また、村内にウメ加工場を建て、梅干の生産加工を開始し商品化に成功する。これが今日ウメで生きるみなべ町の産業基盤を築いた。

第8章 新植、改植

1 新植地の土つくり

新造成地では、土つくりを優先したい。一年くらいかけて、十分土つくりを行なってから定植することが大切である。特に大型機械の導入による開墾地では、主に心土を耕作土に使う場合が多く、腐植含量が少ないやせた土壌のため、すぐ植えると、植えいたみから苗木が老化し、その後の生育がわるく苦労することが多い。「急がば回れ」の諺どおり、土つくりを優先して決して急がないことである。

一方、苗木もあらかじめ肥沃地で集中管理して、大苗に育てておくのが賢明である。

新造成地の開畑一年目土壌改良は、年に二～三回全面的に耕し、その地域の気候にあった、荒地に強いイネ科とマメ科の牧草を条播または混播し、尿素などの窒素肥料主体に一〇アール当たり一〇キロ（成分量）程度、二～三回定期的に与え、牧草の開花直前に草刈機などで刈り敷くか、トラクターですき込むようにする。

また、新造成地土壌には根瘤菌など含まれていない場合が多い。そこで牧草の播種前に、旧耕地に多く生息している根瘤菌の接種のために、旧耕地土壌を一〇アール当たり二～三トン全面施用し、トラクターなどですき込めば、新造成地土壌でもマメ科の牧草の生育がよくなり草生量も多くなる。

こうしてイネ科とマメ科の牧草を交互に条播するか混播し、四季を通じ園地を牧草で被覆すれば、土壌の流亡が防止でき、有機質も確保されて土壌改良は飛躍的にすすむ。たとえば、一作の牧草収量が四～五トンだと、根量もそれに近い量が確保される。草と根の両方で一作につき一〇トン近い有機物が確保できた勘定になる。栽培回数が多くなるほど、腐植含量を増し、土壌の改良が飛躍的にはかられる。

第128図　造成後の1年と植付け後も牧草を播いて有機物の確保と土壌流亡防止に努める

第129図　新開地でもウメは十分な距離を保つことが大切(7m×7m程度)

第130図　植え穴の準備

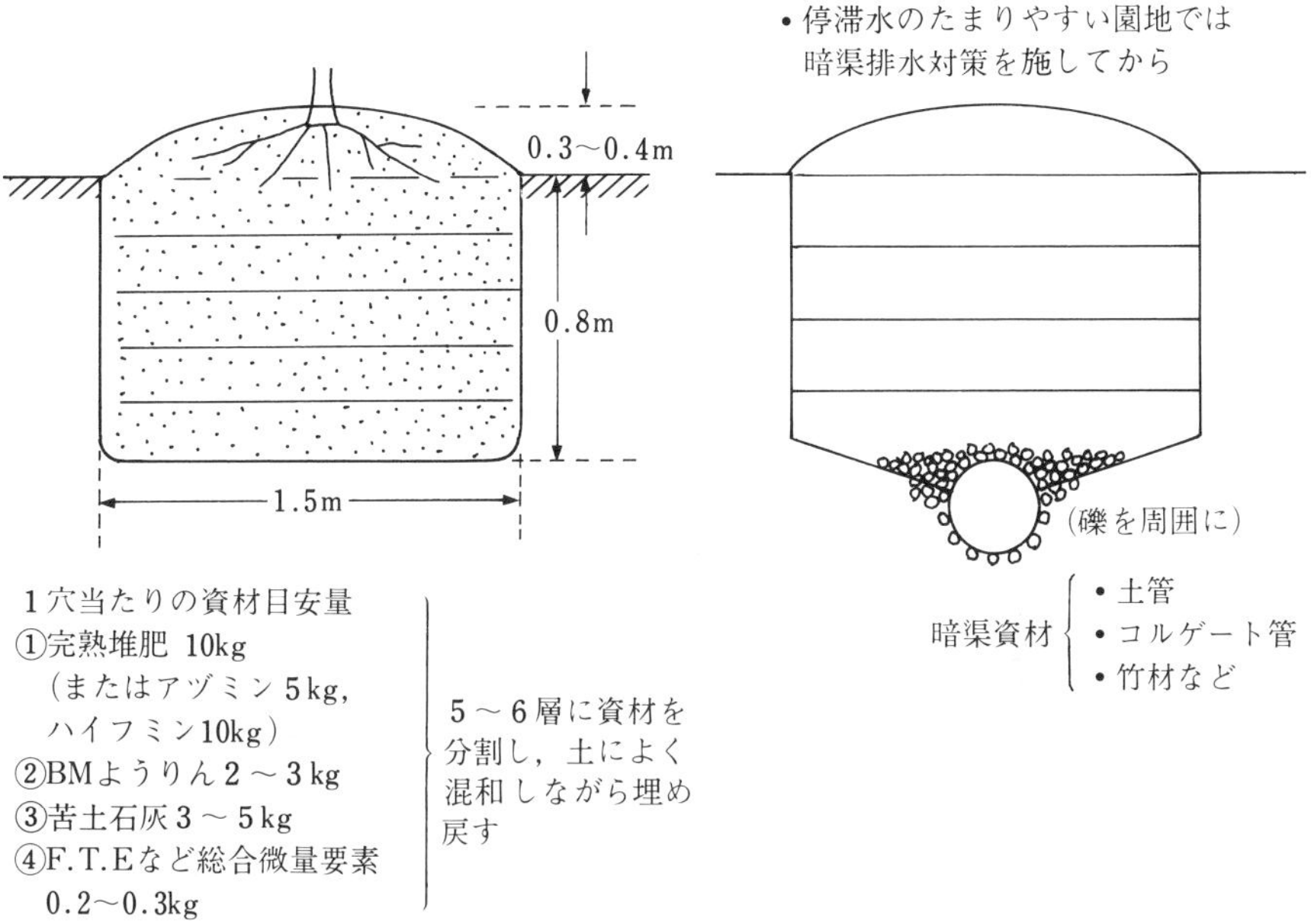

2　植付け

新植地の植付け距離

地力に応じた樹間距離が基本になる。ところで、新開地は育ちがわるいだろうと考えるのが普通だが、将来後悔しないためには一〇アール当たり二〇本植え、五〇平方メートルに一本程度（七メートル×七メートル）の距離は最低確保しておくことが必要である。

また、主品種に対する受粉品種の混植率も第1章第27図の「品種と立地条件による合理的な混植の組合わせ」（36ページ）を参考に、配置しておく。

植え穴はできるだけ早く準備

植え穴はできるだけ早く準備するの

第131図　完熟堆肥を植え穴全層に混和し盛りつける

第132図　苗木の植付け

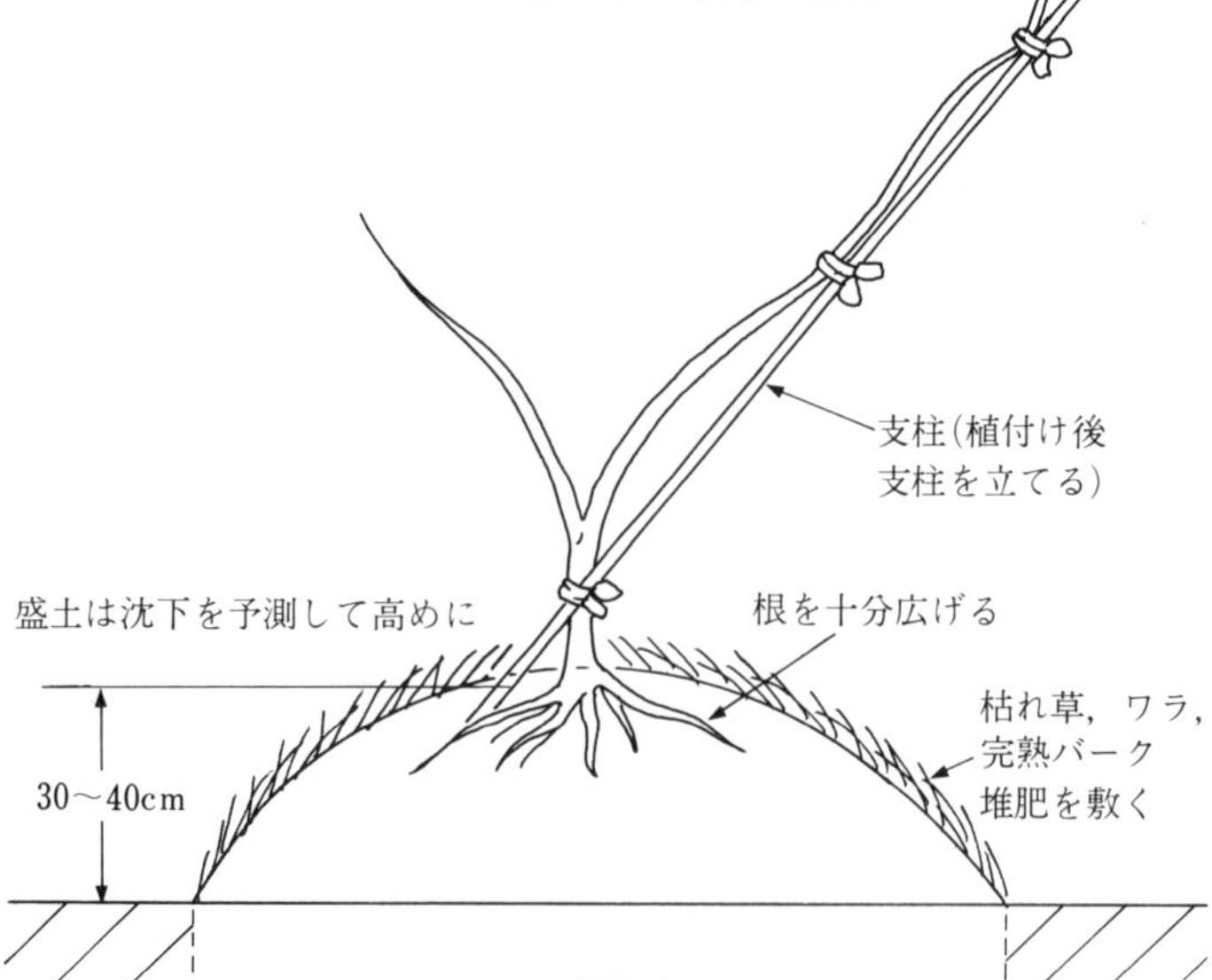

がよく、八月から、おそくとも定植一カ月前までには完了しておく。

停滞水のたまりやすい排水不良園では、暗渠排水対策を優先する。第126図や第131図に示す要領で、植え穴の埋め戻しにさいし土壌改良資材を数層に分割しよく混和して盛りつける。埋め戻し後に盛土は鎮圧するので、それによる土の締まりを見越して、あらかじめ三〇～四〇センチ程度高盛りして植える。しかし深植えすると以後の生育が極度にわるくなるので注意する。

苗木の植付け時期と方法

植付けは、西南暖地では十一月中旬から十二月が適期であるが、積雪のある寒冷地では三月上旬からの春植えがよい。ただし、植え穴は前年の夏から早めに準備しておく。

苗木は開園、改植と並行して熟畑で集中管理をして育てておく。購入するときは前年から苗木業者に予約して定植直前に到着する手配にしておけば、苗木がいたまず春からの生育もよい。

植付けは雨後の、ある程度土壌に湿り気のあるときがよい。そして、風のない曇天の日が理想である。土鉢の付いた苗が安全であるが、土のつかない場合は、決して根を乾かさないことが大切である。

深植えにならないよう植え穴の盛土を加減し、十分根を広げ、床土と根が密着するようていねいに植え付ける。一回目に軽く覆土した後、苗木を引き上げぎみに持ちながら、両足で主幹まわりを軽く踏みつけるようにして固定する。あとは二回目の覆土を接ぎ木基部が見える程度まで行ない、植え穴部に敷草や敷ワラ、完熟堆肥（堆肥発酵材料にオガコ、木材バークを使っていない製品）などを敷き、乾燥防止に努める。また、季節風に株元をゆさぶられないよう支柱を立て、それに結束固定してやれば申し分ない。

「南高梅」の生いたち

第二次世界大戦後、産業復興のなかで、いち早くウメ生産に取り組み、昭和二十五年優良品種選定委員会が設けられ、県立南部高等学校の竹中勝太郎、松倉士郎両先生によって調査、研究された。そして村内に埋もれた実生による良系統一一四個体のなかから「南高梅」が第一位に選出され、昭和四十年農林登録された。この系統は高田貞楠氏の畑にあった実生個体六〇本中の一本で、いち早くこの系統に着目し増植していた地域のリーダー小山貞一氏（後南部川村教育長）や農協組合長および後の村長を歴任された谷本勘三氏の尽力に負うところが大きい。

「南高梅」の名命について、竹中勝太郎先生は「選出系統の中で、一番可愛く思い、優秀であり、期待もした一つの無名系統に母校の名前『南高』と付け、必ず将来この梅と共に南高と言う名前が全国に広がって、栽培農家の幸せに奉仕してもらえることを、ひそかに願っている」と書き残されている。

第9章 注意したい気象の温暖化とウイルス対策

1 生殖生長と栄養生長がアンバランスに

開花期が乱れ、充実が悪い花が増える

近年、地球規模での温暖化がウメに与える影響が心配されている。

温暖化によって落葉がおそく、発根はおくれがち、しかも開花が早まっている。発根がおくれ地上部の比率が高まると、地下部が地上部分をささえきれず、樹が衰弱しやすくなるうえ、花は貧弱で結実率も低くなることがみえてきた。

とくに西南暖地では、晩秋にはいっても気温が高く、越年してようやく落葉する始末。本来ならば十一月ころから発根してほしいのに発根せず、生理的には貯蔵養分蓄積型で継続する。気温七～八℃が七～一〇日続けば、樹体生理は生殖生長型（花を咲かせ結実する生長）に切り替わり、開花準備を始める。こうなると休眠期間が短くなり、春からの生長に必要な活動根が十分確保できない。貯蔵養分は十分あるのに、新根（パイオニアルート）の発根量が極端に少なくなる。

また、休眠期間を経てゆっくり花器がつくられなければならないのに、生殖生長型への切り替わりが早いため、不十分なまま開花してしまう。このような花は貧弱になり、柱頭が欠如したり、花粉量も少なく、花弁は薄く小さい。当然、分泌する蜜量も少ない。この時期、交配の立役者であるミツバチには魅力のない花としてそっぽを向かれ、開花している園にミツバチが飛来しても、確実な交配・結実を望めない。

冬季の降水量が少ない場合や、寒のもどりでおくれることもあるが、近年、恒常的に開花期が早まっている。さらに、海岸地域の開花が中山間地地域のウメよりおそく咲く、逆転現象までみられる。この逆転現象は、海岸地域では開花までに必要な低温要求量が満たされず、生理的に花器の完成がおくれ

がちなのに対して、中山間地では気温が高くなっても夕方から夜間の気温が低いので、低温要求量が満たされ開花期に早く達するためで、ウメの生理が攪乱されているのである。

根量不足で生理落果が増え樹が衰弱する

こうなると、花が少ないうえ充実が悪いので、貯蔵養分は十分あってもうまく生かせず、正常な交配・結実ができなくなり、第一回生理落果を助長する。そして、気温が上昇すると葉芽が展開・生長してくるが、新根量が確保されていないので養水分の吸収が悪く、貯蔵養分の多くが使われるので、五月上旬の第二回生理落果期まで落果が続くことになる。結果的に結実不足になることが多い。根量が不足して、地上部の要求に十分応えられないのである。

そして、地上部の新梢展開が大きく、あたかも生育がいいように見えるが、見えない地下部の根量が少ないので、地上部と地下部のバランスが悪く、五月以降の乾燥や高温にも弱い体質になり、成らせすぎる樹では衰弱につながり、生育不良におちいることになる。また、微量要素の不足や養分のアンバランスによってヤニ果、シコリ果の発生も多くなる。

さらに、大気汚染による窒素酸化物の増加と酸性雨の影響も、ウメの生育にかかわっていることは否めない。

2 対策の第一はウメつくりの基本に徹すること

衰弱傾向をいち早く察知して、まずは減肥で対応

当然、人間が自然環境をコントロールすることはできない。だからこそ、ウメつくりの基本に徹したい。

収量の低下に地上部と地下部とのアンバランスが考えられる場合、樹を甘やかさず施肥量を削減する。最終的にこれまでの二分の一以下に設定（窒素成分量で一〇～一七キロ程度）して、栄養生理的にハングリーを自覚させて発根を促し、根量を確保する。また、樹が衰弱気味になる生育不良の初期をいちはやく察知して、二～三年肥料を施さない勇気ある対応がウメを救う鍵になる。

減肥初期は生産量がやや落ちるが、やがて収量は元にもどり、これまで以上に健康的な樹を取りもどせることになる。

生育が悪いと増肥しがちだが、これは大まちがい。多くの園では、樹の下の土壌に利用されていない肥料が何年分も累積しており、根冠の細胞を破壊

するほどの肥料溶液濃度になっている。むしろ、こうした土壌の肥料溶液濃度をバランスよく下げる対策が先決で、まず土壌分析をすすめたい。

山土で根冠の細胞を回復させる

土壌分析結果から肥料溶液濃度が高かった場合、樹冠下に、肥料分のない山土などの新土を薄く客土することで回復は早められる。ただし、客土の厚さを二センチ以上にはしないこと。これが、根冠の細胞を回復させるポイントである。

余分な肥料はナギナタガヤに吸わせる

さらに、余分な肥料を早期に吸収してくれるナギナタガヤの導入が、その樹とその園地を救うことにつながる（70ページ参照）。

低温に強く高温に弱いナギナタガヤの性質を利用し、九月上旬の秋雨直前に播種すると、樹冠下土壌中の余剰な肥料を吸収して大きくなり、土壌中の肥料溶液濃度を下げてくれる。冬季日照量の少ない北面の園地ではやや生育は悪いが、その他の園地ではよく育つ。また、樹冠下の木陰ではウメの葉が残っている年内こそ生育が悪いが、落葉後は急速に大きくなる。

また、ウメの樹と樹のあいだは肥料不足の場合が多いので、ナギナタガヤの生育を見て硫安を定期的に追肥し、園地全体の生育をそろえてやる。こうすることで、二〜三年でそれなりに健康的な樹をとりもどせることにつながる。

3 スモモ系台木や品種の育成が課題

温暖化に対応するには、暖地に強いスモモ系ウメの台木の導入や、自家結実性が高く優秀な「南高」などアンズ系ウメとスモモ系ウメとの交雑で、それぞれのよい遺伝子を受け継ぐ品種の開発が課題である。ここまで発展させたウメ産業、知恵を出し合い、温暖化に対応できる品種の開発に期待したい。

すでに、スモモ系ウメの台木を使った「南高」苗が、和歌山県立南部高校で試作され、和歌山県みなべ町の協力を得て、二〇〇三年から農家に試験苗を配布して、その成果が期待されている。苗木業者も、スモモ系ウメを台木に「南高」などの品種を接ぎ木した苗を生産し、ウメ農家でよい成績を上げているという。

これからの導入苗は、「南高」などアンズ系ウメ群を支えるために、亜熱帯気候に対応できるスモモ系ウメ品種の台木に接いだものを、積極的に導入してみる価値は十分ある。こうした苗木を積極的に生産している苗木業者（JA和歌山県農協連の委託育苗契約業者）を紹介しておこう。

小坂調苗園　〒六四九―六一一二　和歌山県紀の川市桃山町調月八八八

TEL　〇七三六―六六―一二二一

4　ウイルス感染にも温暖化が影響

ウメ葉縁えそ病（茶ガス症）は潜在的に保毒

近年冬季の気温が高く、産地全般に交配効率が高まり、着果負担による衰弱や生育不良がきっかけで、CMV（キュウリモザイクウイルス）やPNRSV（プルヌスネクロティックリングスポットウイルス）の複合感染が確認されている。ウメ葉縁えそ病（茶ガス症）はこれらのウイルスへの感染が原因とされている。

保毒穂木による感染が多いといわれるが、やっかいなことに、せん定用具による接触感染や、ミツバチによる交配感染も6％程度あるという。

このウイルスがさらにやっかいなのは、生育中に樹体内でウイルス濃度が変化するため、年により病徴の発現が見え隠れすることである。また、一樹内でも枝によりウイルスの濃淡があり、枝によって症状の出現が変化する。感染樹では第133図、第134図に示すように、八月下旬には葉の縁がえそ状に枯れ、落葉して裸枝化する場合が多い。こうなると十分な同化養分の生産が行なえず、生育不良や生産性の低下、貯蔵養分の不足で樹の寿命が短かくなる。

なお、土壌伝染は今のところ確認されていないので、改植での感染はないと考えられている。

せん定用具の消毒で接触感染を防ぐ――強毒系のウイルスを回避

一樹ごとにせん定器具を消毒して対応することが大切である。薬剤は、器具や衣服、皮膚についても支障がないリン酸三ナトリウム液を使い、ウイルスを不活性化して感染を防ぎたい。あらかじめ希釈調整した五％のリン酸三ナトリウム液をプラスチックスプレーに入れ、作業中携行して一樹ごとに器具の消毒を行なうと作業性がよく、隣接樹への感染が防げる（第135図）。

自家育苗では長年健康な無病の母樹から採穂

自家育苗では採穂母樹を吟味することが大切である。栽培樹のなかには、無毒の樹もあれば、弱毒性の樹もまれにある。樹令が進んでいても生育・収量ともに優れ、健康的で生産性の高い

第133図　ウメ葉縁えそ病（チャガス症）

CMV（キュウリモザイクウイルス），PNRsV（プルヌスネクロティックリングスポットウイルス）

第134図　8月下旬にかなり落葉したウイスル感染樹

第135図　園地での感染拡大を最小限に食い止めるために剪定用具の消毒を励行する

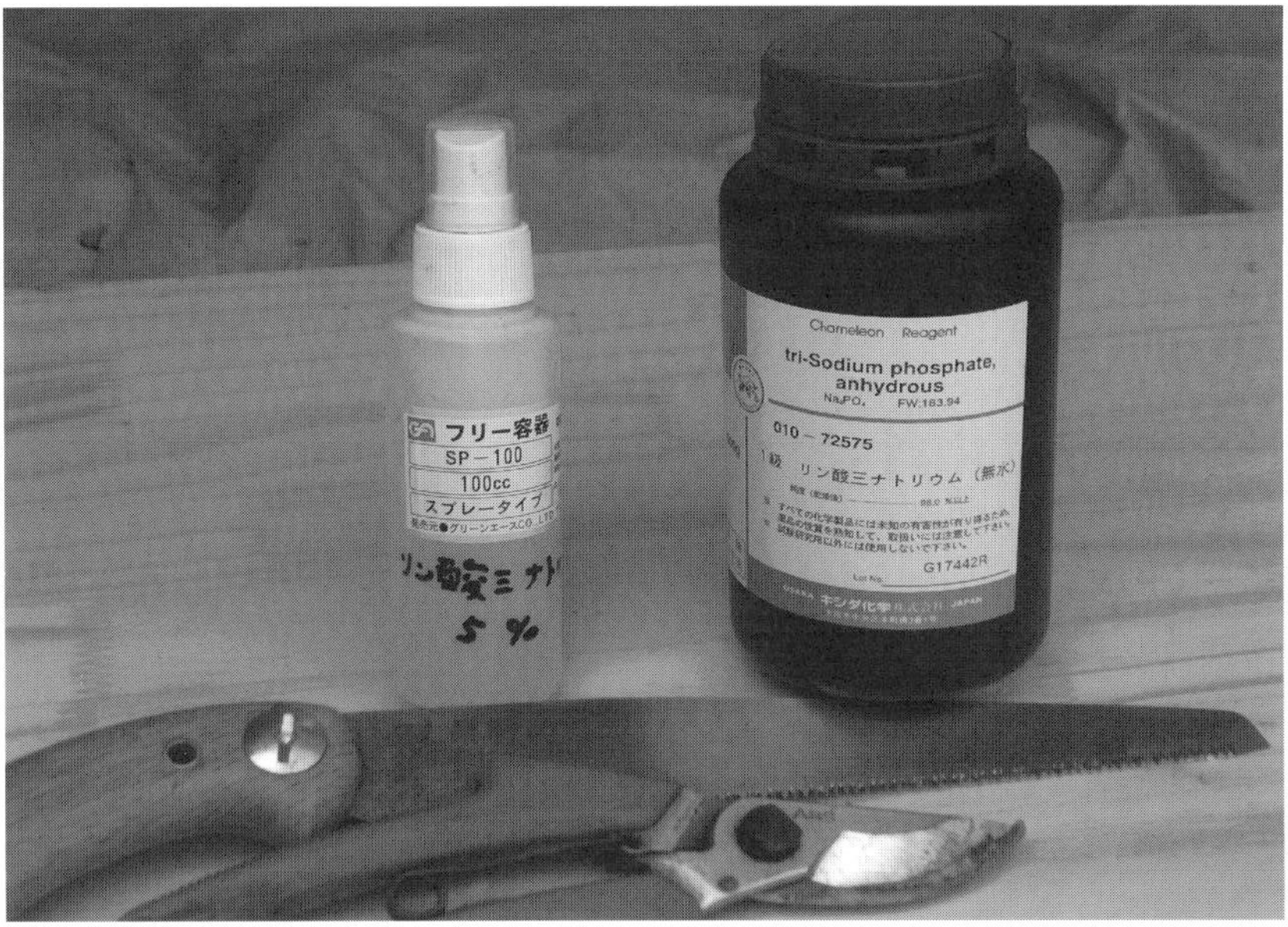

・１樹毎に剪定用具にスプレーしてウイルスを不活性化（消毒）させ隣接樹への接触感染を防ぐ。
・予め清水で５％（20倍）液に調整して，携行しやすいように市販のスプレー容器に入れ使うとよい
・燐酸三ナトリウム液は器具を錆びかしたり，素手に触れるなど衣服に付着しても生地を傷めることがない。作業後は付着した衣類・手を洗っておくこと

樹もあり、これは自然のなかでつちかわれた免疫性を備えているものと考えられよう。

　購入苗では信頼できる苗木業者から購入することになるが、業者も毎年母樹を検定して、弱毒か無毒であることを確認するだけの用心深さを持ってもらいたいもので、これまでよかった母樹も、感染している場合が意外に多いので注意したい。

ウイルス検定も精度の高い手法が開発されている

　これまでのウイルス検定では、抗血清を利用する「エライザー法」や遺伝子を増幅して調べる「ＰＣＲ法」がある。しかし、前者ではウイルスに変異を起こしている場合は対応できないこと、抗血清が限られること、後者では遺伝子の増幅を阻害する物質が含まれると不安定だったり、まちがって遺

伝子を増幅してしまうなどから、検査ごとの確認をとる必要があり、不完全な面も知られていた。

　日本の栄研化学株式会社で開発された極めて精度の高いウイルス検定法「ＬＡＭＰ法」（新規高精度遺伝子増幅法）はアメリカと日本での特許が成立している。ＪＡ和歌山県農協連植物バイオセンター（平田行正所長）ではウイルス・ウイロイド分野でのＬＡＭＰ法ライセンスを取得するとともに、フリー化技術にも取り組まれている。同センターは農業団体機関としてＬＡＭＰ法の受託検査を唯一認められており、生産者団体や種苗業者の方は、検定を積極的に依頼されることをすすめたい。

　生産者は、ウメ産業のさらなる発展を目指し、こうした検定には積極的であってほしいと願うものである。

　ＬＡＭＰ法に関する問い合わせ先

ＪＡ和歌山県農協連　営農対策部

〒六四〇―八五〇一　和歌山県和歌山市美園町五丁目一―一

ＴＥＬ　〇七三―四二六―八〇八一

付録

付録1　生育と主な管理作業

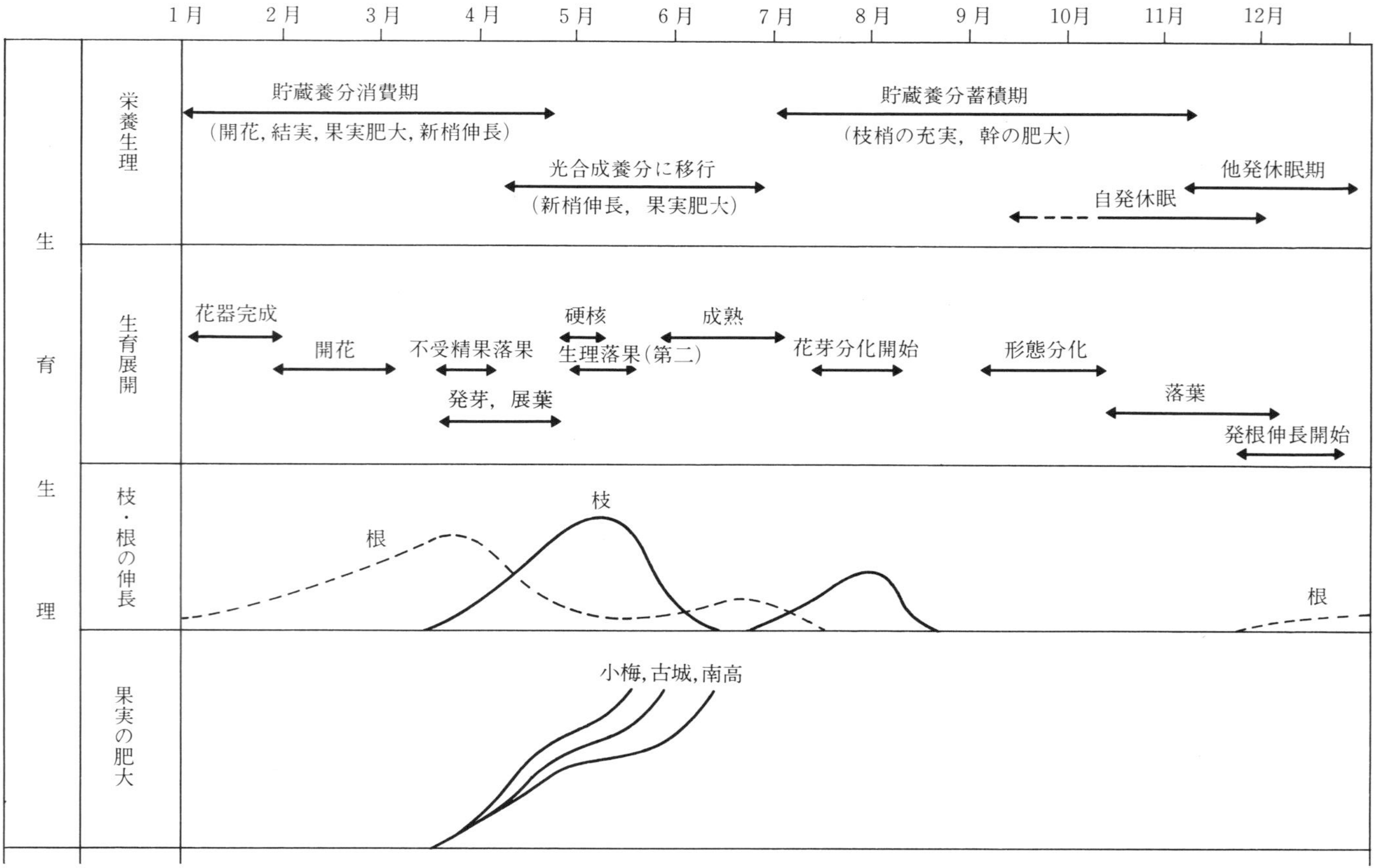
1月
2月
3月
4月
5月
6月
7月
8月
9月
10月
11月
12月
生育生理
栄養生理
貯蔵養分消費期
（開花, 結実, 果実肥大, 新梢伸長）
貯蔵養分蓄積期
（枝梢の充実，幹の肥大）
光合成養分に移行
（新梢伸長，果実肥大）
他発休眠期
自発休眠
生育展開
花器完成
開花
不受精果落果
発芽，展葉
硬核
生理落果（第二）
成熟
花芽分化開始
形態分化
落葉
発根伸長開始
枝・根の伸長
根
枝
根
果実の肥大
小梅, 古城, 南高

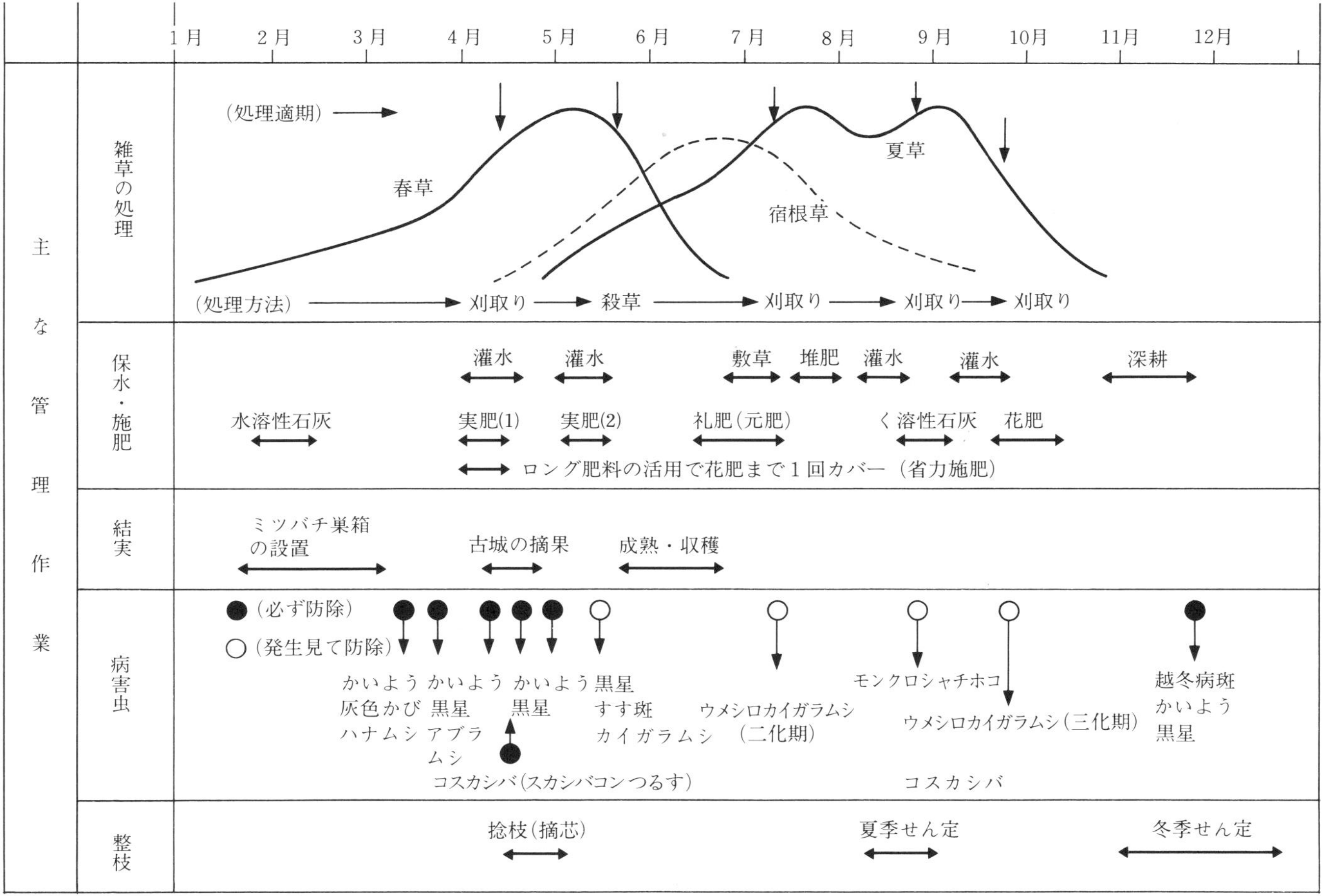
主な管理作業
1月 2月 3月 4月 5月 6月 7月 8月 9月 10月 11月 12月
雑草の処理
(処理適期)
春草
宿根草
夏草
(処理方法)
刈取り
殺草
刈取り
刈取り
刈取り
保水・施肥
灌水
灌水
敷草
堆肥
灌水
灌水
深耕
水溶性石灰
実肥(1)
実肥(2)
礼肥(元肥)
く溶性石灰
花肥
ロング肥料の活用で花肥まで1回カバー(省力施肥)
結実
ミツバチ巣箱の設置
古城の摘果
成熟・収穫
病害虫
●(必ず防除)
○(発生見て防除)
かいよう 灰色かび ハナムシ
かいよう 黒星 アブラムシ
かいよう 黒星
黒星 すす斑 カイガラムシ
コスカシバ(スカシバコンつるす)
ウメシロカイガラムシ(二化期)
モンクロシャチホコ
ウメシロカイガラムシ(三化期)
コスカシバ
越冬病斑 かいよう 黒星
整枝
捻枝(摘芯)
夏季せん定
冬季せん定

付録２　病害虫防除暦（例）　（谷口　案）

防除時期		対象病害虫	適応薬剤等	備考
0	開花期…	ミツバチ保護のため，開花期間中に殺虫剤は絶対散布しない		
0	開花終了　落弁期	灰色かび病 （常発園）		・白加賀・古城・小梅類に発生しやすい （南高品種群は常発園のみ）
1 ※	発芽前 （３月中・下旬） （幼果の見える前）	カイヨウ病 アブラムシ類	Ｚボルドー500倍 -/- （クレフノン200倍加用） ＋ モスピラン（溶）4000倍7/2	・他にＩＣボルドー66Ｄ…50倍 -/- ・ランベック（乳）1000倍45/2は混用不可 ・モスピランはボルドーに混用可 ・幼果が見え…薬害の心配の場合はカスミン液剤500倍60/2もよい
2	発芽期 （４月上旬）	黒星病 （うどんこ病） カイヨウ病	水和硫黄フロアブル500倍 -/4 ＋ マイシン（水和剤）1000倍14/5	・灰色かび多発園で黒星病，うどん粉病同時防除する場合はストロビーＤＦ2000倍7/3にかえると効果的 ・他に｛マイコシールド水和剤1500倍21/4 アグリーマイシン1000倍14/5
3 ※	幼果期 （４月中旬）	黒星病 うどんこ病 カイヨウ病 （アブラムシ） （ウメケムシ）	ストロビーＤＦ2000倍7/3 ＋ マイシン（水和剤）1000倍14/5	・ストロビーＤＦ使うと下旬の防除が省ける ・同一薬剤を使わず製剤をかえる ・アブラムシ，ウメケムシと同時防除にはマブリック4000倍21/2
4	（４月下旬）	（黒星病） （ハダニ類） （カメムシ類）	｝（必要に応じて…）	・スコアー水和剤3000倍7/3,またはバイコラール水和剤2000倍21/2 ・ニッソラン3000倍7/2またはオサダン1000倍21/2 ・スカウトフロアブル2000倍21/2
4	※	コスカシバ （ウメシロカイガラムシ）	ヘロモン剤（スカシバコン） （アプロードフロアブル1000倍45/2）	・10a当たり50本…日陰の小枝に吊るす ・5/中旬にスコアー水和剤を使う場合は混用の関係で先に防除可能，収穫前45日を厳守する
5 ※	肥大期（５月中旬） 小梅・古城・白加賀等の品種は使用基準厳守 （南高品種群対象）	黒星病 （スス斑症） （灰色カビ病） カイガラムシ類	オーシャイン3000倍　前日 /3 ＋ スプラサイド1500倍14/2	・黒星病主体 ・スス斑症常発園ではストロビーＤＦ2000倍7/3にする。灰色かび･環紋葉枯れ病にも同時防除 ・スコアー水和剤とスプラサイド乳剤の混用で薬害発生例あり，混用しない。
7	７月上旬	環紋葉枯れ病 ウメシロカイガラムシ	トップジンM1500倍21/3 ＋ アプロードフロアブル1000倍45/1	・多発時はスプラサイド1500倍14/2
7	８月中・下旬～	ケムシ類（モンシロシャチホコ，他）	スミチオン乳剤1000倍14/2またはマブリック4000倍21/2	
8	９月下～10月下旬	カイヨウ病 （表生菌･越冬病斑）	Ｚボルドー500倍 /-	・１～２回（台風襲来時に必ず散布） ・気温高い時期のみクレフノン200倍加用

注　1)　安全使用基準厳守（収穫前日数／使用回数）

2)　二種以上の混用で展着剤は使わない。ウメの場合は効果が落ち，残効性が短くなる。単剤でも展着剤は規定量の1/2程度の低い濃度で使う。

展着剤がわりに，アミノ酸系の葉面散布剤のヨーヒＢ５，プラムエース，アビオンＥ等いずれかを使うほうが相乗効果を引き出せる場合が多い。

3)　黒星病，スス斑症等に適応するオーソサイド水和剤，デラン水和剤はウメに登録あるが，使用基準期限内でも残留の可能性あり，丸ごと加工利用するウメでは安全性を重視して，この防除暦にのせるのを自粛した。

4)　カメムシ類の防除は発生期に園地を巡視し，飛来があば早めに防除するのが効果的。密度が高まれば防除困難な場合が多い。

5)　一般に※印をつけた１・３・５の３回防除で充分な場合が多い。防除回数を増やすより毎回ていねいに散布することが防除のコツ（Ｐ138コラム参照）。

付録3　農薬混用適否事例表（谷口　作製）（南高・古城・小梅　その他の品種共通）

殺菌剤及び殺虫剤 殺菌剤	トップジンM水和剤	ゲッター水和剤	バイコラール水和剤	スコアー水和剤	ストロビードライフロアブル	オーシャイン水和剤	水和硫酸フロアブル	*Zボルドー水和剤	*ICボルドー	ストレプトマイシン水和剤	アグリーマイシン100水和剤	マイコシールド水和剤	**ロブラール水和剤	**ランベック乳剤	スプラサイド乳剤	スミチオン乳剤	スカウトフロアブル	マブリック水和剤20	アクタラ顆粒水和剤	モスピラン水溶剤	アドマイヤー水和剤	アグロスリン水和剤	アディオン水和剤	ダントツ水溶剤	オリオン水和剤	※アプロード水和剤 収穫後	アプロードフロアブル
トップジンM水和剤	＼	△	○		○	○				○	○	○		○	△	△	○	○	○	○	○	○	△	○	○	○	○
ゲッター水和剤		＼						×	×		○	○		○				○	○	○	○	○					
バイコラール水和剤			＼								○	○	○	○	△	×	○	○	○	○	○	○		○	○		○
スコアー水和剤	△			＼						○	○	○	○		×	○	○	○		○	○	○		○	○		
ストロビードライフロアブル	○	○			＼					○	○	○		○	○	○	○	○	○	○	○	○	○	○	○	○	○
オーシャイン水和剤	○					＼		○		○	○	○	○		○	○	○	○	○	○	○	○	○	○	○	○	○
水和硫黄フロアブル					○		＼			○	○	○		○		○		○	○	○	○	○	○	○	○		
Zボルドー水和剤	△	×						＼					●	○	×	●	●	○	○	○		●	○	○	×		
ICボルドー66D		×							＼					×	×	●	●	×		○	×	●	○	○	×		
ストレプトマイシン水和剤	○	○	○	○	○	○	○		×	＼			○	○	×	○	○	○	○	○	○	○		○			
アグリーマイシン10水和剤	○	○	○	○	○	○	○		×		＼		○	○	×	○	○	○	○	○	○	○		○			
マイコシールド水和剤	○	○	○	○	○	○	○		×			＼	○	○	×	○		○	○	○	○	○		○			
ロプラール水和剤	○					○		●		○	○	○	＼	○	○	△	○	○	○	○	○	○	○	○	○	○	

注　1）現在までの混用事例をとりまとめたもので，ウメは単用散布でも品種や生育時期，樹勢，散布時の天候（日照・気温・ぬれ時間）等により，薬害が発生することがある。また，剤型では乳剤との混用で，高温多湿条件下で薬害発生事例が多いので十分注意する。

2）×：混用による薬害事例がある。○：広範囲に使用されており問題がない。△：薬害はないが混用事例が少ない。●：使用直前の混用なら問題なかった。　空欄は混用事例がない。

＊：使用時期は発芽前・ガク片離脱開始前に限る。　＊＊：使用時期は4月上旬までを対象とする。

※：収穫後に限る

3）現在，ウメに登録のあるデラン水和剤，オーソサイド水和剤は安全使用基準日数を経過しても残留して成分検出することがあり，安全・安心農産物生産の考え方から，著者の意向で使用と掲載を自粛した。

その他，フロンサイドＳＣ，フロンサイド水和剤（両剤とも他剤と混用不可単用使用）とビスダイセンは黒星病に，カスミン液剤はカイヨウ病に登録あるが，収穫60日前までの安全使用基準，結実期の使用で残留の可能性が高いと判断，掲載を自粛した。

付録4　白干し梅漬込みのポイント

漬け込み作業と手順	添加量の加減とその留意点
1．漬込み前の階級選別	・小粒と大粒では仕上がり具合がちがうので別槽に漬ける
2．青梅の熟成度調節	
(イ)青梅出荷後の加工向け果の追熟	・収穫2～3日後黄変梅40～65％の時期
(ロ)拾い梅と手どり加工用梅	・果肉歩合90％以上の完熟果はすぐ漬込み可能
3．生梅漬込み前の水洗い	・十分水切りを行なう。水分多いと漬込み食塩濃度が淡くなる
4．漬込み食塩添加量	・18％（生梅重量比）を中心に小粒16％～大粒20％の範囲で加減 果肉の塩分濃度23％以上で干し梅表面に塩結晶出現 14～15％でカビ発生の危険性あり
5．塩の振り方	・漬け槽底部に少なめに，中部～上部に多めに加減する
6．「にがり」の添加量	・「フレームマグ」または「漬物源」など1.5～2.0％（生梅重量比）
7．古梅酢の添加量	・梅酢の抽出を早め，皮破れ果の発生防止，製品歩合向上がねらい。 漬込み時に生梅100kg当たり5ℓ程度添加する
8．重しの加減	・漬け梅が浮かない程度に軽くする
9．梅酢の循環	・漬込み完了後ではおそい。漬け始め3～4日目に1回，それ以降は3～4日おきに4～5回行なう（循環時間は短時間）
10．漬込み期間	・漬込み1カ月程度が最適。早くて20日，おそくて2カ月以内に干し作業にかかる

注　南部川村うめ加工開発センター発刊資料より抜粋

〈干し梅作業〉

付録5　白干し梅・土用干し作業のポイント

天日干し作業の手順	要領とその留意点
1．漬槽から引上げ	※漬込み後約1～2カ月以内に干すとよい白干し梅ができる（遅れると果皮破れやすく，くずれ梅増加） ・天候の安定する7月下旬から干し作業にかかる
・引上げ時の手順	（イ）重しと中ブタの撤去 （ロ）漬槽の梅酢表面に浮いているカビをていねいに除去 （ハ）すくい出し（ステンレスすくい出し網またはプラスチックザルが便利） （ニ）プラスチックせいろ（60cm×60cm角）に適量うつす （ホ）水洗い槽の準備（せいろがらくにつかる程度の水槽を用意する） ※このさい注水しながら行なうとよい （ヘ）水洗いと選別（ビチ果，ガリ果の除去）…より出し果は梅肉加工用に回す ※水洗い槽内で2～3回ゆすぶりながらこの段階で選別する
2．天日干し（1日目）	干し場による特性｛・露天干し…果皮，果肉平均して乾く ・ビニールハウス内干し…やや果皮が乾きやすい
3．干し2日目の反転	・朝露の見える間に実施する。露が消えるとせいろに密着しやすいので注意 （イ）干上がり加減（外果皮の褐色程度などで判断する…経験が必要） ※（天日干し当日の天候により干し日数を加減する） （ロ）省力的で効率のよい反転要領 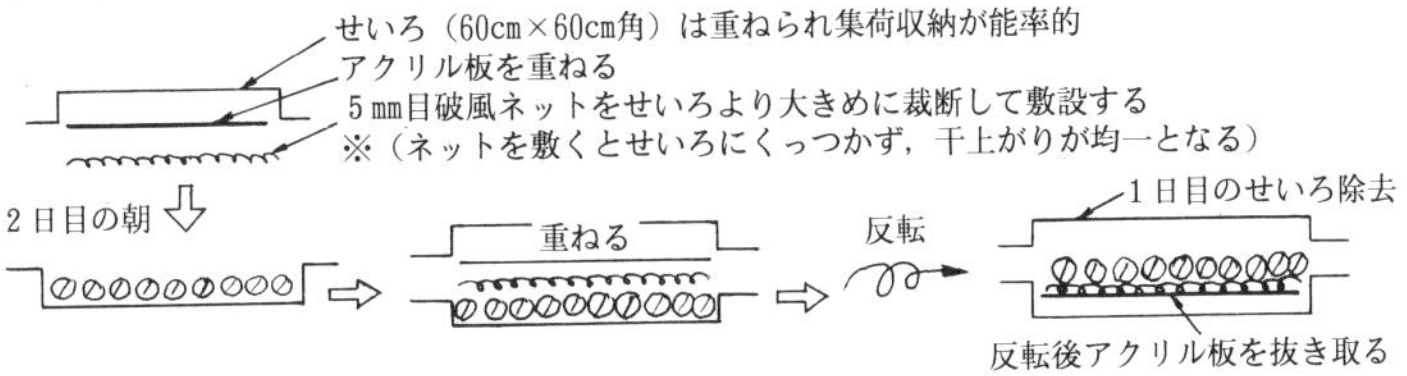 （ハ）反転後もう1日干す…干上がり加減を見て適宜延長する
4．干し上がりチェック	（イ）一般に白干し梅の乾燥程度…肉眼で色合いと乾燥日数で判断するが，勘に頼るところが大きい。 （ロ）的確な判定方法（ブリックス糖度計による測定法） ※干上がり平均果を3～5果抽出し，果皮と種子を除いて果肉をゴマすり鉢に入れ，すりつぶしてよく混和できた果肉をブリックス計のプリズム面にタップリ塗り，視度で判定 ・干上がり適正水分の範囲　…64 ～ 67％ ↓　↓ そのときのブリックス糖度計指度…33 ～ 30度（％）の範囲で合格（20℃）
5．干し上がり果の収納とタル詰	（イ）干上がり果はせいろのまま倉庫など日陰に入れて品温を下げ，その日のうちに品等別にタル詰を行なう（タル詰め後ポリエチレン袋を輪ゴムで止めて密封し，上ブタをしてタル詰め完了） ※正味10kg詰め…厚手のポリエチレン袋（0.4mm厚，48cm×53cm角）に封入 ・干上がり果の品等区分の目安　A　級…無傷果 B　級…若干傷あり果 C　級…傷多く見ばえのわるいもの 格外品…つぶれ果，ガリ果その他（梅肉用） （ロ）品等の表示をして冷暗所に保管する
6．保管中の点検と出荷	※干し加減が甘いと，保管中にタル底に透明の蜜状液噴出多く，品質低下 乾きすぎの場合，果面に白カビ状の塩結晶が見える （本年の干上がり具合をチェックして次年度に向けての勘どころを養う）

品　種　と　特　性

成熟期の落果	果実重	陽光面の着色	1樹当たり平均収量	適合する受粉樹	耐病性	用途	その他
普通	g 3～5	小豆色	kg 30～40	南高, 改良内田, 皆平早生	かいよう 黒　星 強	漬（梅干，カリカリ漬）	
普通	5～8	小豆色	30～60	南高, 改良内田, 皆平早生(雑種)	黒　星　弱	漬（梅干，カリカリ漬）	
普通	7～9	黄熟	40～60	南高, 改良内田, 皆平早生	黒　星　弱	漬（梅干，カリカリ漬）	自家結実高い
普通	5～8	なし	30～50	南高, 改良内田, 皆平早生	黒　星　弱	漬（梅干，カリカリ漬）	
普通	3～8	あざやかな紅	30～50	南高, 改良内田, 皆平早生	黒　星　弱	漬（梅干，カリカリ漬） 梅酒	
普～難	25～35	あざやかな紅	80～130	小梅類, 改良内田, 小粒南高, 皆平早生	かいよう 黒　星 弱	漬，青どり兼用	
易	25～30	少し着色	70～120	小梅類，南高，小粒南高，皆平早生	かいよう 黒　星 弱	漬（梅干）	
易～普	16～25	小豆色～紅	60～120	小梅類, 改良内田, 皆平早生，南高	かいよう 黒　星 弱	漬，青どり兼用	
普通	20～45	なし	80～120	小梅類，改良内田，南高	強	青どり専用	
普通	26～35	少し着色	40～80	紅サシ，南高， 改良内田，鶯宿	強	漬，青どり兼用	自家結実高い
普通	25～30	紅	40～80	剣先，南高， 改良内田，鶯宿	強	漬（梅干）	自家結実高い
易～普通	16～25	なし	60～100	梅郷，鶯宿	強	漬（梅干）	自家結実高い 果皮厚い
易～普通	25～30	赤	30～70	南高，梅郷， 鶯宿	かいよう　強 黒　星　弱	漬（梅干）	自家結実高い 隔年結果
易～普通	26～35	開花早いと淡く着色	50～80	南高, 改良内田, 鶯宿，小粒南高	灰色かび 弱 かいよう, 黒星 強	青どり専用	
普通	25～30	なし	60～100	南高，小梅類， 林州，梅郷	かいよう　強 黒　星　弱	漬（梅干） 青どり兼用	
普通	30～40	なし	60～150	小梅類，梅郷， 南高, 鶯宿, 稲積	かいよう　強 黒星　やや弱	青どり	結果過多・小果，摘果必要
普通	5～15	なし	50～100	小梅類， 南高，鶯宿	黒星　やや弱	漬（梅干）	耐寒性 自家結果高い
普通	25～40	なし	60～120	小梅類，梅郷， 南高	かいよう　弱	青どり	
普通	25～38	なし	60～100	小梅類，鶯宿， 南高，林州	強	青どり	
難	40～70	なし	60～100	城州白，大平， 養青	かいよう 黒　星 炭　そ 弱	漬（梅干）	耐寒性強 中，山間地向

付録6　主　な

品　種	栽培地方	樹勢・樹相 樹勢	樹姿	タイプ	開　花　期	花粉	花弁	発　芽　期	収穫期 青梅	漬　梅	果実の光沢	ヤニ
竜峡小梅《リユウキヨウコウメ》	長　野	強	やや開張	(南)	早 2/上〜中	多	一重 白	3/下〜4/上	5/中	5/下〜	あり	少
甲州最小《コウシユウサイシヨウ》	全　国	中	やや直立	(古)	早 2/上〜中	多	一重 白	3/下〜4/上	5/下	6/上〜	あり	少
織《オリ》　姫《ヒメ》	埼　玉 群　馬	強	やや直立	(古)	早 2/上〜中	多	一重 白	3/下〜4/上	5/下	6/上〜	あり	少
白《ハク》　王《オウ》	和歌山	中	やや開張	(南)	早 2/上〜中	多	一重 白	3/下〜4/上	5/中	5/下〜	あり	少
紅《ベニ》　王《オオ》	和歌山	中	やや開張	(南)	早 2/上〜中	多	一重 白	3/下〜4/上	5/中	5/下〜	あり	少
南《ナン》　高《コウ》	和歌山	中	やや開張	(南)	中 2/中〜下	多	一重 白	3/下〜4/上	6/中	6/下〜	あり	少
改良内田《カイリヨウウチダ》	和歌山	強	やや開張	(南)	中 2/中〜下	多	一重 白	3/下〜4/上	6/上	6/中〜	あり	少
小粒南高《コツブナンコウ》	和歌山	中〜強	やや開張	(南)	中 2/中〜下	多	一重 白	4/上〜	6/上	6/中〜	あり	少
養《ヨウ》　青《セイ》	和歌山	強	やや直立	(古)	晩 2/下〜3/上	中	八重 淡紅	4/上〜	6/中〜		あり	少
剣《ケン》　先《サキ》	福　井	やや強	開　張	(南)	中 2/中〜下	多	一重 白	4/上〜	6/中	6/中〜	あり	少
紅《ベニ》 サ シ	福　井	やや強	開　張	(南)	中 2/中〜下	多	一重 白	4/上〜		6/中〜	あり	少
稲《イナ》　積《ズミ》	富　山	強	直　立	(古)	中 2/中，下	多	一重 白	4/上〜		6/中〜	あり	少
花《ハナ》 香《カ》 実《ミ》	関　東	やや弱	開　張	(南)	中〜遅 2/上〜下	多	八重 淡紅	4/上〜		6/中〜	あり	少
古《ゴ》　城《ジロウ》	和歌山	強	やや直立	(古)	中 2/中〜下	無	一重 白	4/中〜	6/上〜		あり	多
白《シラ》 加《カ》 賀《ガ》	全　国 関　東	強	やや開張	(古)	中〜晩 2/下〜	無	一重 白	4/中〜	6/上	6/中〜	あり	中〜多
玉《ギヨク》　英《エイ》	関　東 （東京）	強	やや開張	(古)	晩 2/下〜3/上	無	一重 黄白	4/中〜	6/中〜			中
林《リン》　州《シユウ》	奈　良	強	やや直立	(古)	中 2/中〜下	中	八重 淡紅	4/上，中〜		6/中〜	なし〜あり	少
鶯《オウ》　宿《シユク》	徳　島	強	やや直立	(古)	早 2/上，中	多	一重 淡紅	4/中〜	6/中〜		あり	多
梅《バイ》　郷《ゴウ》	東　京	強	やや開張	(古)	中 2/中〜下	多	一重 白	4/中〜	6/中〜		濃緑 毛じ多あり	中
豊《ブン》　後《ゴ》	東　北 大　分	強	直　立	(古)	晩 2/下〜3/中	少	一重 八重 淡紅	4/中〜		6/中〜	毛じ多し なし	やや多

注　1）樹勢・樹相のタイプの(南)は南高タイプ，(古)は古城タイプ（本文88ページ参照）

　　2）開花期の早，中，晩は，早晩性を示す

付録7　ロング肥料，被覆肥料の肥効と利用

・溶出量が気温の上昇とともに増加するので，ウメの生育ステージにマッチしてむだなくウメに利用される。
・流亡が少なく，年間4回の慣行施肥にくらべ25%程度（成分量）削減でき，合わせて省力化が可能になる。
・成木園の年間施肥量は，10 a 当たりN成分量14～17kg程度で，チッソ旭のエコロング（16-9-8）の場合10～12袋（10kg入り）を年1回4月上旬に施せばよい。

①年間施用量を1度に施し，ウメの生育ステージに合った肥効のシミュレーション

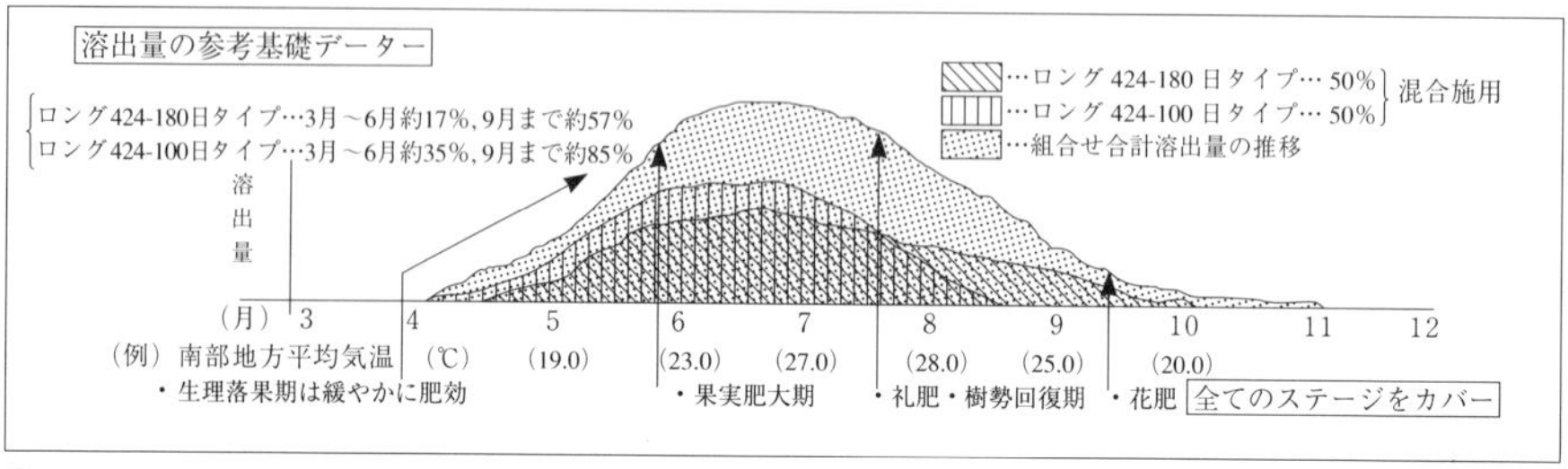

②ロング肥料・被覆肥料のタイプで施用時期をかえる

・3月施用タイプ…①　梅一発ロング（14-12-14）（180日タイプ(50%)＋70日タイプ(50%)を混合(チッソ旭)）を1年分1度に施用。

なお，土壌分析でカリが累積して成分量が高い場合は下記のエコロング(16-9-8)を使うようにする。

②　ウメ用7-7-9（17-7-9）（住友化学）も同様に利用できる。

・4月施用タイプ…エコロング(16-9-8)（180日タイプ(50%)＋70日タイプ(50%)＋速効性肥料を混合（チッソ旭)）を1年分1度に施用。

速効性の肥料が含まれているので，生理落果を助長させないために，第一生理落果終了直後の4月上・中旬に施肥する。

著者略歴

谷口　充（たにぐち　みつる）
1942年7月9日和歌山県生まれ。
1963年農林水産省果樹試験場　養成研修科（興津）修了（現　独立法人・農業・生物系特定産業技術研究機構果樹研究所興津）
1963年4月和歌山県立吉備高等学校に勤務（柑橘園芸科）後継者教育に当たる。
1975年4月から2003年3月末まで和歌山県立南部高等学校（園芸科・生産技術科）に勤務。
2003年4月から果樹農業経営，現在に至る。
現住所　〒649-1315 和歌山県日高郡日高川町玄子129
Tel 0738―52―0246

改訂　ウメの作業便利帳
－結実安定と樹の衰弱を防ぐ－

2006年3月31日　第1刷発行
2024年6月30日　第8刷発行

著者　谷口　充

発行所　一般社団法人　農山漁村文化協会
郵便番号　335-0022 埼玉県戸田市上戸田2-2-2
電話　(048)233-9351(営業)　振替　00120-3-144478

ISBN978-4-540-05322-1
〈検印廃止〉

印刷／㈱新　協
製本／根本製本㈱
定価はカバーに表示